主控战略K线

——透析主力操盘的K线运用技巧

（台湾）李进财 谢佳颖 黄韦中 著

图书在版编目(CIP)数据

主控战略K线：透析主力操盘的K线运用技巧／李进财、谢佳颖、黄韦中著.
—2版.—北京：地震出版社，2012.8
ISBN 978-7-5028-3431-9
Ⅰ.①主… Ⅱ.①李… ②谢… ③黄… Ⅲ.①股票交易—基本知识 Ⅳ.①F830.91
中国版本图书馆CIP数据核字(2011)第163336号

地震版 XM2375

著作权合同登记 图字:01-2012-5476
繁体字原版作者:李进财、谢佳颖、黄韦中

主控战略K线——透析主力操盘的K线运用技巧

(台湾)李进财 谢佳颖 黄韦中 著
责任编辑：朱 叶
责任校对：孔景宽

出版发行：地震出版社
北京民族学院南路9号 邮编：100081
发行部：68423031 68467993 传真：68421706
门市部：68467991 传真：68467991
总编室：68462709 68423029 传真：68455221
证券图书事业部：68426052 68470332
http://www.dzpress.com.cn
E-mail:zqbj68426052@163.com
经销：全国各地新华书店
印刷：三河市鑫利来印装有限公司

版(印)次：2012年9月第二版 2012年9月第一次印刷
开本：787×1092 1/16
字数：287千字
印张：17
印数：0001～6000
书号：ISBN 978-7-5028-3431-9/F(4572)
定价：42.80元

目　录

主控战略 K 线技术分析精髓

证券分析理论广为投资人参考使用，如基本分析、财报分析、技术分析等。在信息开放时代，基本面资料、财务报告可从报刊杂志、财经媒体获得，这些资料经整理后足以提供投资人对于产业、公司营收变化判断，根据本人的经验，台湾股市走势也受到国际情势、消息面影响。技术分析则可提供转折点的研判，对于头、底形态的掌握更具效率，若论技术分析之母则为公认之酒田K线战法。

本书为文化大学李教授、启发投顾谢老师、中时晚报阿民兄共集智能编写而成。本人以为，坊间财经书籍中，论述K线战法繁多，而在仔细阅读后，深深觉得本书就操盘手心态解读K线在战略的应用，深入浅出；厘清理论与应用方法皆提纲挈领，将K线层次条分缕析，是为见解精辟。对趋势变化的掌握，赋予战术的应用，资料更是丰富。诚如作者所言，在趋势中研判K线形态，足见生命K线之可贵。

兵法始计篇："兵者，诡道也"这说明心理学在军事上的应用。投资人如为了解K线战法，便需以主力控盘的角度，而围观战略与战术的变化，进而掌握买卖转折点技巧，故知彼知己则百战不殆。自觉内容博瀚，研读多遍，但序文迟未成稿，多经催促，乃赘述几笔，以赴骥尾，冀望投资人用本书精髓，得因势之变化而取胜，赞叹之余，仅为之序。

前投信投顾同业工会理事长

启发证券投顾 董事长

陈明智

2003年11月25日

主控 K 线真义

股票技术分析自然离不开 K 线图。对技术分析而言，K 线图是因，有因才有果(平均线、指针……)，因此股票入门宜由 K 线图开始，因为其易懂却难精，若先有一些基本的 K 线观念后，再学好 K 线真谛，自然可以窥破股价涨跌的奥秘，进而掌握市场多空的脉动。

个人从事数学、股票及玄学三种学问教授将近 30 年。在数理领域中培养出不少数学专家；尤其是股票领域，有许多分析师与基金经理人的技术分析观念，是由笔者开枝结果流传出去。

在大学教书，课程是经过安排、学生们的学习也是按部就班的，因此研究所就教研究所程度，大学就教大学的程度，所以在教材内容与进度上容易掌握，而在介绍技术分析技巧时，常常会因层次不同，造成介绍的内容不易掌握的情形，尤其是每每受邀说明自己技术分析的技巧时，参加的学员更无法体会主控 K 棒的真谛！

由于喜爱技术分析的朋友来自四面八方，对技术分析的认知不尽相同，碍于课程时间限制，无法从最基本的 K 线概念谈起，所以笔者认为确有需要探讨 K 线的入门基础书籍，然而又必须深入解读 K 线的含义让进阶者参考。阿民在聚餐时提出这样的构想，所以就有这一本书的诞生。

这本书在有关于第八章实战综合运用的部分，要特别感谢林永苍助教帮忙整理重点。也希望各位读者从本书得到基本的 K 线操作理念，领悟到 K 线分析奥妙玄机，得以提高技术分析程度，则读者幸甚，笔者幸甚！

李进财　谨识

透析主力操盘的 K 线运用技巧

K 线是价格波动最直接的分析，如果投资人要成为赢家，深入了解 K 线就可解读作手操盘的意图。古战法中“酒田 K 线”无疑是通往技术分析的快捷方式，从日本直译或翻译自美国书籍颇多，而以台股为例者却少见。

股理与兵法、奕理相通，兵法云：“知己知彼，百战不殆。”又云：“多算胜，少算不胜，何况于无算乎?”古今道理相通，然而今日因信息发达，影响股价因素日益增多，在消息面与基本面的变化快速之下，作手每日做价的拿捏将更具分寸，法人式的操盘手法应为今日主流，美式的操盘手法在台湾的参考书籍中相当缺乏，于是笔者兴起将这些操作整理编辑的意念。

主力的做价有积极攻击、消极攻击、防守、积极出货与消极出货等手法，逢到关卡的“洗盘”更为主力作手做价的高级技巧，操盘手不可能立文著书，而从 K 线可以洞悉做价、叫价玄机！笔者在技术分析教学领域与投顾界多年，深知有心在技术分析领域进阶，却不得其门而入者遗憾之情，在与恩师李教授及中晚作家阿民兄探讨后，决定将酒田战法与目前流行的美式操盘法结合，编写《主控战略 K 线》一书，此亦为笔者在以往三本著作后，与两位老师合著之 K 线技术分析宝典，期望投资人能按图索骥，窥破作手、法人、业内操盘玄机。在熟读理解操作内涵后，实战中能似手中无剑、心中有剑，犹如无招胜有招。世界上最难登上的高峰往往在个人偏执的心。

本书从探讨“酒田战法”、“主控 K 线”、“盘态”、“控盘量能”等层面洞悉主力控盘原理，以及其对KD指针作线的意图。思考转折、趋势与研判多空的实战技巧运用。

于此付梓同时，中华财经电视台杨董事长有意在周日开辟“金融投资理财”节目，邀请笔者担任主持人，乃欣然应允，便以本书为蓝本，自基本观念厘清循序至台股实战的分析，提供投资朋友一个声影解读与理论应用的结合。

笔者认为本书的问世，将对从事证券进阶操作领域的读者提供一支在K线宇宙中能掌转乾坤之钥！

谢佳颖　谨识

与投资人有约

如何学习一套正确的技术分析，真实的运用它，而后可以在证券市场中投资获取报酬，这是踏入证券市场的每一位投资人应有的省思。

学习 K 线的真谛是从事技术分析第一课，而且是最重要的一课，诚如笔者所形容，K 线是有生命的，只要学习方向正确，而且努力学习，那么透视“生命 K 线”的循环将不是难事。

笔者在技术分析初习过程，也是翻遍坊间群书，总是觉得书中内容往往在关键点处嘎然而止，有隔靴搔痒之憾，只好放弃群书埋头 K 线与指针运用中，凭着自己的毅力摸索苦行般自修，假以时日总算有点傲人心得，但是这样的学习过程耗费相当多的精神与时间，观念虽存，决策点仍无法厘清，盖因验证时间不足矣。

后来因缘巧合认识了谢老师，跟着老师学习技术分析，一段时间后就突飞猛进。在谢老师正确的剖析技术分析技巧与内涵下，破解多年迷思，终于逐渐整合出属于自己一套实战操作逻辑。谢老师是打通我任督二脉，带领我窥视技术分析广博殿堂的恩师。

几年后，因架设网站的机缘，得谢老师引见李进财老师，在李老师指导之下，对于股价波动的循环规则有更深层了解，后来在与谢老师、李老师餐叙过程中，个人提出合写一本书的构想，希望将一些适合股价波动原理的技术分析观念带给一般投资大众，使投资人在学习技术分析里程少走冤枉路，顺利直达技术分析的殿堂，这样的构想立刻获得李老师和谢老师的支持，在他们的支持与指导下，才有本书诞生。

本书的诞生，除了要感谢李老师和谢老师对我技术分析技巧的提携与指点之外，在我学习技术分析的过程中亦受到不少朋友的帮助，但是最大的功臣应该归功于内人，感谢她容忍我将时间花在书本编辑，并且在我忽略的地方适时给予提醒，因为人生的道路上有彼此互补，才能显得更加美好。

本书在图例说明方面，要特别感谢大陆股票软件设计公司博庭信息授权使用“天(飞)狐交易师”股票分析软件。书中若有疏漏之处，亦请各位先进不吝指正，谢谢大家。

黄韦中　谨识

前　言

证券市场最迷人的地方在于充满希望与投机，每个人进入这个市场，莫不希望从这里获取利益与投资报酬。但是大部分怀抱憧憬的人都大失所望。因为绝大多数的人发现，市场没有想象中那么美好，甚至处处充满陷阱。投资的金钱也往往因为错误决策或方法造成损失，因此证券市场中流传着“二八理论”，也就是说在市场里，所有投资人只有少数的20%是赚钱的。

我们深思；这里应该有什么奥妙存在吧？

我们尝试从小时候开始与金钱交易有关的行为探讨起。如果用10块钱想买泡泡糖，请记得这10块钱不是自己辛劳付出得来，而是大多由监护人给予。买完泡泡糖之后，这样交易的行为就告一个段落，所以只能算是单纯的消费行为，交易是为了行使消费而已。那么从何时开始，我们才有能力因为付出而获取金钱，进而行使消费能力？

假设以大学毕业之后就投入职场计算，根据报载：以目前的消费金额要让一个小孩从幼儿园到大学毕业，必须耗费新台币800万元左右。毕业后，如果顺利进入就业市场，以目前的就职市场的月薪能有4万元左右就算不错了。换句话说，在普遍性与正常性的情形下，我们要投资自己16年的时间与800万的金钱，才有机会在每个月领得4万元的薪水。

试问各位投资朋友，您在进入证券市场之前，对自己做了多少投资？

在没有万全准备的情形下，就贸然投入这个市场，进而希望从这个市场获取高额报酬，笔者臆测，只能够靠运气吧！问题是有多少次好运呢？可能会有人反唇相讥，千线万线不如一条内线啊，但是我想这是特例吧，谁会将赚钱的内线透露给毫无关系的散户投资人呢？当所谓的内线传到一般散户投资人的耳中，股价早就已经被炒作过高，而且作手正准备将筹码倒给一般得到落后讯息的投资人，所以得到内线而交易的后果，通常是相对高点套牢。

因此，一般投资人一定要在投资前，做好准备才进入这个市场，就算要做长期投资，也要选对“进场点”，假设买到1000元1股的国寿，投资20年也很难翻本。

至于要准备哪些相关知识呢？又要对自己做何种投资？

笔者无意在这里引起技术面操作，或是基本面操作的优劣争辩，单纯的就方便取得、容易学习的角度思考。一般影响股价波动，概略的可分为：基本面、技术面、筹码面、政策面、经济面与消息面。

消息面

消息面一般掌握在媒体手里，有时突发性的消息，能造成股价突然涨跌，例如某家上市公司接获新订单的利多，消息尚未曝光前，大股东早已知悉，就会先进场卡位。这种卡位的行为在技术面就会透露出讯息，所以研究技术分析者可以利用观察K线图形研判，在股价发动时领先进场，如果没有这种洞烛先机的能力，当好消息一披露，往往是股价高档区了，这时候再介入，不但风险极高，恐怕会落得亏损收场。当然，股价的操盘作手也有可能利用释放利空消息进行布局，但是真正的利空却会反映在K线图形上，所以利用技术面是可以掌握这些不寻常讯息的。

或许有人会提出，万一发生像美国“9·11”恐怖攻击行动，如何事先预防？我想这样的质疑是多余的，因为像这种无法有预期心理突然性利空（非经济因素者才有这种突然变化，虽然选举属于非经济因素，但通常具有预期心理，所以不纳入范围讨论），通常不是在股价波动反转的最高或是最低点，投资人应在股价反映这项利空之前，就已经出场。我们以台股在美国“9·11”事件发生之时K线图来讨论，就可以明白这种突发性利空，并不会造成利用技术分析做研判的投资人任何伤害，当然，前提是用对了技术分析技巧。

我们尝试利用本书当中会介绍的技巧来说明这一段历史。从《消息面范例》图例中，台股这段时间的走势图很明白指出，整个反弹的趋势在编号 F 的棒线是呈现止涨的讯号。理由有二：一是反弹至前波“阴子母线”(2001 年 7 月 13 日)杀盘的高点；二是 2001 年 8 月 17 日当日，亦呈现阴子母线，所以这里是止涨讯号无疑。但是我们不能说，反弹的架构已经被破坏，这样的说法就会流于武断，失之客观。只能说，现在开始是要进行所谓反弹架构中的回档行为。

当回档至 B 棒线时，却呈现明显的跌破 A 棒线行为，也就是说，整个反弹的架构是因为 B 棒线跌破，才宣告结束，接下来就是要修正 F 到 B 的这一段下跌。当反弹上涨的架构被破坏，接下来的修正是要让投资人将手中多单逢高出脱，不是再进场做多单。

接下来 C 棒线是利用技术指针取得转折点研判，且是具有关键性肯定的“变盘 K 线”，当向上突破 C 棒线的高点，就是修正行为持续进行，如果跌破 C 棒线低点，就是结束修正行为，股价要往下继续前进了。所以当 D 棒线出现正式宣告修正结束，股价要往下前进。此时投资人理应出清手中多单，甚至可以采取放空的行为。

而 B 棒线低点再次被跌破时 (跌破与红黑棒线无关，请比较该棒线收盘价与 B 棒线的最低点)，就是趋势已经向下。当 E 棒线出现时，2001 年 9 月 11 日当天恐怖行动尚未出现，台股已经是一个弱势的盘势，台北时间的当天晚上才出现与国际同步的新闻报道。

假设我们排除这些事件，投资人难道没有机会利用技术面先行出场吗？在棒线 F、B、D、E 出现时，都告诉我们是明确的卖出讯号，如果您没有先出场，可以怪罪突发性的利空吗？我想这里面应该有什么原因让投资人不知道要卖，或是介入时已经亏损舍不得卖出。但是在证券市场受到损失绝对不是因为这样的利空冲击，这种说明不是要为恐怖行为做说帖，恐怖行为要受到谴责，但是吾人如果遵循应该严守的 K 线方法与投资纪律，所受的伤害应当相当有限。

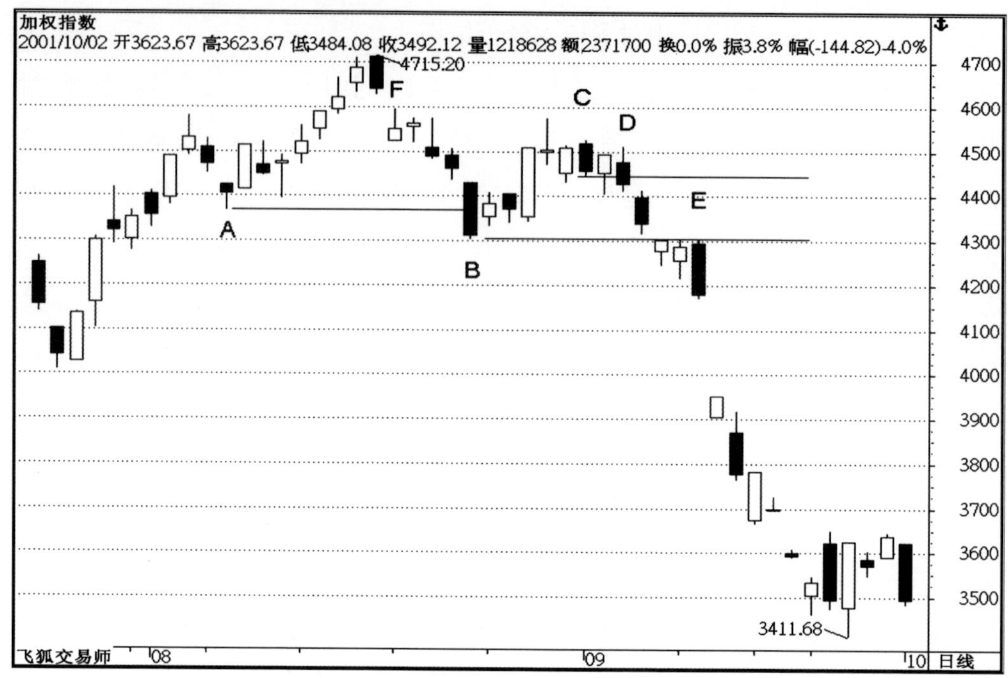

台湾股市在2002年8月以后的图形——《消息面范例》

筹码面

筹码面的影响使投资人更不易掌握，因为筹码是掌握在大股东，或是主力作手的手中。所谓筹码统计其实是骗人的，充其量只能描述一个市场中大量股票流动的概述，如果拿来作为操作的依据应该要小心谨慎，如果读者真正了解主力作手在进出货的手法，就会明白我的意思，因为其手法牵涉到一些隐晦性、敏感性。请大家思考一个简单的道理就可以明白，假设主力要吃货布局，会用大单进出吗？当然不会，所以有些软件的“主力进出表”分析其实并非是主力进出，充其量，您用尽心思追踪到的可能不过是“业内”、“大户”而已。其实这样的技巧只要30秒就可以定义结束，其推动的行情了不起只有几天，成交量往往呈现不规则的“草丛量”，而且通常是一个波段的最后一小段。所以利用所谓“筹码追踪”技巧为进出依据，其风险性不可言喻。

那么，读者如何窥探主力，或是大股东在低档进行布局呢？这仍然要回归到技术面的方法，利用量价结构就可以揣测主力或大股东行为，然后再利用技术面在主力或是大股东在发动的那一瞬间行为所产生的股价变化，加以研判进场就可以了。而技术面的技巧人人可以学习，股价的技术线图也很容易取得。

基本面

一般人对基本面的了解可能有一点偏差，以为只要由报章得知营收、成长率、EPS 等等资料就是基本面。其实不然，研究基本面必须对该产业“景气循环”有一定程度的了解，当该行业景气循环周期到达谷底时，该产业内具有投资价值，本业获利与公司体质均佳的个股，才可以进行进场布局作中长期的投资。但是投资人往往受媒体影响，多是在公布利多消息面时，认为这样的基本面是可信，然后才大举进场，结果套牢后才安慰自己这是进行“长期投资”，所以这样的基本面，通常是落后技术面 3~4 个月。

法人机构莫不投入大量的人力与资源进行产业结构了解，试问：一般投资人有办法真正进行基本面的研究吗？就算是在全球半导体界有教父之称的台积电张忠谋董事长，也会看错“燕子飞来”的时机，更何况是一般投资大众？

总而言之，一般投资人比较容易掌握的，就是技术分析的窍门，只要学习方向正确，就可以善用技术分析在证券市场获利。但是笔者仍要声明：技术分析的技巧是无法以文字完整描述出来的，毕竟它属于一种艺术性的操作逻辑概念。不过透过本书引导式深入浅出的介绍，应当可以帮助投资人厘清一些使用上的观念，绝对是让各位投资人步入技术分析奥妙殿堂的跳板。诚挚的希望在本书中，能够带给各位投资人在市面上遍览群书中体验不到的全新感受。

除此之外，各位投资人在运用此书之余，也欢迎各位到李老师架设的网站与个人架设的网站共同探讨股价波动的原理。

网址是：进财虚拟学院 http://www.ntschool.net

阿民的网站 http://h870500.ez-88.com

第一章

K 线的起源与基本形态

缘　　起

K 线又名阴阳线，原因是设计出来的图形是以黑色代表行情看跌，空心的线框代表行情看涨。由于原始图形就是黑白两色，而黑白就是阴阳(夜晚与白天)，所以又称阴阳线。

至于阴阳线的起源，根据可靠的资料记载，是 18 世纪时由日本一位名叫本间宗久的米商整理归纳出来的。本间宗久是日本德川将军时代丰臣秀吉的财务总长，流传在世的著作有《阪田战法》与《行情分析经典》，其中《阪田战法》为了纪念本间宗久的出生地出羽（现为日本山形县酒田市），因此又称为“酒田战法”。

这套“阪田战法”因为在战争结束之后诞生，所以战争技巧与术语都保存在这一套战法中，比如说，战术上要如何进攻、如何撤退、如何获得补给与支持，形态上有“墓碑”、“红三兵”、“步步为营”等等。在经过两世纪的演化之后，早已经超出基本的十二法，甚至在日本就有多种流派，本书经过美、日多方收集，并加以考证，实战说明中尽量使用原战法的真谛，虽然不敢说是完全正统，但是也不至于偏离太远。当然在研判的过程中，加入了不少笔者主观观念与实战经验的运用技巧。

至于股价的涨跌变化为何要画成图形(本书将此图形定义为 K 线图)？道理其实相当简单，如果每日的涨跌只用数字表示，无法明确地与前面波动作为比较，因为数字所带给人们感官讯息比较笼统与抽象，当画成图形时，股价的波动就一目了然，甚至型态的复制、波动的惯性与时间的对应、生命周期的循环也可以很明显地看出来，因此就目前技术分析的领域而言，K 线图是显示股价波动最完整、清晰的表达方式。

所以，利用阴阳线可以探知短中长期交易价格与心理变化的轮廓，想观察极短线，可以利用 5 分钟 K 线，或是 30 分钟 K 线，短线交易可以运用日线，中长线就可以运用利用周或是月为单位周期绘制的阴阳线，从中观察其变化，可以清晰的掌握到股价真正想要表达的讯息，并且提供投资人作为买卖的研判依据。其适用性不但包含一般的股票，也包含了期货之类的各种商品。

因此，笔者衷心地建议，学习技术分析应该从 K 线开始，真正的认识 K 线，才能完整的认识股价破动原理。

基本形态

任何的物质，都具备有所谓的“形态”。就股价波动所构成的连续的交易图形而言，可以概略的分为：“K 线形态”、“趋势形态”、“道氏形态”、“波浪形态”与“指针形态”五大类，虽看似繁复，然而道可以一以贯之，让我们先从“K 线形态”的基本运用法则开始探讨。

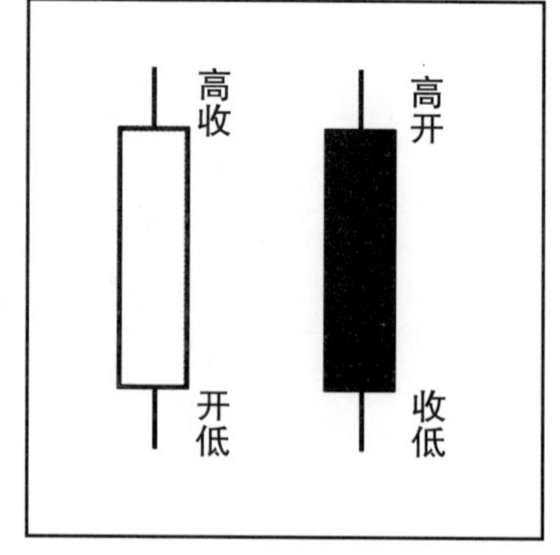

首先，从 K 线的画法开始。请看右图，图中较为宽粗的线条称为“实

体”，较细的线条称为“影线”，影线画在实体上方称为“上影线”，最高处为今日成交最高价；反之，影线画在实体下方称为“下影线”，最低处为今日成交的最低价。

实体的最高与最低是由今日的开盘价与收盘价决定，如果收盘大于开盘，那么收盘画在开盘上方，中间的部分以空白表示，称为“白线”；如果开盘大于收盘，则开盘画在收盘上方，中间的部分以黑色表示，称为“黑线”。

其中上影线是代表当日成交在最高价与实体之间，通常代表多空拼斗之后，空头获胜，所以是当日多头的压力。下影线则代表当日成交在最低价与实体之间，通常代表多空拼斗之后，多头获胜，所以是当日多头的支撑。

K 线的实体部分，代表多空交战的密集成交区，与上下影线所代表的意义是空方与多方的力道不同，空心实体线形代表收盘比开盘高，视为多方优势，黑色实体代表当日收盘比开盘价低，视为空方优势。

K 线的阳线、阴线所代表的涵义必须要观察小波段（约两周左右）的行情是在短期头部区、底部区或是中段区，并搭配 K 线形态与趋势形态、指针、成交量等等的研究，才能真正窥破 K 线代表意涵。

了解有关 K 线的画法与基本定义之后，接下来就可以利用开盘和收盘的对应关系认识 K 线的 12 种基本变化，分别区分成：收盘＞开盘，收盘＜开盘，收盘＝开盘。请看下

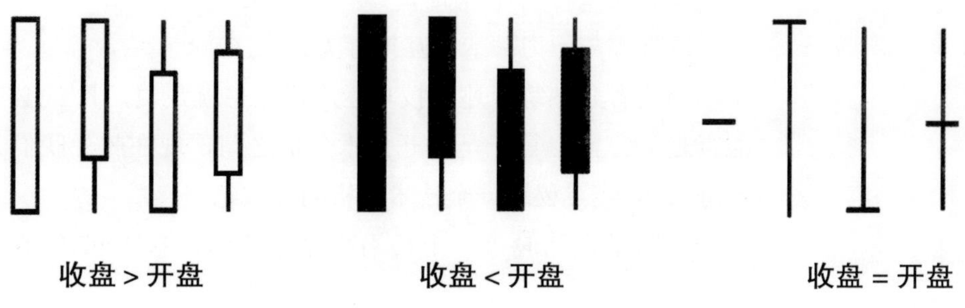

收盘 > 开盘　　收盘 < 开盘　　收盘 = 开盘

图分解：

这 12 种基本图形的变化可以由走势来决定大小幅度，也就是说实体可以很小，也可以很大；上下影线可以很长，甚至完全没有。这又牵涉到了高低比、实体幅度比、盘中走势力道分析、前后收盘比较与隔日开盘、盘中走势的变化等等，所以在研判单一 K 线形态时，不宜骤下定论，否则就容易流于猜测。良好的技术分析决策应该是等待“确认”。

举例来说，当收盘＞开盘，阳线实体很小，收盘价与最高价相等，但是下影线很长，这样的线型如果放在股价的高档，称为“吊人”，放在股价的低档，称为“槌子”。一般人误以为吊人就是行情反转，也就是股价将从高档下来了，所以这个人像是被吊着一般，其实并非如此。就台湾股市而言，这一个线形常常被作手拿来做“洗盘”兼“换手”的线形，股价后续持续飙涨；而槌子大家以为是支撑，结果却仅支撑一日，后面的行情竟然暴跌。所以在不同的股价位置，出现的含义决然不同，除了当时研判之外，确认的工作更是不能少。

而在确认 K 线的定位之前，宜从下列数点进行讨论：

1. K 线形态与趋势形态的组合，并且定位多、空、盘的趋势。

2. 高低比、幅度比与收盘相关位置的比较。

3. 跌破或突破关键点时的行为模式与变化。

4. 忽略非关键点的 K 线行为。

5. 成交量与指针对于 K 线力道的反应。

6. 支撑与压力关卡的互换行为。

当读者先熟练上述的技巧运用后，也就是说，K 线必须配合趋势方向，等于是敲开技术分析之门，现在就让我们开始进入 K 线奥秘这一个技术分析的领域吧！

下图是台北股市一个相当少见的范例，自 1997 年 5 月

23日7893点上涨到同年8月27日的10256点，合计上涨89天，其中阳线只有25天，证明K线研判一定需具备趋势研判的基础。

常见的趋势特性

多头趋势	空头趋势
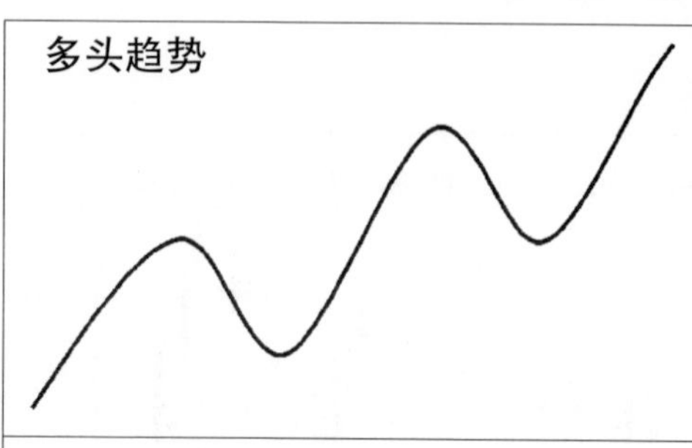	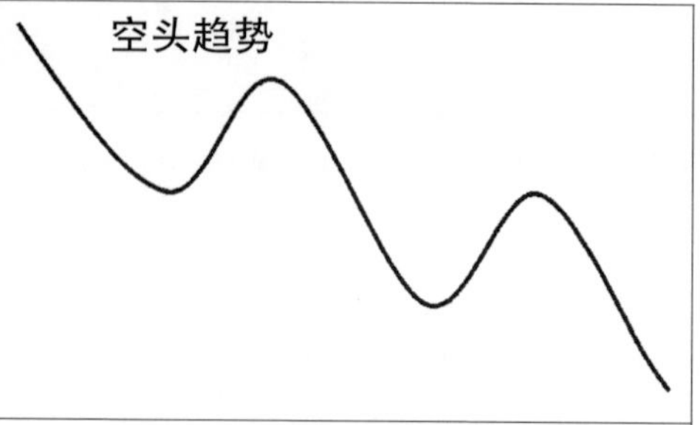
1. 涨势中波段续创新高，拉不破前波低点。 2. 上涨幅度大、回文件幅度小。 3. 上涨时间大于下跌时间。 4. 缓攻急跌。	1. 跌势中波段续创新低，上涨不过前波高点。 2. 下跌幅度大、反弹幅度小。 3. 下跌时间大于上涨时间。 4. 缓跌急攻。
头部疑虑 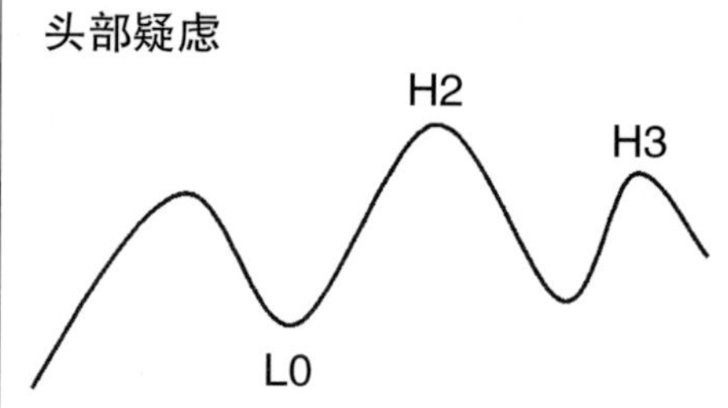	空头趋势 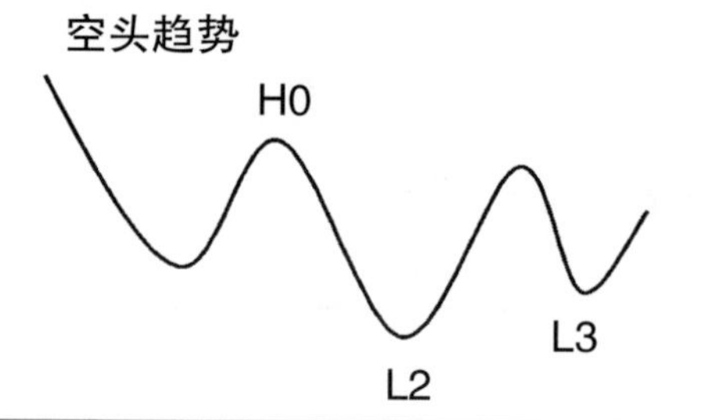
1. 头部初期的盘整形态，未跌破末升段起涨点 L0 前。 2. 当反弹高点 H3 无法再创 H2 新高时则有反转疑虑。 3. 当再度拉回跌破 L0 视为头部成形。	1. 底部初期的盘底(盘整)形态，未突破末跌段起跌点 H0 前。 2. 当拉回的低点 L3 不跌破 L2 低点时则有反转疑虑。 3. 当再度上涨突破 H0 视为底部成形。

第二章

K 线形态分类与实战运用

本书的撰写过程中，笔者深思如何将观念由浅入深地带给读者，因为股价变化是连续的，不是单一交易日，所以从单一种组合就断定将来股价行情的波动会如何进行，未免失之偏颇。为了举例说明的方便，还没有介绍到的形态组合研判，会先行略过，并非这个形态不重要，而是为了方便说明，当各位将整本书仔细阅览一次具备基本的概念后，建议您最好仔细反复重读几次，就可以对股价波动的基本原理，有清晰的基础观念。

实战基本观念

何谓实战？就是将所学到的技术分析，运用的实际的交易过程当中。正常在学习技术分析的过程中，总是书上说明的技巧都会了，实际运用时却往往不知所措，会产生这样的差异性，除了对技术分析熟稔度不够之外，症结在于对股价波动的逻辑不够清晰所致，这也是一般介绍技术分析的书籍不可避免的缺点，因为无法全面性的叙述整个逻辑观念。

本书做了一项大胆尝试，将从当股价进行到当时价位时，投资人心中应该抱持何种心态与想法，搭配所学的技术分析做思考的动作，而不是单纯地只将“技术现象”套进去之后，就说非得如此不可，投资人一定要有一个重要的想法，明天的走势只是一种合理的推测，也就是利用我们所会的技巧，尝试做一个行情可能的走势预估，并非代表一定如此。

当然，在我们将技术分析的技巧运用的得心应手时，就可以提高推测的准确率，并帮助我们从事交易性买卖，从而获取投资报酬。

首先，让我们对一些基本的名称有通盘了解。

正反转：股价由下跌趋势转成上涨趋势。

负反转：股价由上涨趋势转成下跌趋势。

多头趋势：每一个负反转的高点均大于前一个负反转的高点。

空头趋势：每一个正反转的低点均小于前一个正反转的低点。

空多交替：指空头趋势转换成多头趋势。

多空交替：指多头趋势转换成空头趋势。

第二头：当产生多空交替时，疑为趋势开始下跌的最高点。

第二脚：当产生空多交替时，疑为趋势开始上涨的最低点。

末升低：当股价创新高时，往前数第一个正反转的低点。

末跌高：当股价创新低时，往前数第一个负反转的高点。

日出线：今高突破昨高、今低比昨低垫高。

日落线：今高未突破昨高、今低跌破昨低。

思考 K 线的涵义时，应先从比较、时间、位置、路径的角度进行思考。

● 比较：与前一日 K 线的开、高、收、低与关键价位之比较。

● 时间：时间波的关键压力，如四手红盘、四手黑盘与十手新价的关系*。

---

*所谓四手盘是指每一个小波段有 4 根棒线而言，10 手新价，是指一个波段出现 10 根创新高价的 K 棒。

● 位置：K 线位于整个波段的相对位置，或是发生在突破前、突破后。

● 路径：盘中走势的攻击研判，及到满足区的走势表现。

短线针对 K 线思考的方向以当日路径、当日收盘、隔日开盘、隔日路径来决定，分析如下：

当日路径：观察主力进货或是出货手法与控盘能力。

当日收盘：决定主力意图及当日强弱的表现，为作价点。

隔日开盘：延续昨日气势与当日意图与持续控盘的意愿。

隔日路径：观察主力是否持续昨日行情及控盘技巧高低。

其中所谓攻击路径是笔者整理归纳出一套盘中实时走势研判法即乾坤八法中“连霸盘”与“掼压盘”的简单运用。路径代表的是主力拉抬手法与控盘手腕技巧，连霸盘为急拉盘中的基本技法，掼压盘为急杀盘中的基本技法。所以连霸盘定义为主力积极进货或是出货讯号；掼压盘定义为主力积极出货或是进货讯号。“实时盘态”的实战操盘法可参考谢老师另一本著作：《主力控盘操作学》。

乾坤八法重在一日走势，与其前后连续图的比较，在当日开盘就能够决定其气势，通常主力会在开盘进行气势开盘或是压盘的行为，以便随即大举进货或是出货，这一个动作就是“拂晓攻击”，从上页标示 B 的位置可以发现，主力一开

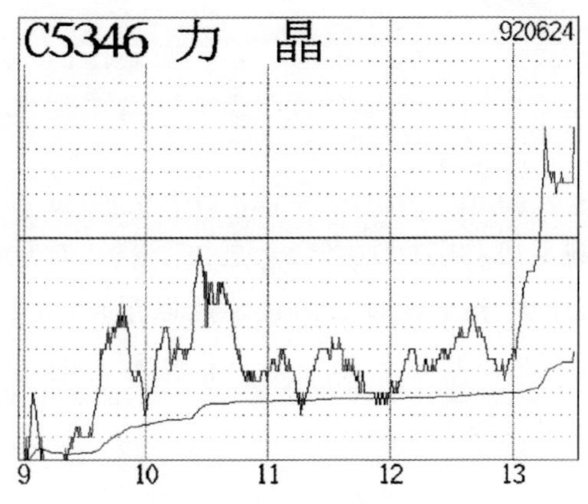

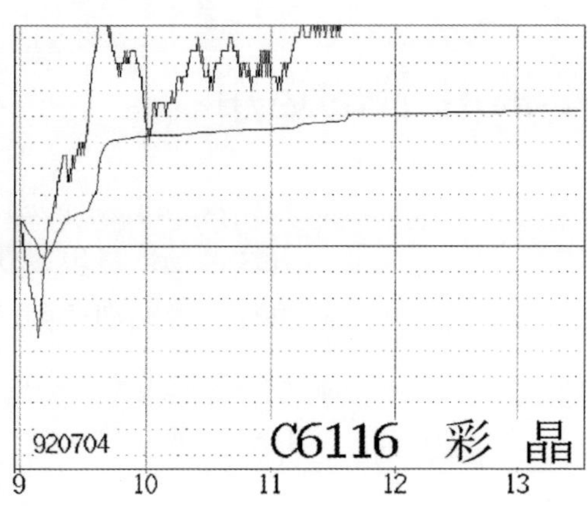

盘是进行压盘的动作，随即进行两次“连霸盘”的动作，让股价奔向涨停做收。

而一日走势的结束是收盘价，通常也是主力试图在今日做出企图心的表现，以利于隔一日走势的拟订，这一个动作称为“夜袭”，如上页标示A所示，为了达成夜袭的目的，其过程也会采用“连霸盘”的动作。

单根 K 棒的运用

K 线的基本定律是：行情只要呈现坚挺的走势，则将一直往上扬；呈现疲软的走势，则行情将会一直往下跌。如何将行情做贴切研判，必须一根一根棒线解读，所以最基本的就是从一根 K 线认识开始。将每一根与前一根做相对的比较，就很容易分辨多空力道的消长。

一、长　白

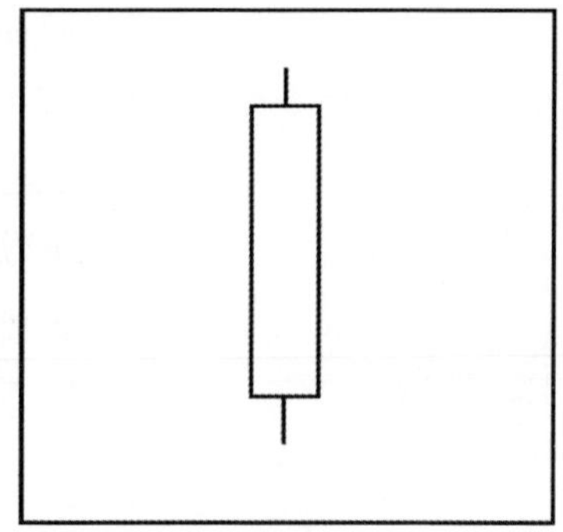

定　义

(1) 收盘＞开盘，且相差幅度颇大，至少在 5 日平均振幅以上，相较于最近 10 日内的棒线有相当明显的幅度。

(2) 可以略带有上下影线，但是极短。

位　置

长白发生的位置决定了它的“效度”。

假设在强烈下跌趋势当中发生，出现长白有机会进行止跌反弹，反弹是否会让趋势进行反转仍待商榷；如果发生在跌势的末端就有机会进行趋势反转，那么这一根长白线就是多头的攻击讯号了。

在上涨的过程中，股价因为涨多进行回档整理，使筹码沉淀，冷却过热的技术指针现象之后，仍然有机会持续上涨，因此在整理之后出现的长白线，可以视为再度攻击的讯号。

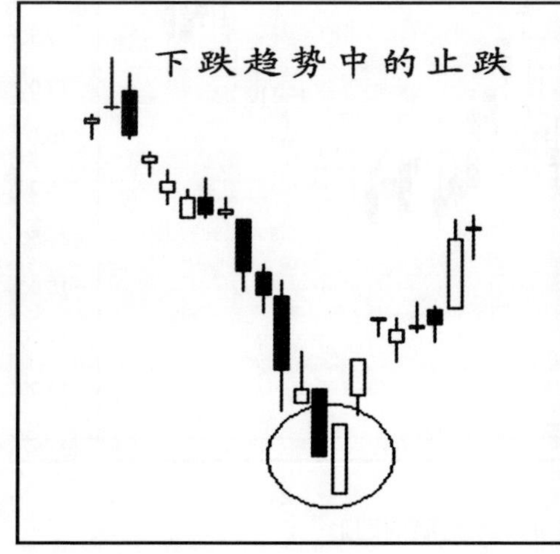

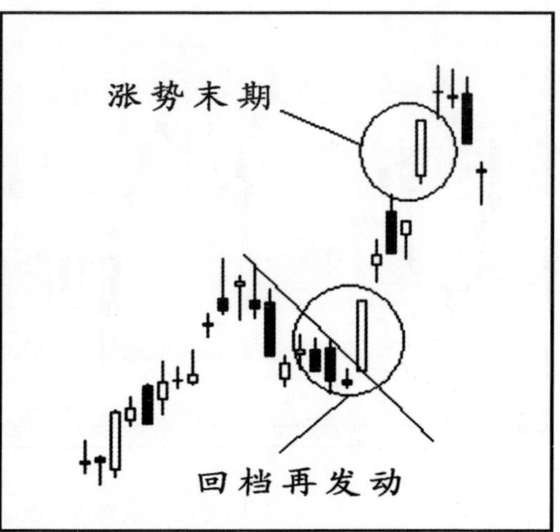

而在涨势末期，假使出现长白线，就不见得是一件好事，因为有可能是主力奋力拉抬的迹象，其目的当然是制造强烈多头讯号，让散户追价进场，进而将手中筹码转换到散户手中，所以在高档区出现，有时是多头力竭的讯号。

实战运用

请看图 2-1，编号 A 出现时正处于中期下跌走势之后，并与前一日棒线产生实体缺口，故当日可判定有机会进行反弹，后续出现空头抵抗，连续收黑的 4 天回档并未跌破编号 A 的长白线，根据比较原则，可以断定多方支撑力道较强。等到编号 B 的长白线出现，将回檔 4 根黑棒吃掉，就可以断定反弹将持续进行。

虽然持续反弹，但是并未造成正反转疑虑，故中期趋势仍在空头当中，因此当后续跌破 B 棒线就是确认反弹已经结束（B 棒线后的反弹高点可以用形态研判掌握），直到编号 C 的长白棒线出现，才又有止跌反弹的契机。

图 2-1　久津在 2002 年 9～11 月底的圆形

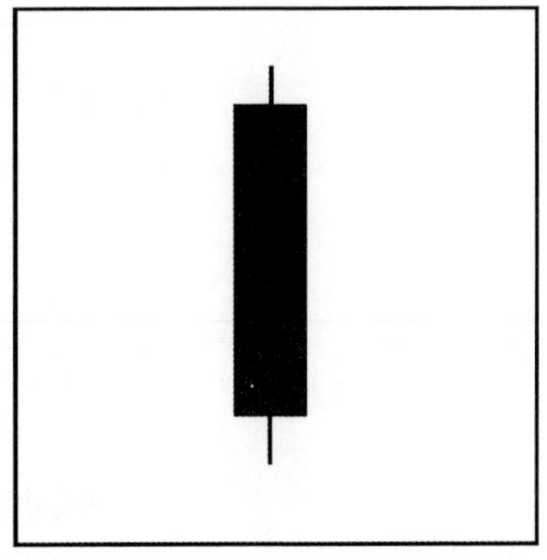

其中，编号D的长白棒线是发动攻击的讯号，反弹持续到前一波负反转的高点时出现了编号E的长白线，这里就是关键，投资人容易迷惑于当时的热度，又出现长白线，岂不是多头讯号？试想，主力会在这时告诉您，我还要继续攻击吗？再回头看看也有一段不小的涨幅，而编号C的长白线力道也在此正常的反映完毕，又逢前波负反转高点，理应有解套卖压，故编号E的长白线应视为多头力竭的讯号！

二、长　黑

定　义

(1)　收盘<开盘，且相差幅度颇大，至少在5日平均振幅以上，相较于最近10日内的棒线有相当明显的幅度。

(2)　可以略带有上下影线，但是极短。

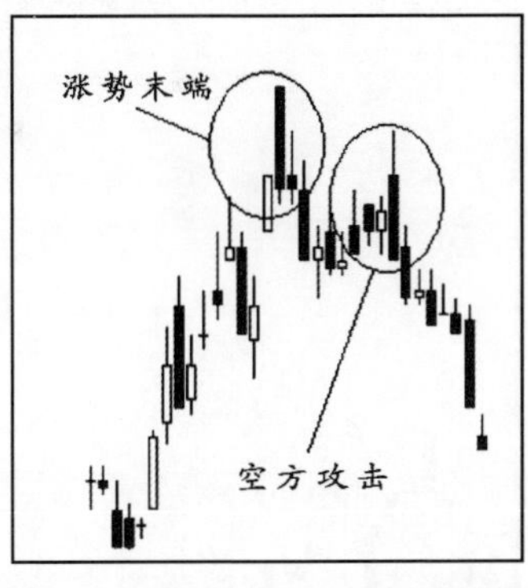

位　置

长黑发生的位置决定了他的效度。假设在强烈上涨趋势当中发生，出现长黑有机会进行止涨回档，回档是否会让趋势进行转换仍有待商榷。如果发生在涨势的末端就有机会进行趋势反转，那么这一根长黑线就是空头的攻击讯号。

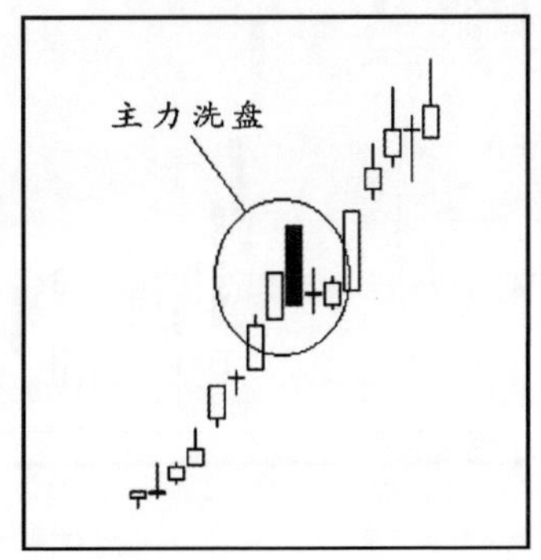

而在跌势的末期，假使出现长黑线，就不见得是一件坏事，因为有可能是主力做最后的掼压吃货行为，其目的当然是制造更低成本的筹码流入自己手中，所以在低档区出现，有时是空头力竭的讯号。

当然主力亦有可能在涨势中期利用长黑进行快速洗盘的动作，洗完盘可以迅速上攻，就可以明白主力掌握筹码的程度如何。

实战运用

请看图 2-2，在一个下跌过程中，编号 A 的长白线先是透露出止跌的契机，但是支撑 4 日后在第 5 日下跌，确定止跌失败，并且连续出现长黑棒，直到编号 B 的长黑出现后，不再出现长黑，除了高档下跌的力道经过计算已经反映完毕，也暗示接下来只要出现任何止跌的 K 线形态，就有短线止跌的机会。

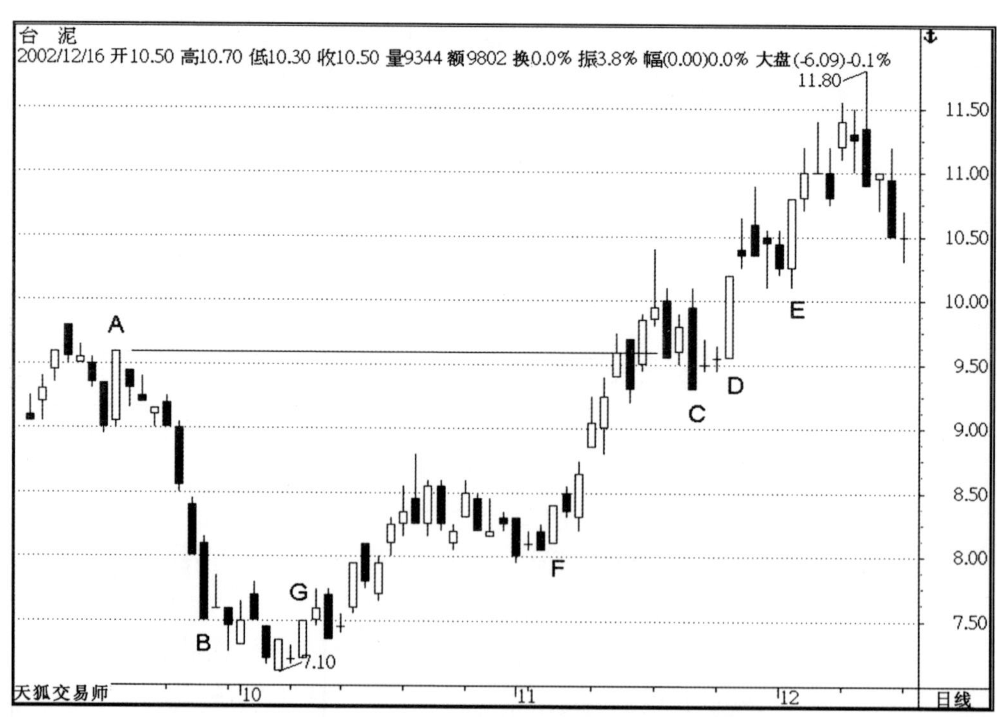

图 2-2 台泥在 2002 年 10 月附近的图形

而编号G的白线，虽然比起之前的长黑幅度是较小的，但是已经形成攻击形态(母子突破)，就等最后下跌长黑的空方攻击力道被多方攻击力道克服后确认。当然从图形上观察，是已经将编号B的空方力道克服，克服之后回档可以考虑找多头切入点，但是必须要等回档最低点出现后，观察最低点有没有跌破关键支撑才能考虑找买点，如果跌破支撑，宜另寻标的。

当支撑不破，又出现多方攻击，就是多方的进场点了，请看图2-2的编号F棒线，这里在最近周期可以视为一根长白线，而这一波的攻击当高点临近编号A的长白线时，开始出现震荡，理由何在？试想，A棒线那一根长白是多头攻击失败的点，多头再回到此处，自然会有解套的行为，在这里就要思考是谁在此处套牢？如果是市场主力，股价反弹可以回到此处，如此就会演出“王子复仇记”!

解套后压回，出现一根编号C的长黑，大概会有人说是趋势转空，但是这里要思考：之前是谁对A棒线解套？长黑之后为什不再创低？答案很清楚，这是一根洗盘K线，所以当出现编号D、E的长白棒线，就是确定的多方攻击讯号，也正式宣告“王子复仇记”正式上演，而此波拉抬到16.8元才宣告回档，从“王子复仇记”开始，共有5.5成的涨幅!

从这一个例子，是要让读者有一个概念，K线的位置不同，产生的涵义也就不同，不能以传统的定义给予规范。

接着请看图2-3。编号A的长黑在创近期新高之后出现，当然是多头受到空方打压，并且迅速回档利用编号B的长黑跌破多方攻击的编号D的长白，这样的空头攻击，暗示空头力道已经暂时竭尽，多头将进行反弹，反弹的目的有可能只是解套，也有可能是要酝酿再攻击，就看后面的行为表现。

很明显的，编号H是多头攻击，编号C是空头攻击，在“扇形三条线”被编号J的长黑掼破，就能确定空头气盛，但是到此处才发现未免太晚，其实在编号C棒线出现时，从一

图 2-3 精英在 2002 年 9 月附近的图形

开盘，就知道多头气势已尽，怎么说呢？只要你慢慢将本书仔细看完，就会相当清楚原因在哪里。

编号 E 的棒线称为最后下跌长黑，其后第三笔的棒线就确认进行反弹，后续的编号 F 长黑并没有破坏反弹的结构，所以当编号 G 的长白出现，就是确认反弹持续进行当中。所以在这一张图中，我们可以清楚的发现，不是看见长黑就认定盘势是坏的，必须与前面和后面的 K 线模式做比较。

三、纺 锤

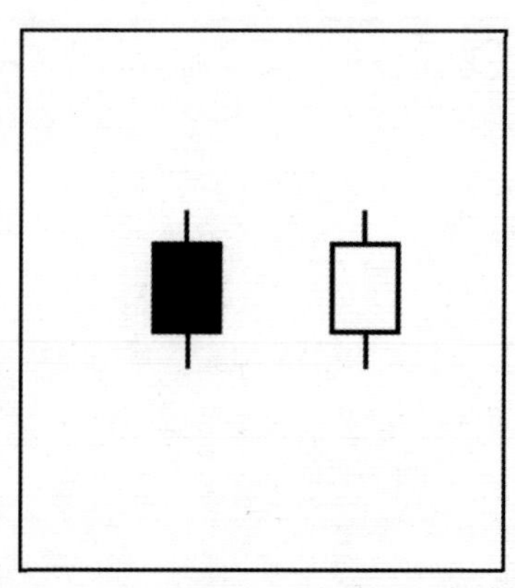

定 义

(1)留有上或下影线，且实体较小的棒线。

(2)实体不论白黑，也不必介意影线的长度。

(3)大概在5日平均振幅以下，相较于最近10日内的棒线，为较小的幅度。

位 置

一般纺锤线代表的是多空都很谨慎，所以必须与其他K线形态搭配，或是呈现连续的组合，才能够显现出实战的作用。例如可以组合成为星、岛或是离白、离黑等等。

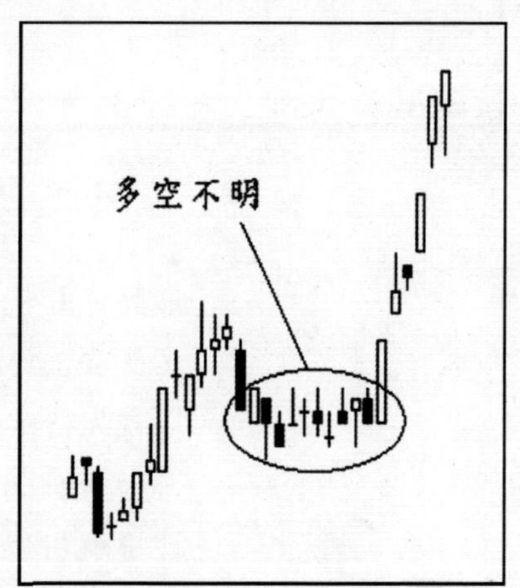

实战运用

请看图2-4。编号A棒线为纺锤线，前面的趋势为上涨后的回档。于A处呈现停滞，出现一根长黑后，再形成编号B处一连串的纺锤线，暗示回档至此，多空力道均衡。而当趋势为回档的情形下多空力道趋于均衡，以出现再上涨的几率较高，故在出现编号C的长白线后多头显现出走强意图，出现编号D的长白线为走多确认。

为何编号C说是多头转强讯号呢？请您比较B、C实体的部分就可以很清楚的看出来，编号B和C的实体最低都是一致的，而编号B实体最高也是一致的，唯独编号C白线收

图 2-4 国建在 2003 年 1 月附近的图形

最高，并且突破编号 B 所有实体的最高，这个现象就是暗示多头表态。而在编号 B 这一些连续的纺锤 K 线，其实就可以视为特定人士进场布局的讯号。

请看图 2-5。编号 C 的纺锤被编号 D 的长白突破之后，这里就可以视为一个支撑带。当回档到编号 D 的低点附近，理应出现支撑。所以编号 A 这里就出现连续的纺锤线，呈现多空相互零星试探的局面，请特别注意这里无论如何震荡，就是没有跌破编号 D 的长白线低点，这就是研判的重点。

上一范例才刚提过，“当回档的多空力道趋于均衡时，以出现上涨的几率较高”，接下来出现编号 B 的长白线，不正是宣告短线行情已经脱离编号 A 处的盘局？而在编号 B 之后出现的回档，也没有跌破 A、B 处的支撑，所以再出现编号 E 的止跌线与隔一笔长白线时，无疑是一个明确的攻击讯号。

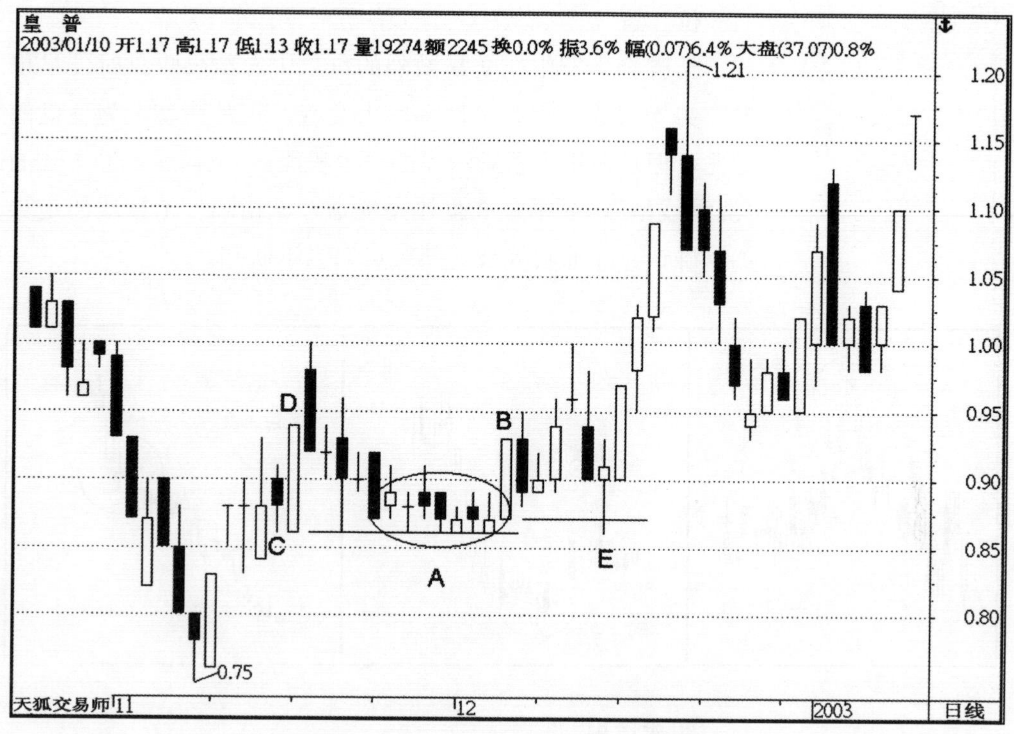

图 2-5　皇普在 2002 年 12 月附近的图形

编号 A、B 为何会形成一个支撑区呢？理由是因为突破盘局，此处就可以视为一个底部，很自然就会形成一个支撑带了。

四、长脚十字

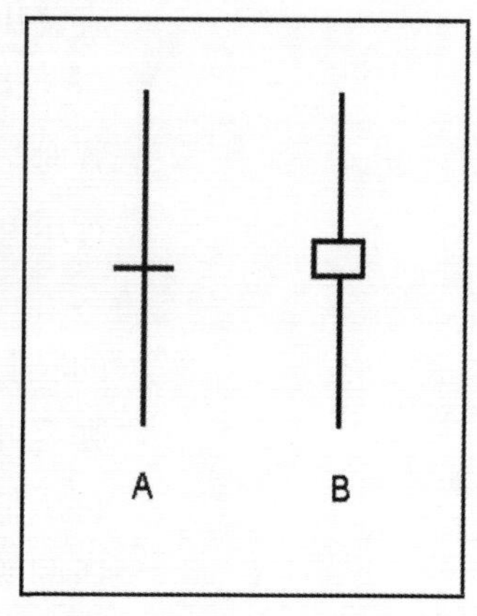

定　义

(1)收盘＝开盘，或是实体极小。

(2)实体不论白黑，同时有上下影线，而且极长。

(3)标准形态为收盘在今日(高＋低)÷2 的位置。

位 置

长脚十字发生在交易激烈的盘势中，结果收盘时，呈现多空势均力敌。因为呈现多空大交战，正常而言，为变盘的征兆，但是在主力色彩浓厚的“投机股”，反而是上冲下洗的“洗盘线型”，至于是洗盘还是变盘，就由隔一笔棒线的走势加以确认，除非实战技巧熟练可以当下研判。

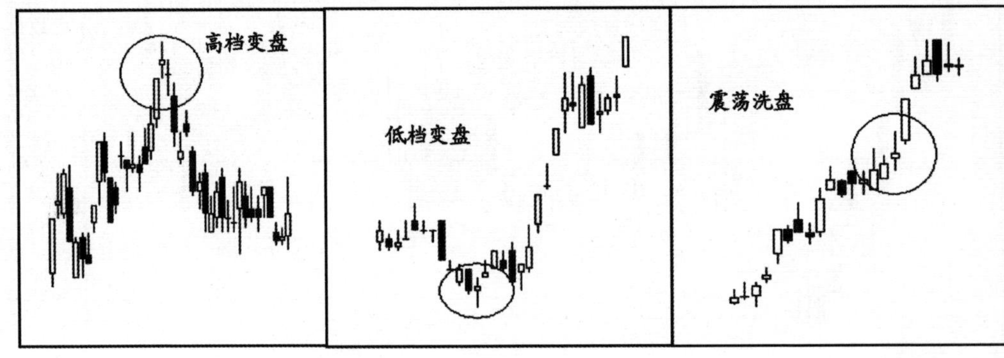

实战运用

请看图 2-6。编号 A 为一根长脚十字，代表行情剧烈震荡，又处于反弹的高档，所以可能有人套牢，所以在编号 B 棒线跌破编号 A 棒线之后，编号 A 与编号 B 之间的 3 根棒线，视为有人套在这里。既然如此，这个区域就被视为压力！

将来反弹到编号 A 附近的价位，容易产生拉高逃命或是震荡出货的格局，因此编号 C 的长脚十字，应该先视为解套后的再套牢压力。既然如此，下一次股价反弹到编号 C 的位置时，也只能暂时视为反弹解套，碰触到此处之后，理应先行压回。

接着请看图 2-7。它的研判方法是一样的，图中编号 A 的长脚十字被编号 B 的长黑掼破，此处就形成压力区间。反弹至此，理应出现卖压，所以编号 C 的长脚十字为解套之后再压低，故视为压力，将来股价反弹至此，还是会产生先行压回的现象。

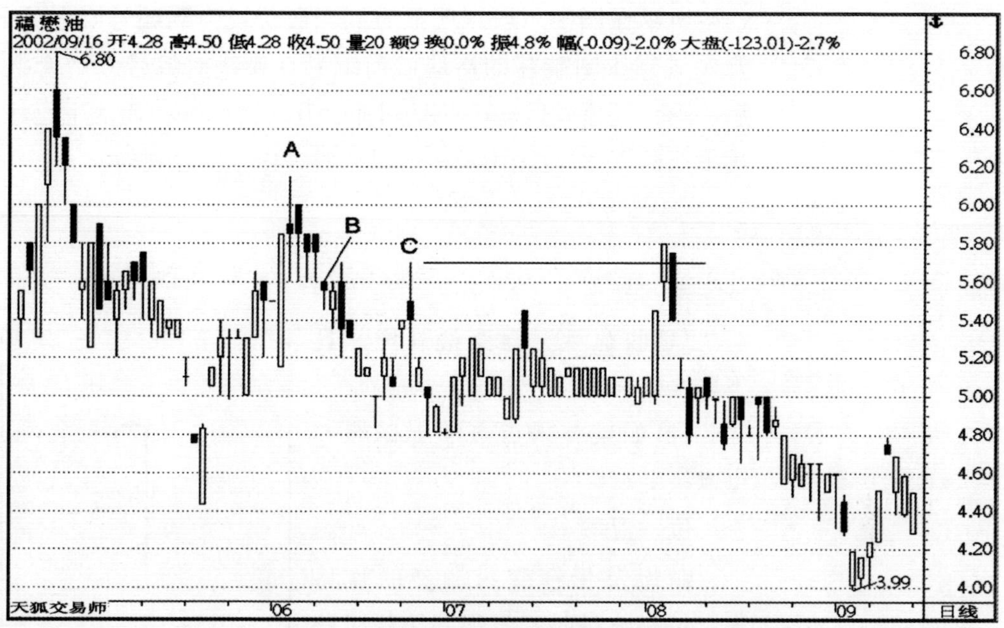

图 2-6 福懋油在 2002 年 6 月附近的图形

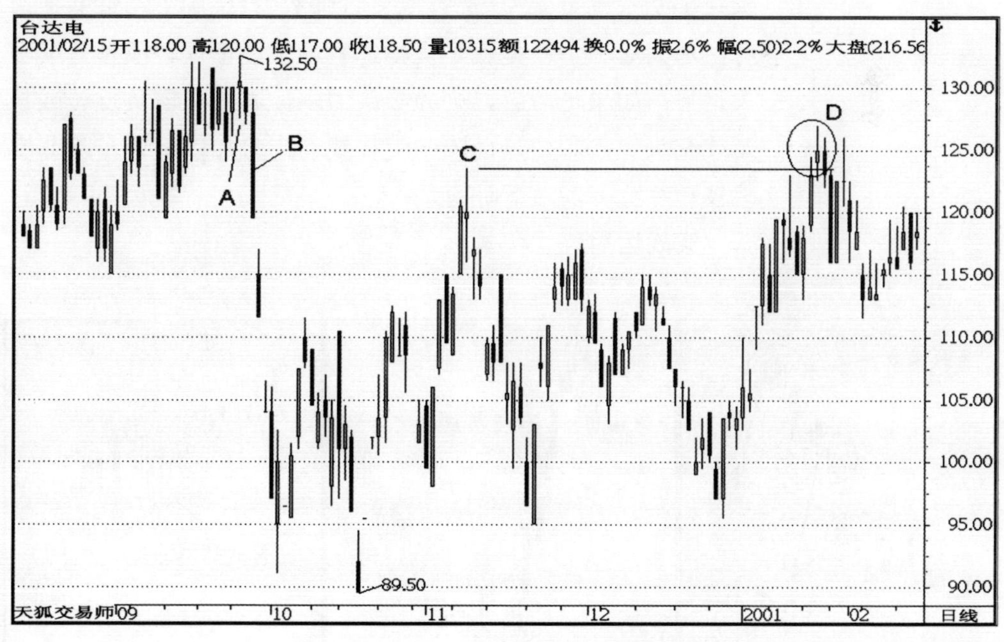

图 2-7 台达电在 2000 年 10 月附近的图形

所以在图中可以很明显看到当股价反弹到编号C之处，开始进行压回震荡的格局，而编号D棒线对编号C解套之后，隔一笔棒线日落，并且回补上升的实体缺口，加上已经满足低档K线攻击力道，所以持股宜先行出脱观望。

五、蜻　蜓

定　义

(1)收盘＝开盘＝最高价，且下影线极长。

(2)如果有一点点的上影线亦可以接受。

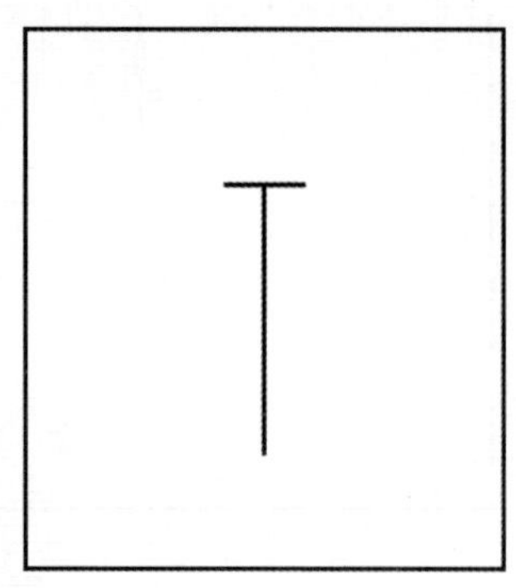

位　置

蜻蜓发生在交易激烈的盘势中，结果收盘时，呈现多头暂时获胜的征兆。因为盘中曾经多空大交战过，虽然多头胜，但是在不同的位置，可以分成：强势多头将弱势空头击败、弱势多头将强势空头击败。如果是前者，那么这一个线型就是支撑，容易呈现正反转或是延续多头走势；如果是后者，则为多头力竭，容易呈现负反转或是延续空头走势。建议由隔一笔棒线的走势加以确认，除非实战技巧熟练可以当下研判。

实战运用

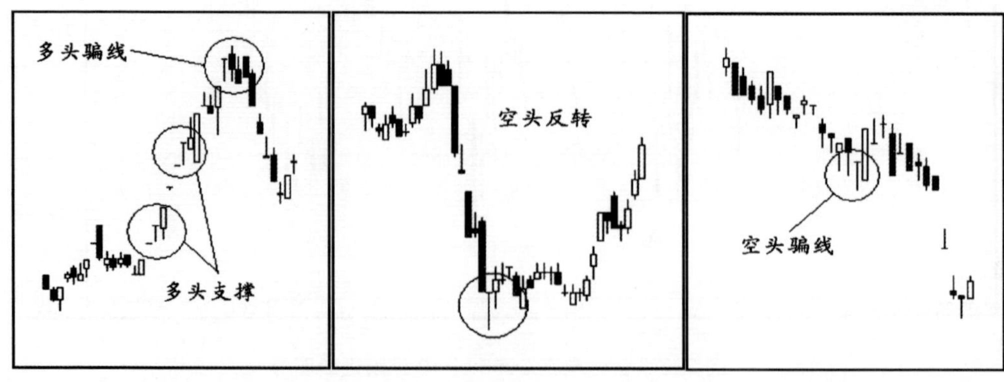

请看图2-8，编号A的棒线是一根蜻蜓，因为是出现在下跌最低点后的反弹，先暂时视为支撑。而在编号B的墓碑线收盘跌破编号A的支撑之后，于下一笔编号C再次出现蜻蜓线。假使这里出现支撑，则此处形成第二脚，短线多头可以进场，万一出现支撑失败，就要提防股价再创新低。

显然，编号C的隔一笔棒线用长白线表示，暗示这里是短线支撑，有机会形成第二脚的短期底部讯号，因此可以尝试作多。如果这里是第二脚成立，将来回档时，编号C这一根蜻蜓，理应为支撑线型。所以我们可以看见股价迅速回到此处时，出现支撑，并且再做一波上涨的多头行情。

在编号D的棒线出现后，与编号A相互比较，都是属于反弹见高点之后出现，而且呈现一个日落的走势，所以怀疑D棒线和A棒线后续会出现相同的回档走势，这是属于形态比对的应用法，而编号A因为弹的少，所以回的浅，编号D因为弹的高，所以回的深。

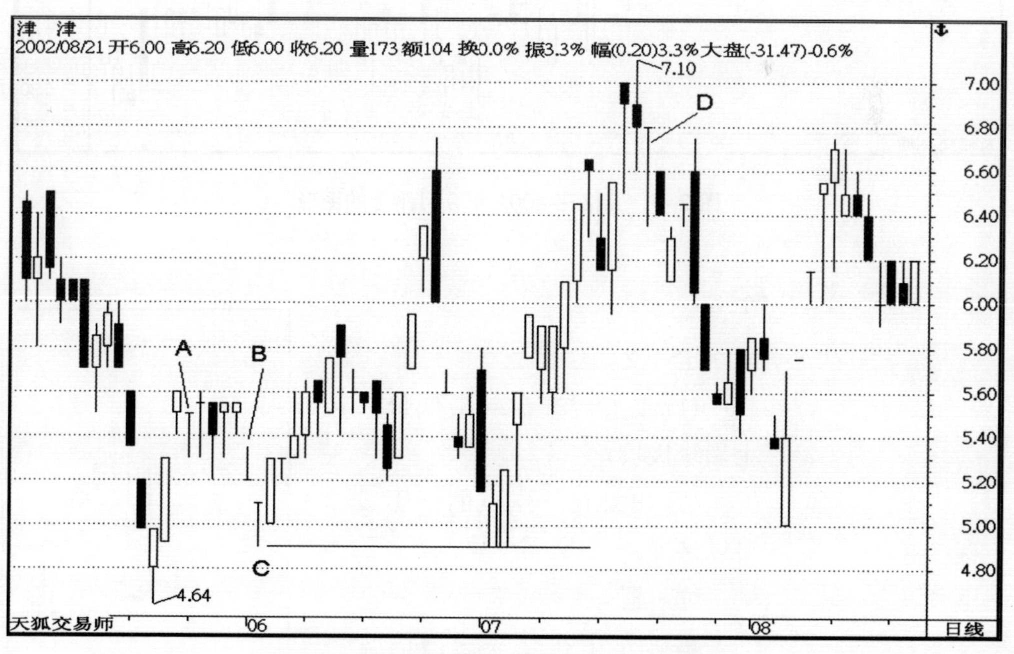

图2-8　津津在2002年6月附近的图形

接着请看图 2-9。编号 A、B 的蜻蜓线，并没有如预期的出现支撑，理由是 8.85 元是反弹后的新高，反弹呈现多头力竭的现象，所以出线蜻蜓就不一定是支撑。当 A、B 之隔一笔就可以确认这样的走势。

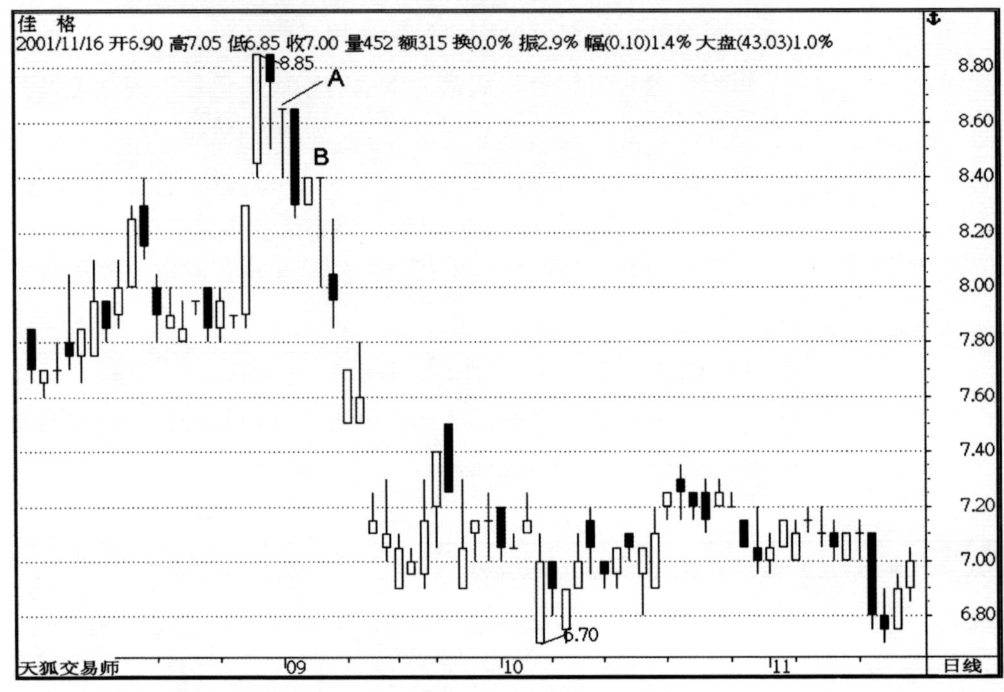

图 2-9 佳格在 2001 年 9 月附近的图形

六、墓 碑

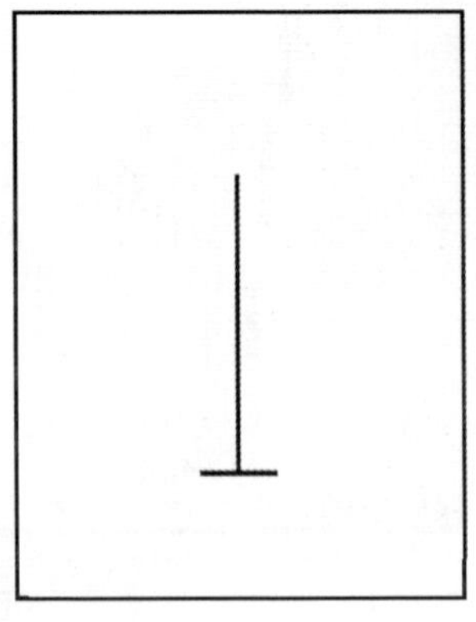

定 义

(1) 收盘＝开盘＝最低价，且上影线极长。

(2) 如果有一点点的下影线亦可以接受。

位 置

墓碑发生在交易激烈的盘势

中，结果收盘时，呈现空头暂时获胜的征兆。因为盘中曾经多空大交战过，虽然空头胜，但是在不同的位置，可以分成：强势空头将弱势多头击败、弱势空头将强势多头击败。如果是前者，可以视为出货，那么这一个线型就是压力，容易呈现负反转或是延续空头走势；如果是后者，可以视为洗盘，则为空头力竭，容易呈现正反转，或是延续多头走势。建议由隔一笔棒线的走势加以确认，除非实战技巧熟练可以当下研判。

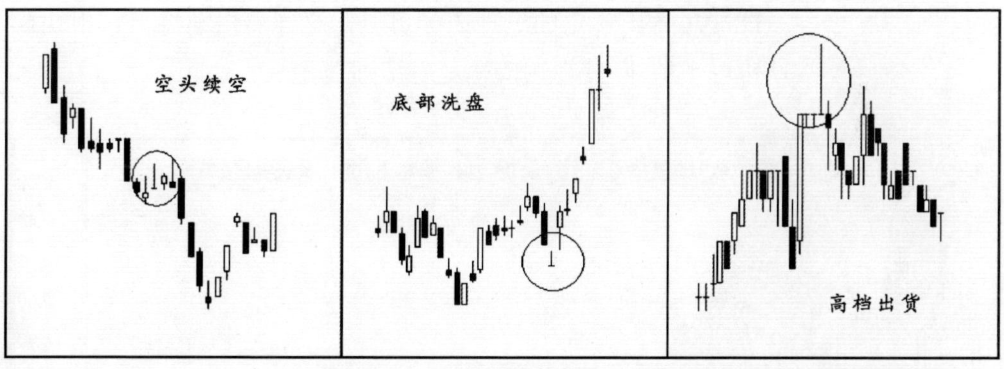

实战运用

请看图 2-10。编号 A 棒线是一根典型的墓碑，当隔一笔续破编号 A 的低点之时，往前看，并没有明显的支撑线型，所以此时就必须怀疑编号 A 是压力线。当股价进行跌到编号 B 的墓碑线时，一般认为行情是悲观的，但是却在隔一笔跳空上涨，此时操作者心中应该立刻反应：既是压力线型，如何能强势开高？故必须立刻思考，股价在进行反弹！

后续股价在反弹无力后再创新低 4.51 元，并进行反弹。这里需要思考的问题是编号 C、F、G 的这一些棒线，都没有突破杀盘的长黑棒，既然不突破，多头想要续强，唯有将战线拉回(回档)进行补给。

当战线拉回到编号 E 的长白线时(最低价为 4.52 元)，并没有跌破前波低点 4.51 元，所以多头一息尚存，接着出现编号D的墓碑线，这里就很有趣了，因为编号D的隔一笔是用长黑下跌的，长黑下跌之后本应再续破长黑低点，怎么会出现小黑K止跌，形成母子线后，再出现长白线突破？

所以我们应该尝试这样思考：D棒线为压力，压回为合理，但是压回未破E棒线，表示E棒线有支撑，当再出现长白线，就是短线多头攻击讯号，因此D棒线可以视为短线压盘的行为。如果跌破E棒线，则D棒线才能视为压力。

有这样的思考方向，就容易拟订操作策略与进行研判的动作，所以K线一根一根拆开来看人人都会，合起来看也要能够思考出一定的道理来才可以，这样慢慢地练习，很快就可以了解K线运用的"基本法则"。

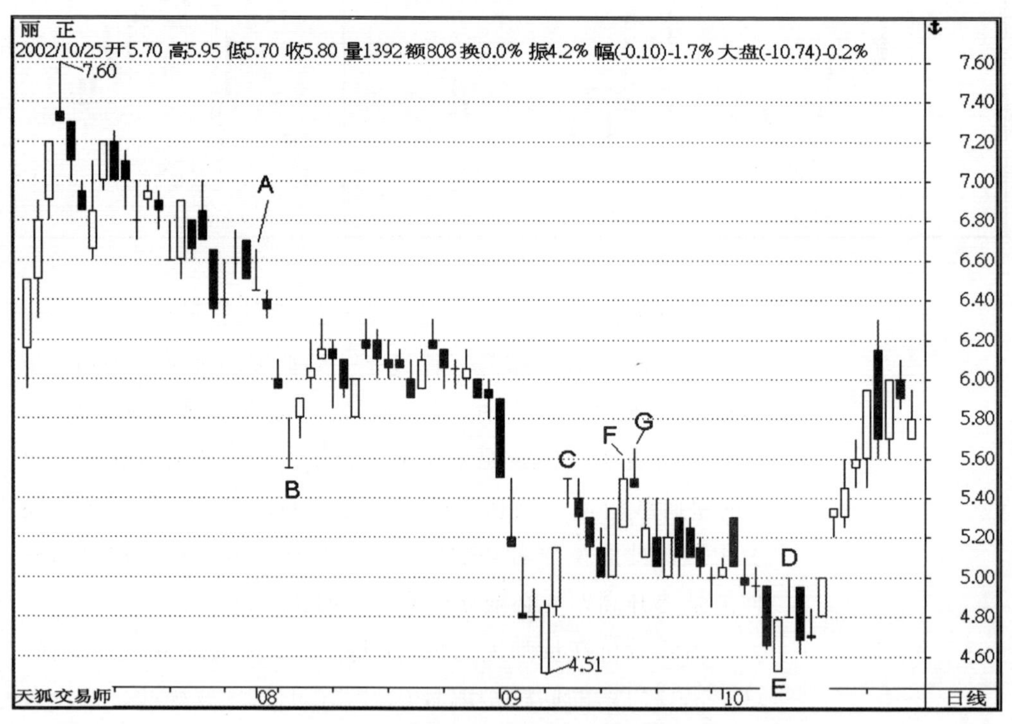

图2-10 丽正在2002年9月附近的图形

接着再看图 2-11。编号 A 的墓碑线，隔一笔开平后下跌，就确定是压力，那么能不能在当笔就可以知道呢？可以，如果大家手边有软件，可以往前推，就可以知道当股价攻击至此，容易遭逢前波解套的卖压，所以在极短线（如 5 分钟）攻击失败后压回，在编号 A 当笔就可以知道确定是压力，所以短线可以先行获利退出。

股价是有买有卖，有人解套，就有人套牢。股价要向上攻击，必须对套牢处先解套，解套后压回出现支撑，再一次攻击就是短线多头表态。所以编号 C 的长白线出现后，就暗示短线多头有机会，虽然编号 B 再次出现墓碑线，但是回档到编号 D 的范围处，并没有跌破编号 C 的长白线低点，也因为如此，后续才有持续震荡走高盘坚行情。

从整张图轮廓观察，出现编号 A、B 的墓碑线之后进行的

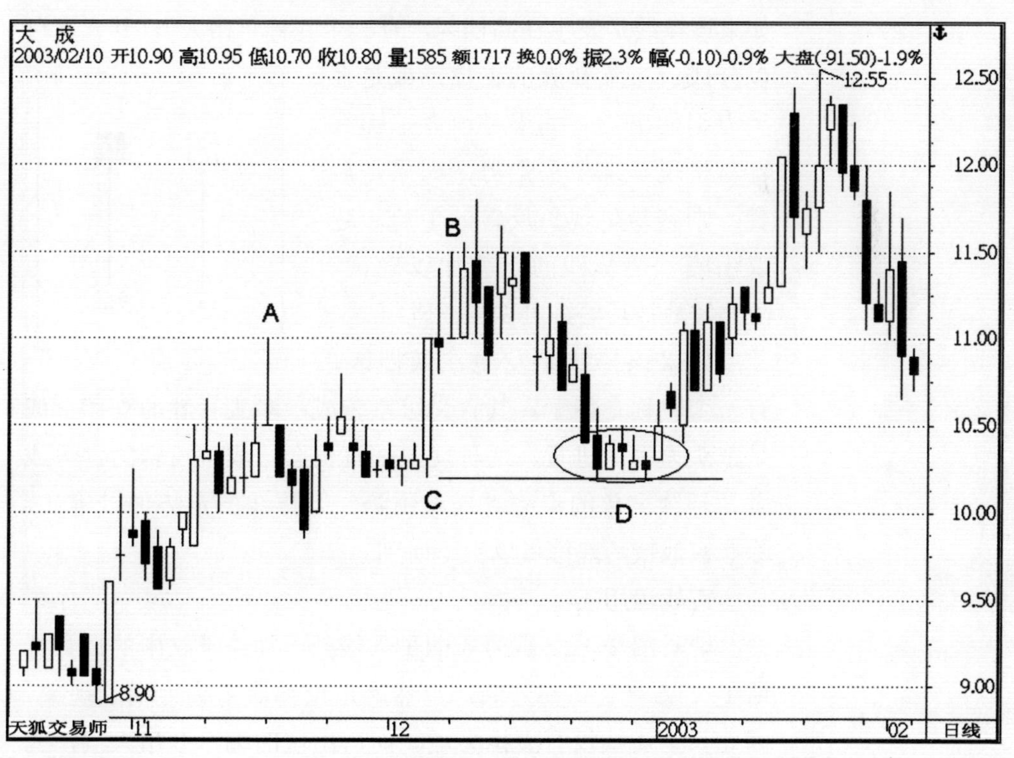

图 2-11 大成在 2002 年 12 月附近的图形

股价回档，都没有跌破其波段发动的长白棒线，这才是关键所在，因为股价波动的进行，自然会与前面的走势息息相关，请各位读者多加思考其中含义。

七、纸 伞

定 义

(1)下影线极长，实体极短。

(2)实体小 K 线在今日高价位置。

(3)实体不论白黑。

(4)标准形态没有上影线。

(5)变化形态可以容许有一点点的上影线。

位 置

纸伞发生在交易激烈的盘势中，因为下影线极长所以可以视为一个支撑线，而当日小实体呈现白黑的意义并不大。如果该棒线是发生在高档区，有一个昵称“吊人”，其含义可以分成：多头暂胜的支撑，或是多头力竭的出货。如果是前者，那么容易呈现延续多头走势；如果是后者，则容易呈现负反转的走势。建议由隔一笔棒线的走势加以确认，除非实战技巧熟练可以当下研判。

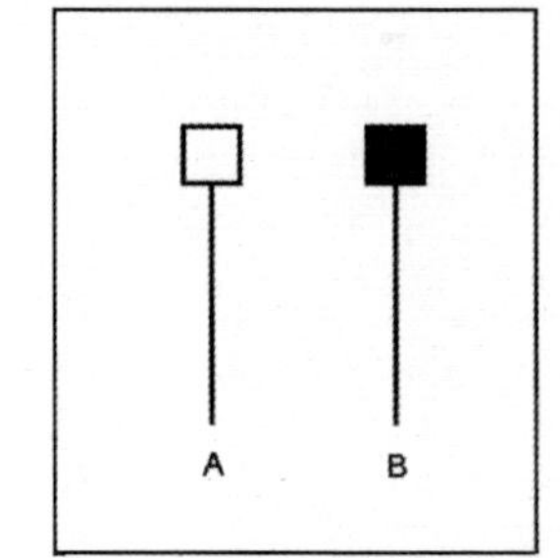

如果该棒线是发生在低档区，有一个昵称是槌子，其含义可以分成：多头暂胜的支撑，或是空头力竭的进货。两种现象都有机会造成正反转的走势或者是延续空头的走势。建议由隔一笔棒线的走势加以确认，除非实战技巧熟练可以当下研判。

实战运用

请看图 2-12。编号 A 的吊人线处于加速下跌中的反弹行情中，隔一笔立刻开低，当然就是反弹后多头力竭的现象，因此长下影线没有支撑力道。而后出现的编号 B 吊人线，因

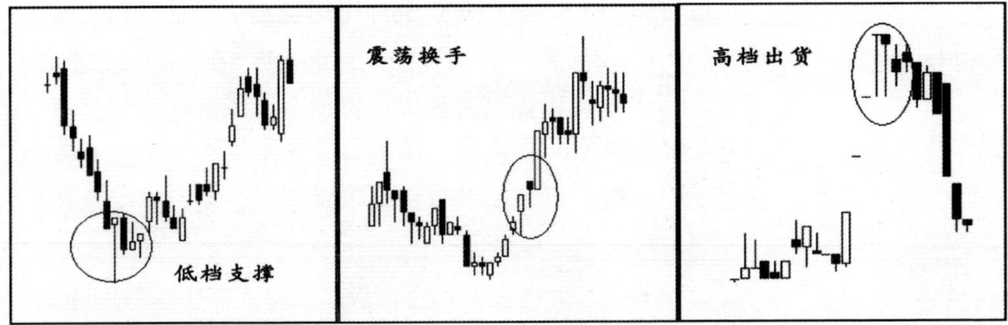

为是在连续上涨的过程中，突然出现吊人，宜搭配其他方式研判，比如说盘中实时盘走势等等，才容易断定是支撑或是出货的骗线，理论上，投机性较高的个股，在下一笔的走势就会很明显地表态。

其实编号B的吊人线，是刻意做出来的线型，目的是让使用者以传统的研判法认为这是要吊死人的现象，然后顺势洗短线单，再向上急拉，所以主力短线成本在此，既然如此，就容易猜测主力想要把股价大致拉抬至何处，因此，我们就可以很容易地推测满足点了。

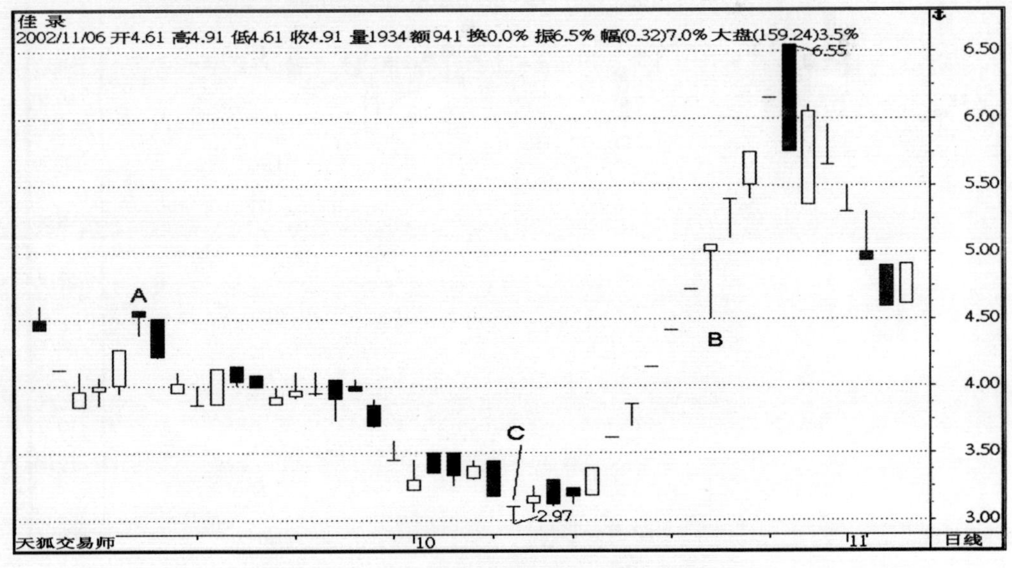

图2-12 佳录在2002年10月附近的图形

请看图 2-13。我们可以利用力道的测量，估算出多头力道竭尽点在 32 元附近，所以当到达满足区域时，不论是何种线型，理应逢高先行退出观望。再加上已经是在行情涨升一段之后的高档区，又出现一根编号 A 的吊人线，退出观望似乎是一个良策。可不能看见出现下影线这么长，且实体收白的线型，就认为是支撑。

错误的技术分析观念，会让散户投资人产生支撑的错觉，后面又出现连续 10 笔震荡整理，而且都在这一根吊人线的范围内，直到编号 D 的长黑跌破整理区间，此时才正式宣告这一个吊人线支撑是无效，支撑无效就转变成压力，当然后续的反弹要思考不容易过高点，而后又出现编号 B、C 的吊人线。假设这些吊人线是支撑，多头是不是应该要攻过 32.9 元的高点才是，结果是屡攻不过，并且在见高点之后以跳空开低下跌，显见多头力道的虚弱，这里就必须很谨慎，尤其请读者注意的是现在的操作策略，早已经是属于退出观望，然后研判此档股票是否还有介入的价值而已。

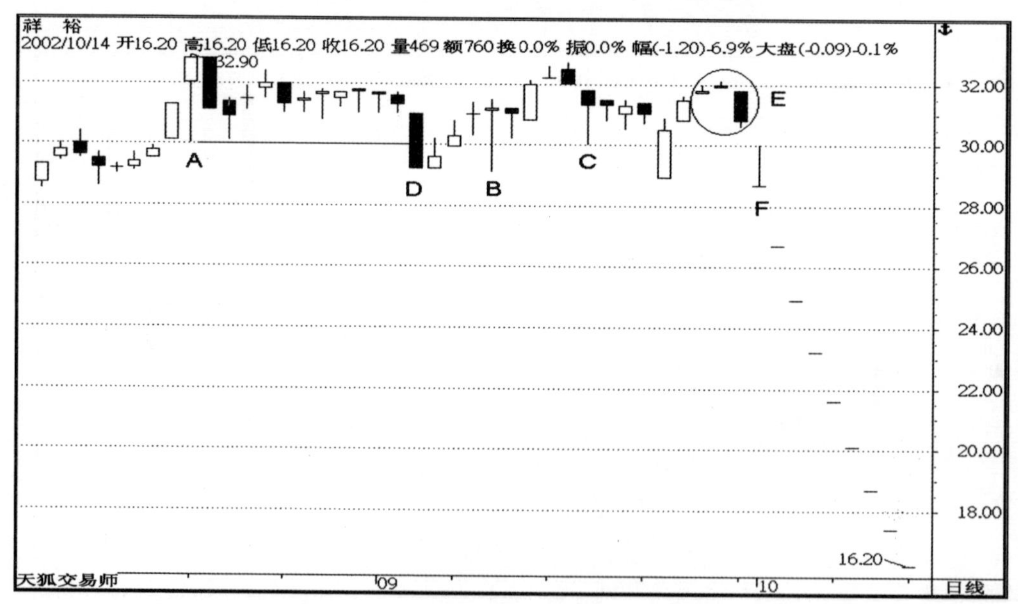

图 2-13 祥裕在 2002 年 9 月附近的图形

再看编号 E 的反转线型，正式激活了空头的趋势，编号 F 的墓碑线正式确认，回头一看，整个 K 线结构正好形成一个三重顶的头部形态，后面的崩跌，只是说明这一个头部形态是主力高文件震荡出货的明证。因为操作策略已经促使我们退出观望，所以后面的崩跌就与我们无关。

接下来请看图 2-14。如果是在下跌的趋势中，出现这样的线型就称为槌子，虽然槌子线型在下跌过程中有机会成为支撑，但是必须等隔一笔确认才是正确的操作策略。因此在编号 A、B 的槌子出现之后，盘势没有明显反弹行情，所以不宜视为支撑，而且股价仍在续创新低中，因此不是支撑的形态。

也就是说，一根槌子线，后面棒线应该不再创低，且呈现反弹才对。所以编号 C 的槌子线，正巧符合这样的条件。投资人如果屏除买最低的心态，等待支撑成立之后再行介入，

图 2-14　敦南在 2002 年 10 月附近的图形

其实买卖的动作是很安全的。那么短线标准买点在何处呢？就在编号C隔两笔的白线，此线买进之后，就可以估算多头合理涨幅与强势涨幅。

接着出现编号D的吊人线与编号E的蜻蜓线，我们可以发现，编号D之后的压回没有跌破编号D棒线的低点，编号E之后的压回没有跌破编号E棒线的低点，冲高后连续3根长黑压回，而在编号G的第三根长黑出现后，不再创新低点，并且打一个短底，再创新高，因此编号G的附近这一个区间就是支撑带。

当出现编号F的槌子线时，正好落入这个支撑带，而且这一根槌子与前后棒线又形成变盘的组合形态（后叙），所以只要一出现具有攻击性的长白线，就是多头起跑的讯号。

因此编号F的槌子线落在回档的最低，加上出现多头起跑，当然这是一根支撑线型无虞。重点是操作者必须经由练习，研判出是否为支撑，如果有支撑的机会，在后续的棒线只要出现多头表态，就应该勇于进场做多。

八、吊高线

定　义

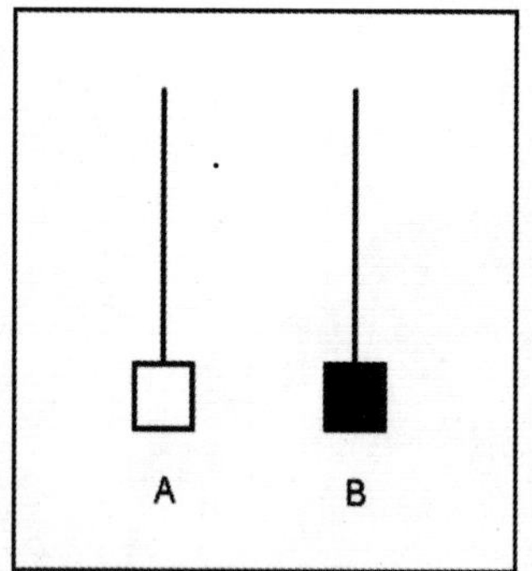

(1)上影线极长，实体极短。

(2)实体小K线在今日低价位置。

(3)实体不论白黑。

(4)标准形态没有下影线。

(5)变化形态可以容许有一点点的下影线。

位　置

吊高线发生在交易激烈的盘势中，因为上影线极长所以可以视为一个压力线，而当日小实体呈现白黑的意义并不大。如果该棒线是发生在高档区，有一个昵称“流星”，这一个星的左侧可以不必有缺口是比较特殊之处，台湾操盘界又称为“一炷清香”。其含义可以分成：空头暂胜的压力、多头力竭的出货或是多头主力的洗盘。前两种现象都有机会造成负反转的走势，后者有机会造成股价持续上涨。建议由隔一笔棒线的走势加以确认，除非实战技巧熟练可以当下研判。

如果该棒线是发生在低档区，就称为倒状槌子，其含义可以分成：多头最后压盘，或是空头气盛的杀盘。前者有机会形成正反转，后者则为延续空头的走势。建议由隔一笔棒线的走势加以确认，除非实战技巧熟练可以当下研判。

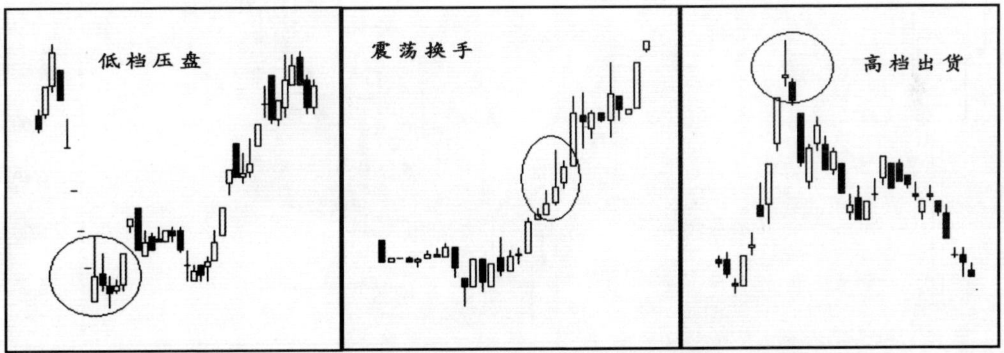

实战运用

请看图 2-15。当出现编号 A 的棒线时，与左侧留有实体缺口，亦属于相对高档，所以编号 A 可以视为一根流星，当隔一笔棒线呈现日落走势，就代表这一根线型是属于压力。

既然是压力，反弹到此处附近，就容易出现解套卖压，而化解卖压的方法有两个：利用震荡盘坚或是一口气轧空。所以在高档震荡之后，竟出现编号 B 的棒线，形状、大小、幅度都与编号 A 一致，此时操作者应该怀疑多头后续是否能持续攻击？若开低直接向下压盘，那么编号 B 棒线就是一炷清香。

当然我们在出现疑虑时应该要先行退出，而非死拗行情，心存侥幸。

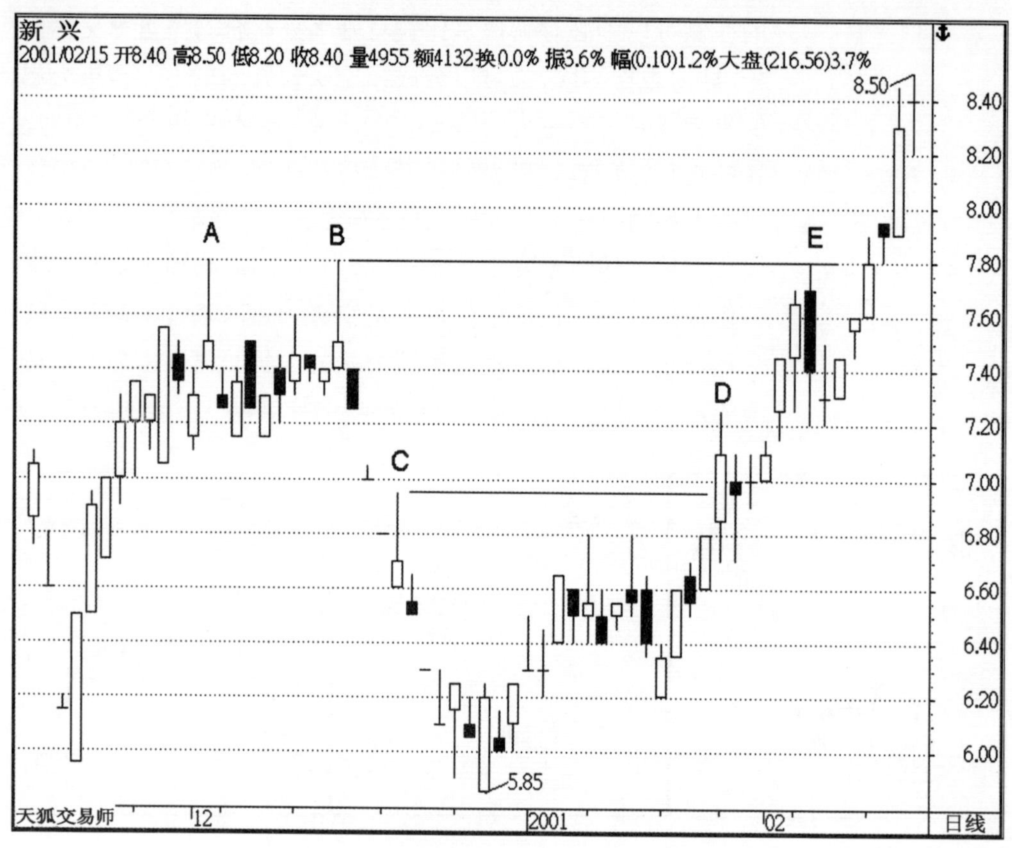

图 2-15　新兴在 2000 年 12 月附近的图形

最后出场点在编号 B 隔一笔的棒线，因为隔一笔又是日落 K 线的走势，投资人不能说：看哪！从 K 线图来看一个月后不是解套了？还创编号 B 棒线的新高呢！这种事绝对叫做天晓得！研究技术分析必须考虑当下，当下告诉我们是绝对卖出讯号时就不能犹豫，没有人可以保证未来的走势会如何，一直心存侥幸，不容易在股市中成为赢家。

编号 C 的棒线出现后，我们可以说这是持续下坠中的流星，若有空单，暂时不用回补。而空单正确的回补点是创新低的 5.85 这一根长白线，除了这一根是止跌讯号之外，空方杀盘的力道也在这附近竭尽，因此出现止跌讯号，立即思考的是空单回补，至于是不是要抢进多单，就看每一个人的操作习惯。

我们可以说，编号B和编号C，就是未来多头反弹时必遭遇的线型压力。其中从线图观察，编号D棒线过编号C的压力是利用顺势一口气突破，所以没有回档，而编号E的棒线过编号B的压力时，就是利用盘势震荡，将套牢单洗出来，然后再做轧空走势，并创下8.7元的高价。而目标价在出现编号D棒线时就可以估算，因为这里的走势强劲，正是王子复仇的起点。

请看图2-16。编号A、编号B与编号C出现连续的流星线，出现在高档整理的末端，如果代表的是压力线，后续的棒线不容易再创新高点，而能够创高，投资人应该怀疑是否这里出现的流星线，只是想要测试、挑战前波压力，而暂时所做的拉回？因为曾经测试与挑战，所以定位于多头企图心

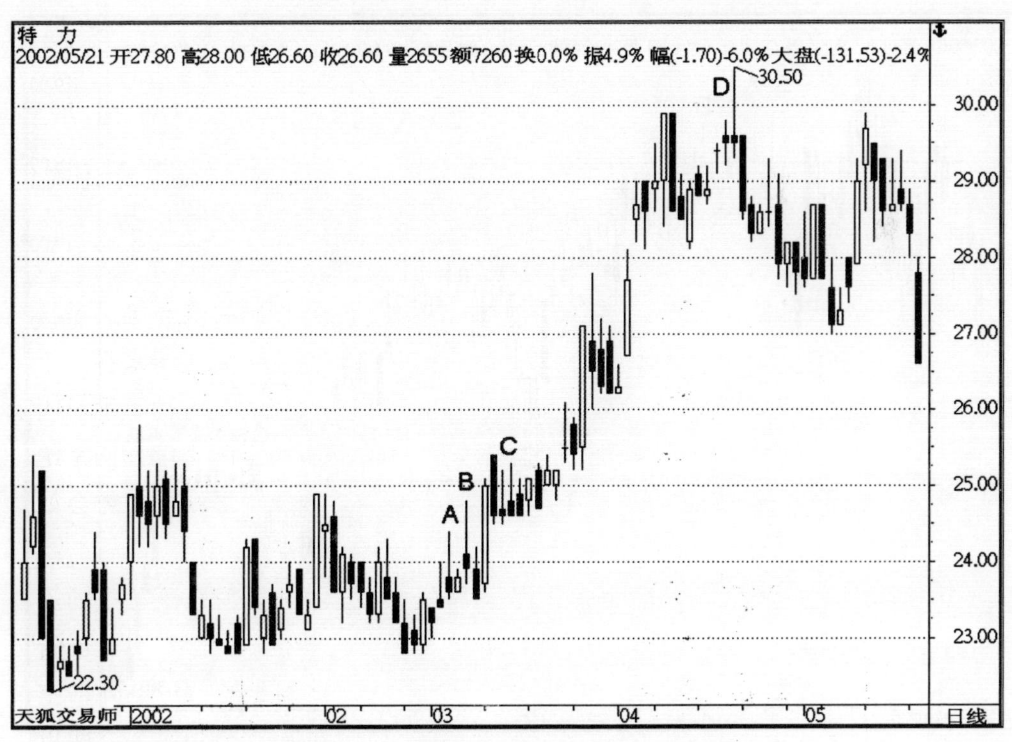

图2-16　特力在2002年2月附近的图形

强烈，但力道尚不足。请注意：这里可以这样研判的重点在于出现所谓的压力线型，还能够创高点，所做出的合理怀疑。

直到编号C棒线之后的第六根棒线出现跳空缺口，我们才知道这里是多头的真正表态，也就是攻击从这里开始发动。投资人可能会产生疑惑：攻击，为什么是十字线？其实再将思路拉回原先的估计：多头企图心强烈但力道不足。因此在力道不足之下，跳空之后做一个十字线是可以接受的。

假设从这里发动涨势，经由计算可以测知K线力道在30元竭尽，故逢高见此价为之后可以先行获利退出。因为力道已经满足，再出现编号D的流星线，隔一笔又用长黑下杀，此时在目标区已届、线型又出现反转形态的情形下，当然是暂时确定为回档趋势。

请看图2-17。19.3元是当时股价创新高之后，急速回

图2-17　长荣在2002年6月附近的图形

档，有破坏原先多头趋势的疑虑。所以当出现编号A的流星线时，容易造成投资人心中疑虑：这是不是一根压力线型？当然这时候需要后续的棒线加以认定，后续的棒线重点在于屡创低点，所以可以将编号A定位为压力线形。

既然是压力，当反弹出现编号B棒线时，正好遭逢编号A棒线的压力，如果解套成功，多头想要持续向上攻击，理应防守正反转低点，如果跌破，就是再制造另一次的套牢。

而编号B棒线之后是屡创新低，并跌破正反转低点，正式宣告有另一批人套牢，而连环套的过程，除了退出观望，也可以做卖出避险的动作。

当出现编号C棒线时，为股价反弹的行情走势，并且反弹至前波下跌缺口，这样的位置也容易是压力线型，属于攻击无力的现象，后续有出现比此根幅度还小的流星线，也是暗示攻击的无力现象，这里就形成了一个区间带密集区，当一跌破区间颈线的时候，就是再一次下跌的开始了。

九、蜡　烛

定　义

(1)开盘价＝最低价。

(2)白线实体极长，上影线极短。

(3)为长白线中之特殊形态。

位　置

一般发生在长期下跌之后，呈现开最低价之后，股价立即弹升，到达高点被空方打压而形成收短上影线的K线形态，最后在高价区附近收盘。这是属于逆势线型之一，也就是说多头在空头趋势之中，有机会进行反击的动作，其中如果实体的比例越长，力道就越强劲。

如果是发生在多头上升趋势中，其代表的意义就没有那么明显，多头中的回档亦可以视为多头反击之行为。

十、冰　棒

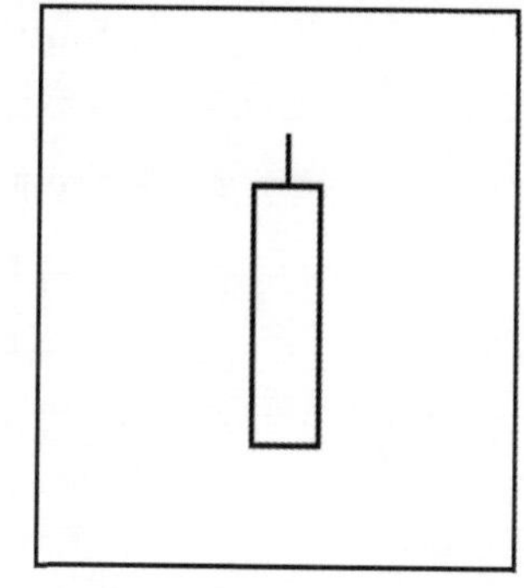

定　义

(1)开盘价＝最高价。

(2)黑线实体极长，下影线极短。

(3)为长黑线中的特殊形态。

位　置

一般发生在长期上涨之后，呈现开最高价之后，股价立即回档，到达低点逢多方支撑而形成收短下影线的 K 线形态，最后在低价区附近收盘。这是属于逆势线型之一，也就是说空头在多头趋势之中，有机会进行反击的动作，其中如果实体的比例越长，力道就越强劲。

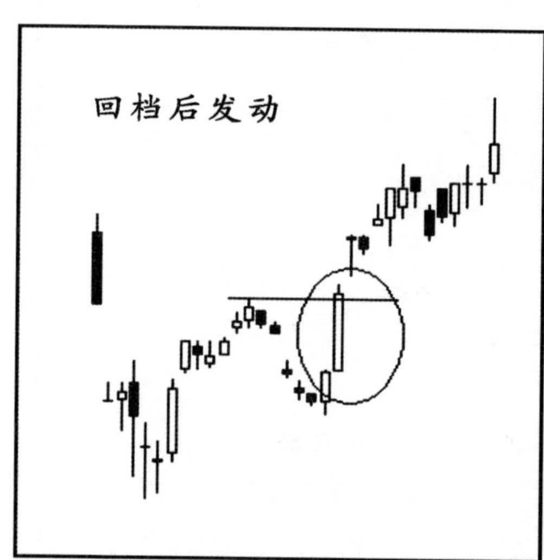

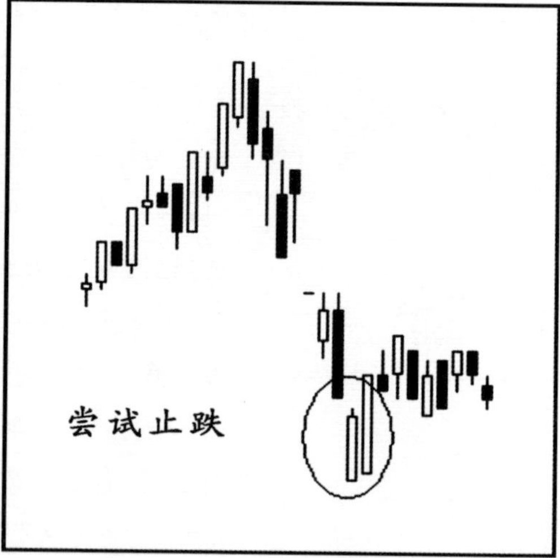

如果是发生在空头下跌趋势中，其代表的意义就没有那么明显，空头中的反弹亦可以视为空头攻击的行为。

实战运用

请看图 2-18。编号 A 的棒线为一根棒冰线，前面因为是下跌的趋势，所以出现长黑且略带下影线的棒冰线，可以视

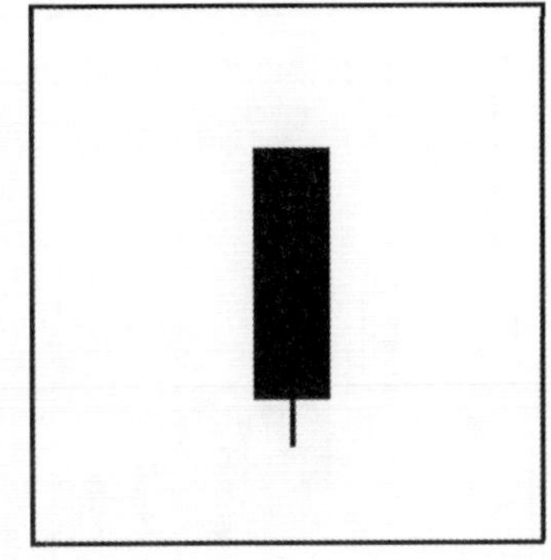

为有一点支撑，或者是杀盘力道持续扩散，必须由隔一笔棒线加以确认。而隔一笔为编号B的蜡烛线，因为创编号A的高点，所以暗示有机会反弹。

不管此处是否出现反弹，这里会暂时形成一个支撑带，而反弹中出现编号C的棒冰线，又暗示行情转弱，最后出现墓碑线的压力形态，并跌破支撑区间带，虽然隔一笔出现多头尝试以编号D的蜡烛线反击，但是仍抵抗不住空头杀盘的力道。

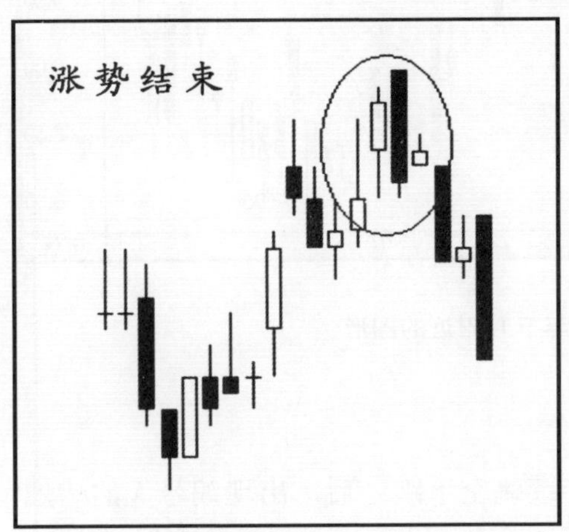

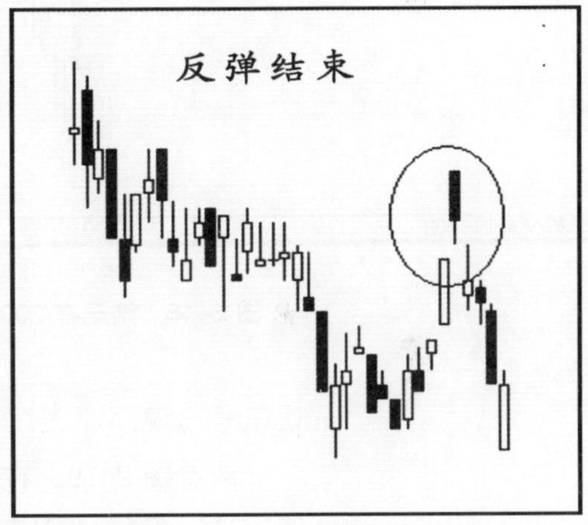

直到出现编号F的蜡烛线，此棒线幅度不但较大，且正好穿越下跌满足区，重要的是蜡烛线最高点几乎与前一笔长黑的最高点相等，显见多头反击力道强劲，隔两笔长白线出现之后，就确认是反弹了。当然，反弹力道是源自于编号F的棒线，所以反弹目标应该从这一根棒线进行推测。

接下来的编号G、H、J、K棒线，都是遵循这样的思考模式进行行情推估，因为这些线型通常在使用时需要加以确认，只有三成可以在当时确认行情的方向，所以运用时建议等确

图 2-18 清三在 2002 年 9 月附近的图形

认讯号出现。

请看图 2-19。在连续跳空下跌之后，出现编号 A 的蜡烛线。这一根蜡烛线最高点几乎与前一笔长黑的最高点相等，显见多头尝试止跌的企图心。观察的重点在于后续要出现长白攻击加以确认多头的反弹行情。

在编号 A 之后是黑棒创高，再长黑下跌，但是请注意，两日的空头气盛，也没有跌破编号 A 蜡烛线的支撑！因此这里暗示多头是在支撑 9.7 元这一个低价的，因此只要出现多头表态，就是空头在这里打败战。因此空头必须退到下一个防线，所以利用这样的攻防关系，大概就可以推估基本的目标区位于何处。

而行情在一路走高之后利用轧空、顺势调整，将股价持续向上推升，直到编号B的棒冰线出现，行情才暂时停滞。停滞的研判是因为股价在此处迟迟无法将收盘价站上编号B的棒冰线最高点。

编号B的棒冰线之后有一段下跌，这里被怀疑是操盘者故意制造恐慌的手法，因为编号B这里并非多头的目标区，再者反转之后呈现杀盘的空方力道也没有发挥，反而盘一个短底：亦即高档区的第二脚，然后再做出迅速的攻击到达目标区，这一次的满足，就是真的满足了，所以回档的幅度与时间就会比较大、比较久。

读者可会发出疑问，为何编号B的棒冰线后续可以创高，而编号C棒线的后续却是长时间的回档？其实这里有主力作线的暗示，如果可以解读，那么研判就相当轻而易举。请读者详细研判编号B和编号C两者之间，有没有什么特别的差

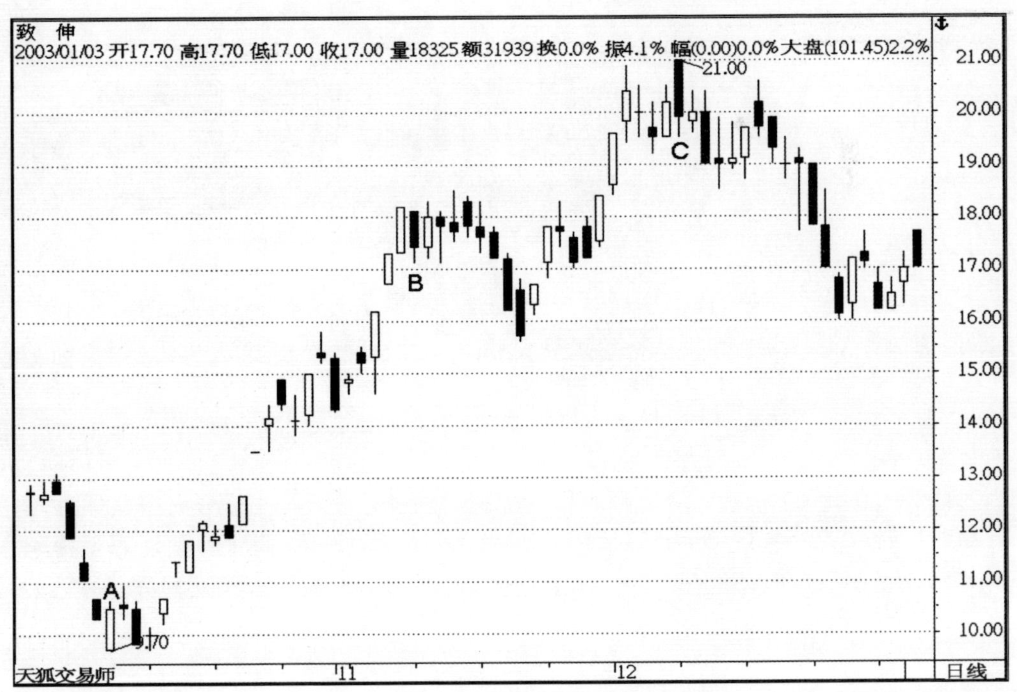

图2-19　致伸在2002年10月附近的图形

异？笔者将重点简单叙述如下：

1. 编号B未创当时新高，编号C为创当时新高。

2. 编号B之后的棒线不断的尝试突破编号B的高点，但是编号C并没有。

3. 编号B之后的K线走势是拉高再压低，而编号C则是压低再拉高。

其中第一点观察是属于比较的手法，暗示当时编号C出现时，已经有人套在最高。第二点的暗示是编号B的卖压曾经被解套，而编号C并没有。第三点是最关键的研判点，读者请多加思考研究。通常先拉高再掼压是洗盘的动作，先掼压再拉高且未创高，搭配第一、二点的研判，视为出货或是逃命的征兆。

第三章

双根 K 棒的实战运用

双根 K 棒的组合运用，脱胎于古传的“酒田十二法”，关于“酒田十二法”的介绍，将在本书第五章再深入探讨，届时读者们将会发现有许多相似之处。

就实战操作技巧而言，只要是两根棒线的组合，就视为一个“形态”的组合，既然是一个形态的组合，就特别注重力道的表现，与其行为是否合理的探讨，这一个关键的观念，必须提出来提醒各位读者注意。

举凡股价波动在思考的过程中，先以合理的行为进行推测，当预期的合理行为没有发生的同时，就必须采取逆向思考，因为股价的波动将有机会产生与我们预期相反的方向来前进，既然如此，就必须调整操作策略与改变操作心态，这就是“随波逐流”。

一、镊　顶

定　义

(1)两根棒线的最高点一致。

(2)K 棒的红黑不论。

(3)若编号 B 为黑棒，且 B 的低点＜A 的低点，对空方较为有利。

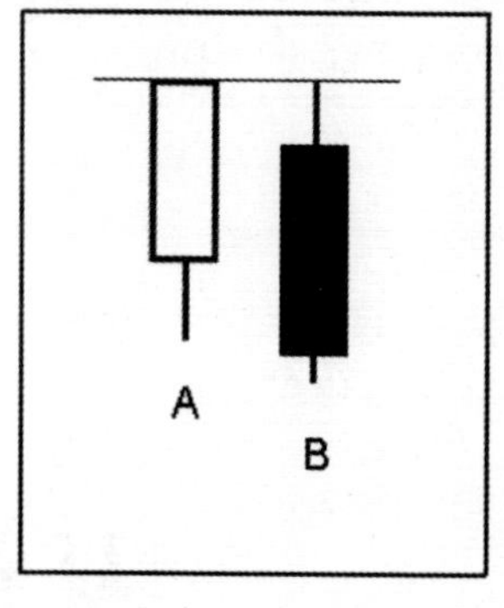

位　置

当发生镊顶这一个形态组合时，暗示行情将发生变化。所以建议对行情加以确认。当然基本图形中的编号A与编号B棒线，只要符合最高点一致的原则，那么A、B处可以用任何一种棒线套入，所以这一个形态的变化就相当多了。在这里并不建议特别辨识出现吊人或是十字星，因为形态产生反转与否，或是对趋势进行延续，必须要等隔一笔棒线加以确认。

那么有没有领先辨识的方法呢？通常当股价是属于连续下降的趋势中，出现镊顶的形态，且B低＞A低，那么我们可以怀疑这样的组合对多头而言，比B低＜A低的情形更有利，这些研判如果能再加入棒线的红黑，以及收盘价的位置，就更可以提高其准确性。

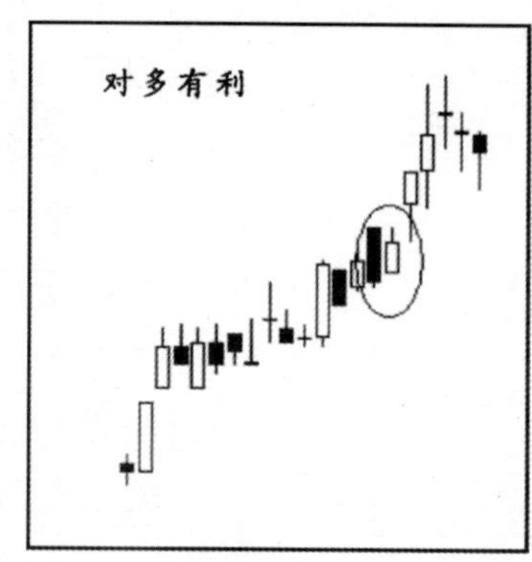

同理可证：当股价是属于连续上升的趋势中，出现镊顶的形态，且B低＞A低，那么我们可以怀疑这样的组合对多头而言，比B低＜A低的情形还要有利。

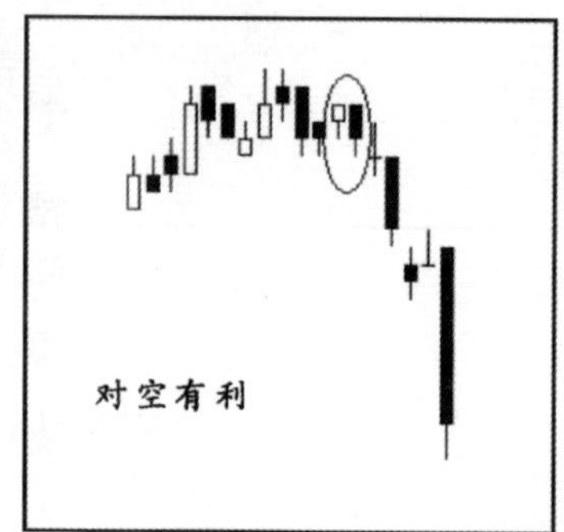

不过以上说的是“正常且合理”的研判，镊顶的组合可以说是最常看见的，而且经常需要用到“逆向思考”的线型。比如说原本对空方有利的线型被多头突破，那么这时就应该要反方向思考了，而不能拘泥于原始定义当中。

二、镊 底

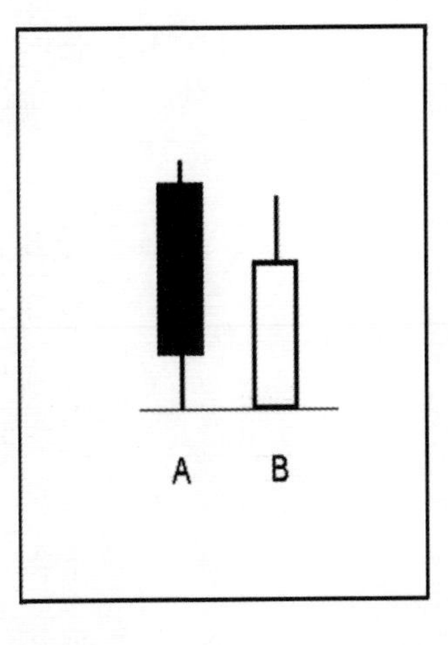

定 义

(1)两根棒线的最低点一致。

(2)K棒的红黑不论。

(3)若编号B为红棒，且B的高点>A的高点，对多方较为有利。

位 置

当发生镊底这一个形态组合时，研判的方法与技巧，和镊顶是大致相同，需对行情加以确认。而基本图形中的编号A与编号B棒线，只要符合最低点一致的原则，则A、B处可以用任何一种棒线套入。

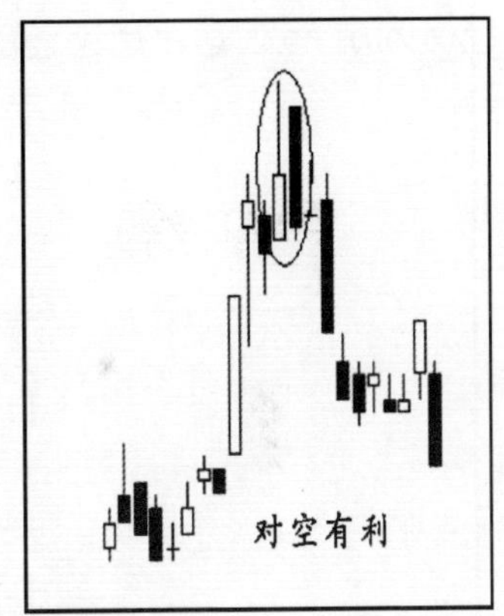

通常而言，当股价是属于连续下降的趋势中，出现镊底的形态，且B高>A高，那么我们可以怀疑这样的组合对多头而言，比B高<A高的情形还要有利。同理可证：当股价是属于连续上升的趋势中，出现镊顶的形态，且B高>A高，那么我们可以怀疑这样的组合对多头而言，比B高<A高的情形还要有利。

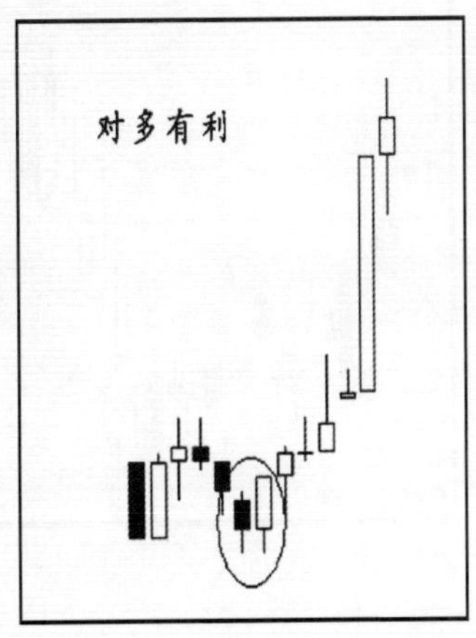

实战运用

请看图3-1。编号A之处出现一组镊顶组合，当我们细查这一组镊顶，发现它是在持续下跌的行情中出现，其中实体部分相当明显，但是白线未创黑线之低，且白线在黑线之后出现，显见多头略胜一筹。再隔一笔出现跳空的长白线，正式宣告反弹行情开始。

股价在一路攻击到前波压力之处出现震荡，此时出现编号B这一组镊底的棒线组合，这里也是实体幅度相当，长白线在长黑线之后出现，所以也是多头略占上风。此组线型，在高档区先暂时视为支撑，后续行情以盘底、突破表态，正式宣告第二段上涨行情激活。

当出现编号C的这一组镊顶时，我们怀疑它是压力，理由在于股价处于相对高档，右侧黑K价跌且创低点，接着一根长黑立刻反应这一组压力的下杀，并且随即满足短线目标，也就是利用这一根长黑下杀，交代编号C此组镊顶的压力。

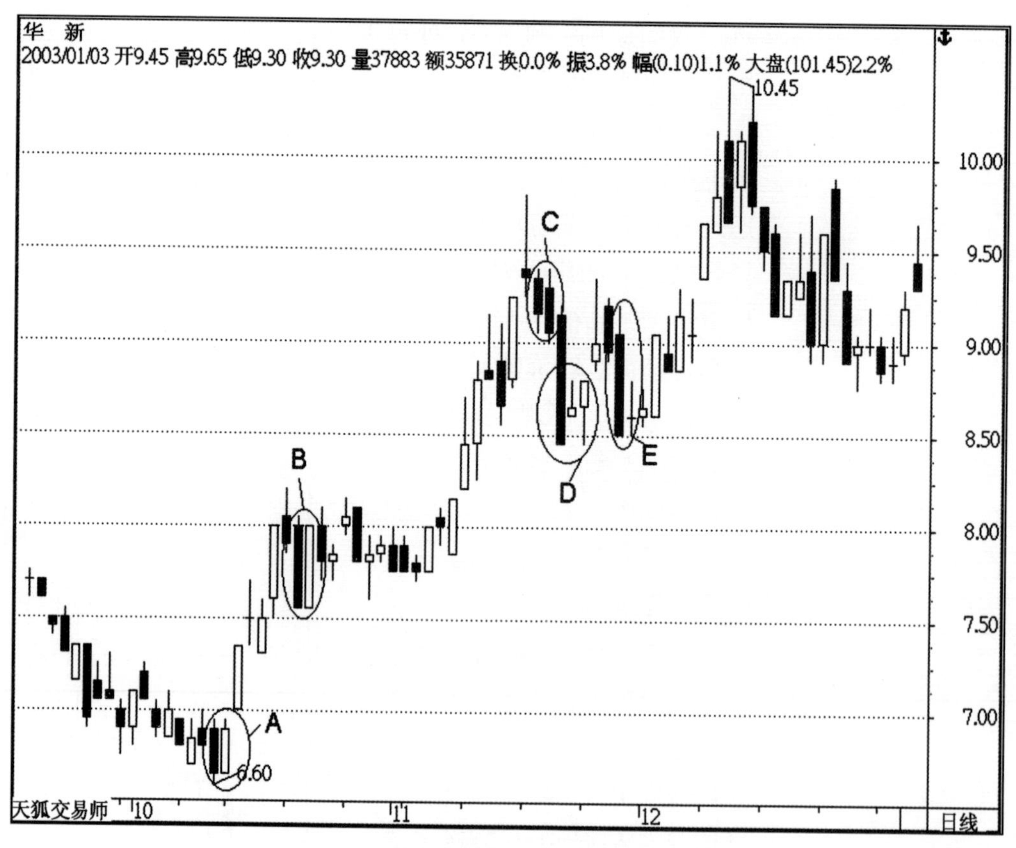

图3-1 华新在2002年10月附近的图形

接着长黑与隔两笔的吊人线组合成编号D的镊底。反弹先对编号C之处做解套，压回之后不破编号D这里，形成高档底部的第二只脚。也就是说，编号D的镊底组合是高价区底部第一只脚，编号E的镊底组合是高价区底部的第二只脚。

双脚成立之后出现长白线，是可以尝试多单进场，并且以第二脚低点设停损。而利用底部形态成立的讯号，很简单就可以测知目标区在9.35×2－8.5＝10.2(元)，当出现最高价10.45元这一根棒线时，盘中就已经穿越满足价10.2元，如果正好有在看盘，盘中发觉走势不对，在已经满足目标区情形下，应该先退出手中多单持股。如果收盘才发觉不对劲，隔日盘中反弹还是必须逢高先出场，不宜留恋。

投资操作要有一项观念，在目标区已经满足情形之下，出现对手中持股不利的讯号，就应该退出，就算不小心被洗盘，也无须后悔，绝不能预设立场将来还会有新高，那不过是安慰自己之词。想要成为一位成功的投资者，就是要对当时股价行为做出判断，然后下决定就足够了。

请看图3-2。编号A这一组镊顶出现于多头中的回档，这一组显然属于空头优势，也是多头弱中带强的组合。弱势的理由是长白线之后出现黑棒，价跌且创低，略带强势的理由是下影线极长。这一个组合在后面几根棒线一直受到测试，我们可以看见低点不断地在测试编号A的形态组合，直到编号B的长白线出现之后，才宣告编号A的镊顶属于支撑。

股价接着缓步推升，直到出现编号C的镊顶这一个组合，这一个组合高低点一致，多头略胜，在隔一笔又出现一根黑棒，与白线形成镊底组合，至此，多头优势转变成空头优势，当出现收盘创新低之后，就是宣告编号C的组合是一个压力。

请注意，从编号C的回档，并没有跌破突破编号A压力的编号B棒线，因此当出现一根跳空的长白线突破编号C的压力时，正是告诉投资人这里是一个扎实的底部，应于这一根长白线出现时勇于进场。

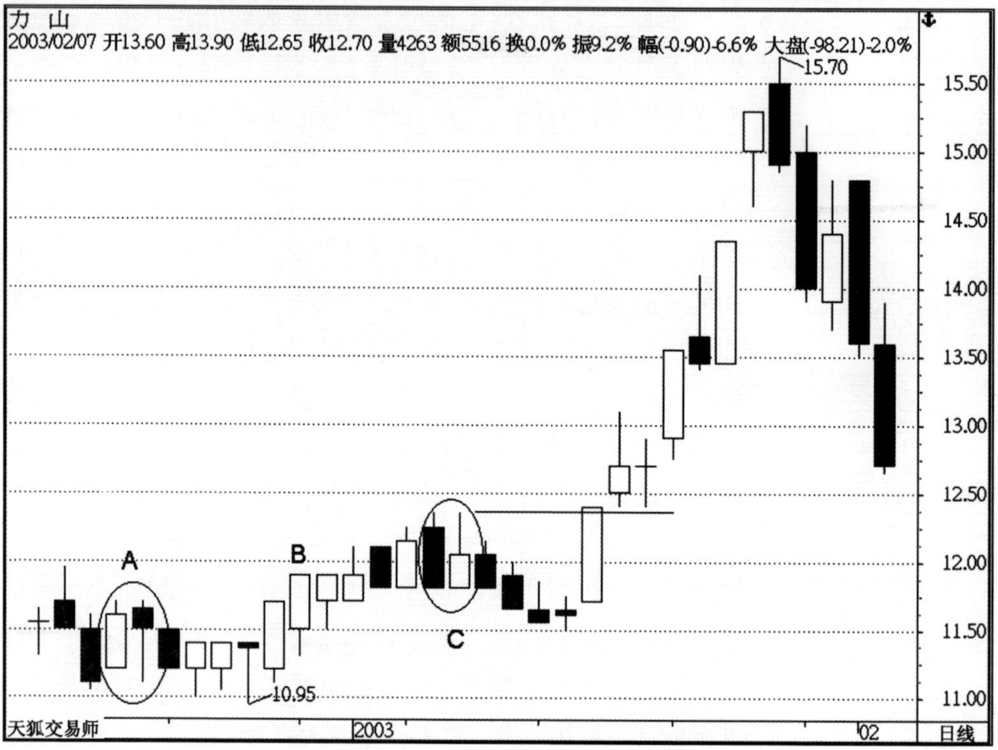

图 3-2 力山在 2002 年 12 月附近的图形

三、阳子母

定　义

(1) 编号 A 棒线的高点＜编号 B 棒线的高点。

(2) 编号 A 棒线的低点＞编号 B 棒线的低点。

(3) 编号 B 棒线必为白线。

(5) 编号 A 棒线的颜色不限。

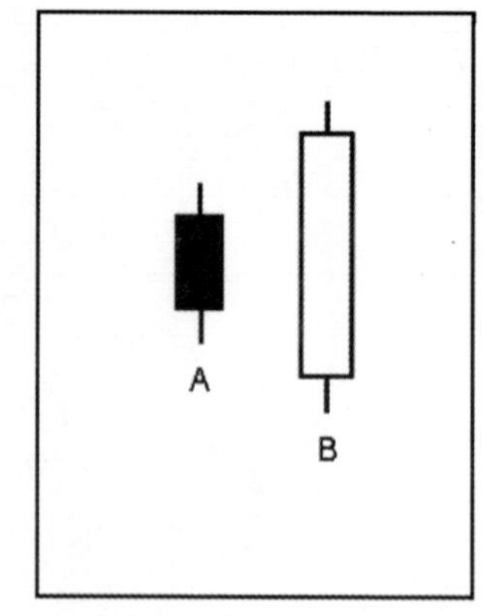

位　置

此线型还有其他昵称，如“怀抱”、“吞噬”、“发散”等，阳子母代表的含义是多头占优势，通常在连续下跌的过程中，为多头表态，行情有机会产生正反转，有部分是反弹无力的征兆。

若在连续上升的过程中，为多方遭空头打压而再奋力突破之兆，虽然通常还会再创新高，不过已经是强弩之末，容易进入休息震荡的行情之中。

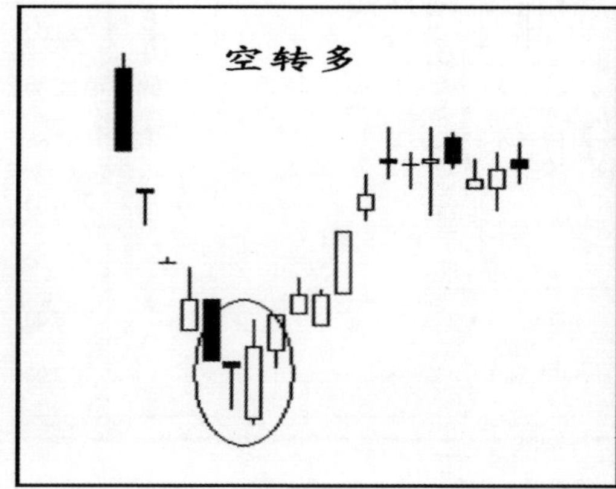

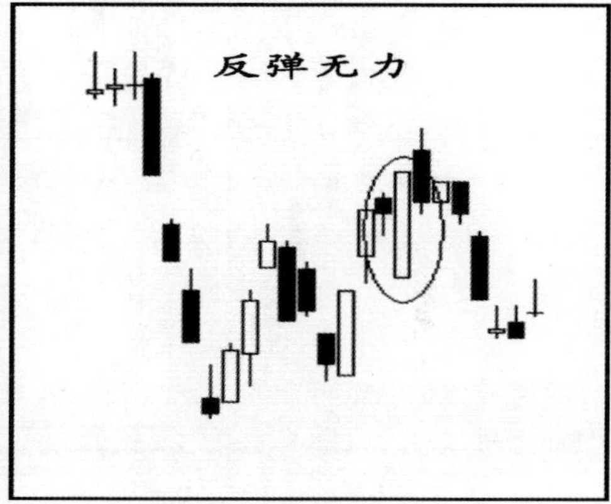

实战运用

请看图3-3。当股价下跌到16.6元之后，形成编号A阳子母的组合，隔一笔收长脚十字线，目的是回补最后一个跳空缺口，然后再出现长白线攻击，接着后面就开始对编号A的组合形态产生轧空效应。

当股价行进到编号B时再次出现阳子母的组合，我们把编号B和编号A比较，编号B的力道没有全部发挥。怎么研判力道的差异？编号A之后可是一路创高，编号B之后却是震荡趋坚，并且形成编号D的镊顶组合，这一个组合中间夹着两根棒线，所以视为短期头部讯号。

当跌破编号D这里时，就是头部成立，也就是将来股价反弹至此必会遭逢压力。而当股价回档至编号C形成的镊底组合时，先是跌破编号B，再形成镊底，因此这里多头气势较弱，将来反弹到编号D的镊顶组合，若有多单宜逢高减码，因为编号D原本就是头部压力，加上编号C的镊底组合

图 3-3 英群在 2002 年 7 月附近的图形

有多方疑虑，故反弹要先出脱观望。

果然，在反弹至编号 G 棒线之后，股价随即反转下跌。这里的重点在于当跌到编号 H 的棒线时，因为出现的是一根墓碑线，一般的看法是压力线，但是编号 H 正巧跌到编号 C 的范围内，此时我们思考，虽然编号 C 是有疑虑的，但是毕竟这一个镊底的力道有完全发挥，才能反弹到编号 G 这里，所以当编号 H 出现时，不排除这里会出现支撑力道。

支撑与否的研判在于有没有续创新低，如果续创新低，当然是多头弱势，如果没有创低，我们是否又要怀疑这里又形成低点垫高，属于有利于多头持续反弹的行情？而在编号 H 之后不再创新低，编号 C 的组合就是有支撑，编号 G 就可以视为对编号 D 的镊顶做解套，那么下一次如果在编号 H 之后出现反弹，我们就要怀疑股价有机会再创新高。

请看图图 3-4。当股价下跌到最近低价 16.3 元之后，出现编号 A 的阳子母组合形态。接着出现连续两笔的黑棒抵抗线，但是这两笔的黑棒并没有吃掉编号 A 组合中的长白线。所以当再出现一笔跳空长白线之后，就是短线多头攻击，并且宣告编号 A 这一个区间，是一个短期底部形态，将来在这里会形成一个支撑带。

接着股价前进到编号 C 这里，这里有镊顶、镊底的连续组合，后来因为再创新高，虽然幅度并不大，但是这里也是一个支撑讯号，后来这里跌破之后，就会去回补当初跳空的长白缺口。

当出现编号 B 的阳子母组合后，这一个组合正巧回跌到编号 A 的支撑之处，编号 A 成立之后曾经产生轧空，所以显见这里多头力道强劲，因此再度出现阳子母的组合，容易形成对多头有利的趋势。

图 3-4 光罩在 2002 年 10 月附近的图形

所以在编号B的阳子母组合之后，出现多头攻击讯号，理应尝试做多。

四、阴子母

定　义

(1)编号A棒线的高点<编号B棒线的高点。

(2)编号A棒线的低点>编号B棒线的低点。

(3)编号B棒线必为黑线。

(4)编号A棒线的颜色不限。

位　置

此线型还有其他昵称，如“怀抱”、“吞噬”、“发散”等。阴子母代表的含义是空头占优势，通常在连续下跌的过程中，为空头再度表态，行情仍持续向下探低，有部分是空头最后打压，多头有机会反扑。

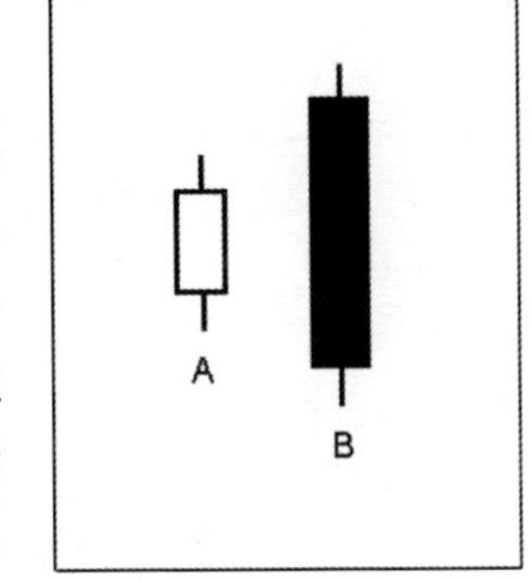

若在连续上升的过程中，为多方遭空头打压的征兆，若隔日出现多头抵抗并出现止跌，那么还有反弹机会，或是再创新高，以反弹当时是否突破关键价位认定。通常此线型出现在高档，被视为负反转的前兆。

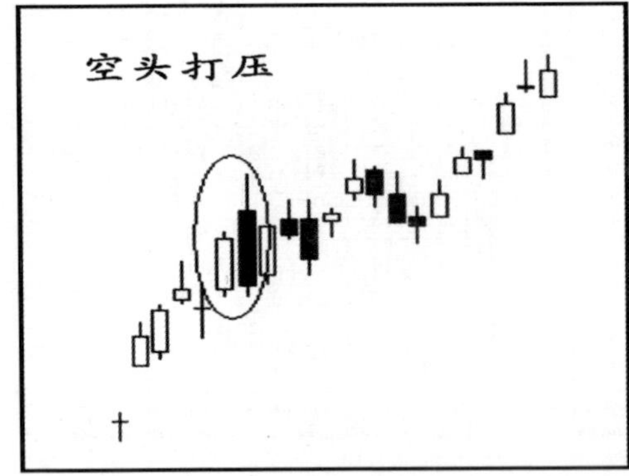

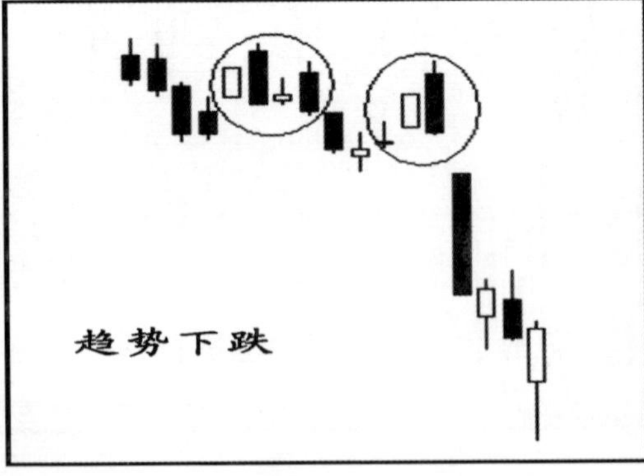

实战运用

请看图 3-5。当编号 A 的长黑出现时，与前一日棒线组合成阴子母的 K 线形态。发生这一个形态处于反弹行情中的高档震荡区。出现这样的组合，颇令人怀疑当时反弹行情是否结束？只要再出现日落黑 K，就会形成追杀盘了。

在实战操作上，我们不可能此时还持有这一档股票，目前应该是属于观望中。而编号 A 的隔一笔再出现跳空，就是宣告杀多开始了。从 K 线上看，这一个阴子母的杀盘力道已经被完全贯彻，其中在行进的过程中，再一次出现另一次的阴子母 K 线形态组合，即编号 B。这一个杀盘的力道不深，因此我们可以这样假设：编号 A 将来遭逢的压力将会较大，而编号 B 的组合，将来遭逢的压力会比较小。也就是未来当挑战至编号 B 时，会发生压回再攻，并且有机会再创当时反弹的新高，而当挑战至编号 A 的组合时，压回是必然，但是否有能力再创反弹的波段新高，就必须以当时的情形加以研判。

图 3-5　硅品在 2002 年 12 月附近的图形

请看图 3-6。当出现编号 A 这一组阴子母的形态组合时，正处于反弹位置的相对高文件。所以一出现错误的多头讯号时，多单应该先行退出。这一个 K 线的形态后续造成强烈的杀盘下跌，直到出现编号 B 的阳子母线组合才有止跌的机会。

其中编号 B 的阳子母组合虽然让后续的股价波动中形成反弹，但是高档编号 A 的阴子母杀盘力道既深且强，所以当股价反弹到编号 A 形态的范围，应该思考是否会出现压力。实际上股价只反弹到编号 A 下的镊顶组合形态就宣告结束。

图 3-6 国巨在 2002 年 12 月附近的图形

请看图 3-7。编号 B 是一个反转形态，编号 E 是跌破编号 B 这一组形态的确认 K 棒。我们在编号 E 这一根棒线的高低点各画一条水平颈线 C 和 D，当股价反弹到 C 和 D 这一个区间时，出现了编号 A 的阴子母形态。

阴子母形态原本就是一个空头有利的组合，发生在压力

图 3-7 所罗门在 2002 年 7 月附近的图形

带，当然存在着暗示股价将要回文件或是回跌的讯息，因此在这样的讯号暗示之下，宜先将多单出场观望。

五、阴母子

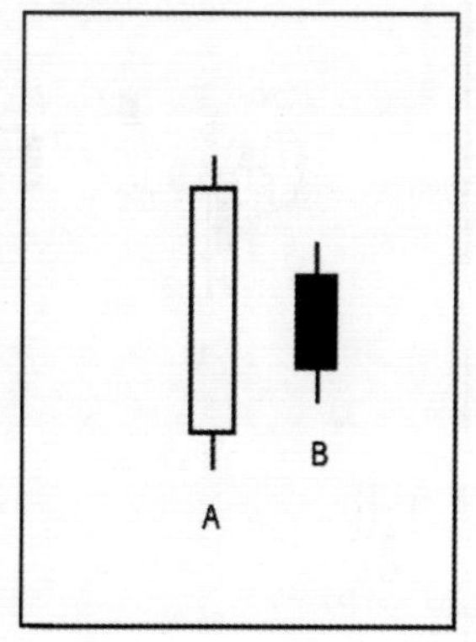

定 义

(1) 编号 A 棒线的高点＞编号 B 棒线的高点。

(2) 编号 A 棒线的低点＜编号 B 棒线的低点。

(3) 编号 B 棒线必为黑线。

(4) 编号 A 棒线的颜色不限。

位 置

此线形还有其他昵称，如“孕育”、“收敛”等，阴母子代表的含义是空头略占优势，通常在连续下跌的过程中，棒线A为多方表态，而编号B为空头再度表态，或是多方对行情的停滞与怀疑，行情有机会持续向下探低，有部分是空头最后打压，多头做反扑前的诱空行为。

若在连续上升的过程中，为多方遭空头打压的征兆，如果隔日出现多头反击，那么就是反弹或是有机会再创新高，以多头反击当时是否突破关键价位来认定。通常此线型出现在高档，被视为负反转的前兆。

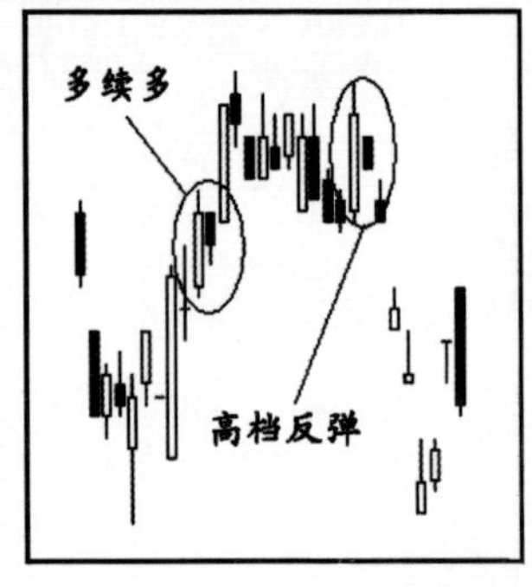

实战运用

请看图3-8。当出现编号A的阴母子形态组合，表示处于股价见新低之后反弹到高档区，此时就带给投资人一些讯

图3-8　台积电在2002年10月附近的图形

息：多头力道有机会竭尽，或是空方趁虚而入。所以当出现长黑跌破形态组合时，就确定这样的假设。

但是前一波是多头强劲的反弹，因此在长黑的隔一笔又迅速出现编号B这一根长白线，暗示有机会止跌，要确定止跌与否，就是要突破下跌的压力，也就是要将形态卖压完全消化掉。当然后续K棒的再创新高，就是说明这一个压力已经被消除殆尽。

股价持续在高档进行反弹，在编号C之处再度出现了阴母子的形态组合，因为这里仍是属于反弹的相对高档，所以视为空方略占优势，当这一个形态组合被编号D的棒线以跳空向下跌破，那么就是高文件负反转的讯号了。这一次的负反转并没有如同上一次很快的出现像棒线B的长白线表态止跌，加上反弹目标区已届，因此所产生的负反转下跌，自然会使下跌的幅度相对的深。

请看图3-9。此文件股价从12.7元最低价开始一路反弹

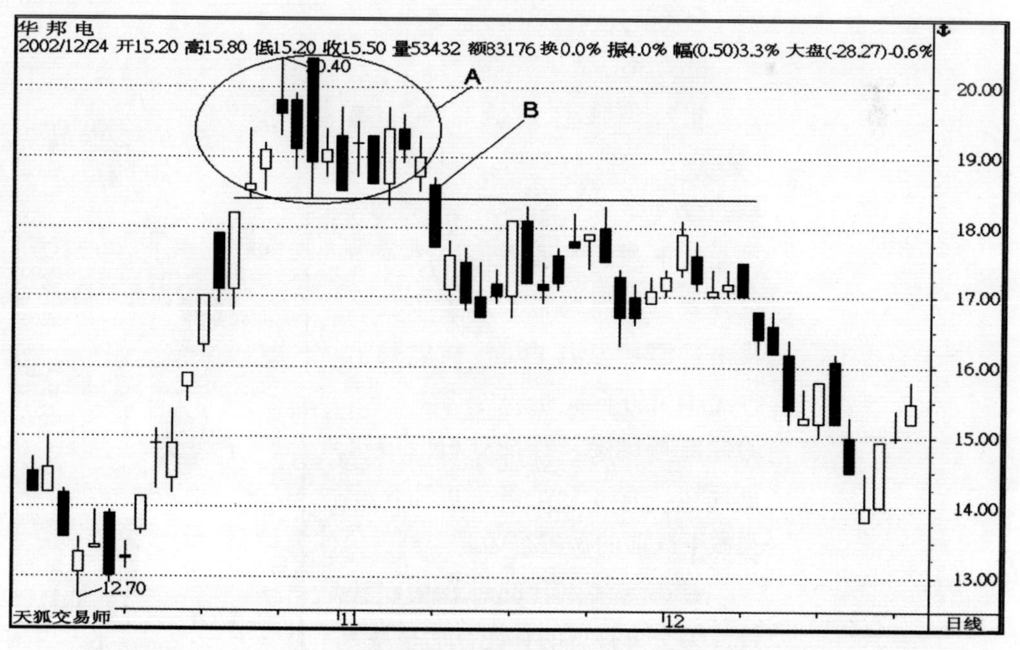

图3-9 华邦电在2002年11月附近的图形

到20.4元为止，几乎没有喘息，最后在高档区不断以子母和母子的形态组合在高位震荡，连续出现子母与母子的组合，颇令人怀疑是在高档震荡做出货的行为。请读者细看编号A圈选之处，这里的震荡，因为出现编号B的长黑线而宣告结束。

编号B的长黑是以跳空开出，下跌的走势使编号A这里形成一个密集的套牢区，也就是说，未来股价反弹至此，不会一次就突破，必须出现震荡或是拉回的走势，然后再做突破轧空的行为，才是有利于多头的合理走势。

六、阳母子

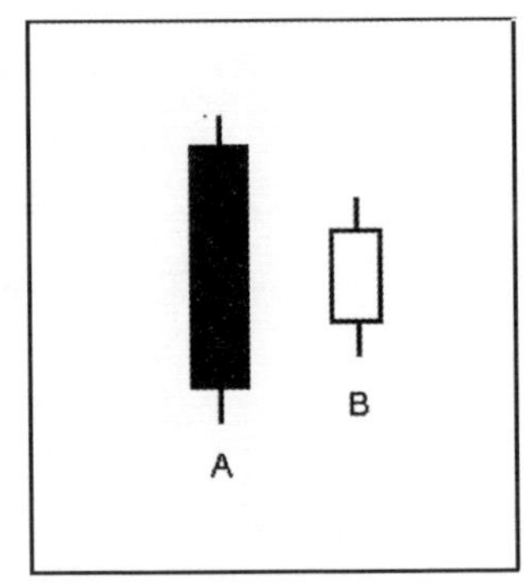

定　义

(1)编号A棒线的高点＞编号B棒线的高点。

(2)编号A棒线的低点＜编号B棒线的低点。

(3)编号B棒线必为白线。

(4)编号A棒线的颊色不限。

位　置

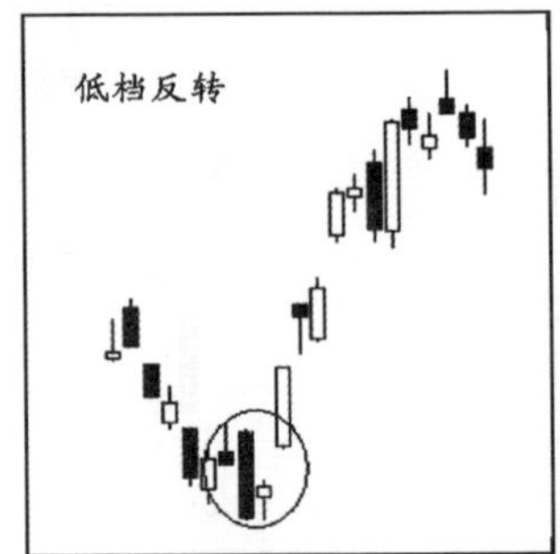

此线型还有其他昵称，如“孕育”、“收敛”等，阳母子代表的含义是多头略占优势，通常在连续下跌的过程中，棒线A为空方表态，而编号B为多头尝试反击，但是力道不足，需以隔笔再定多空方向。也是空方对行情的停滞与怀疑，行情有机会做出正反转，有部分是多头逃命，空头做下跌前的诱多行为。

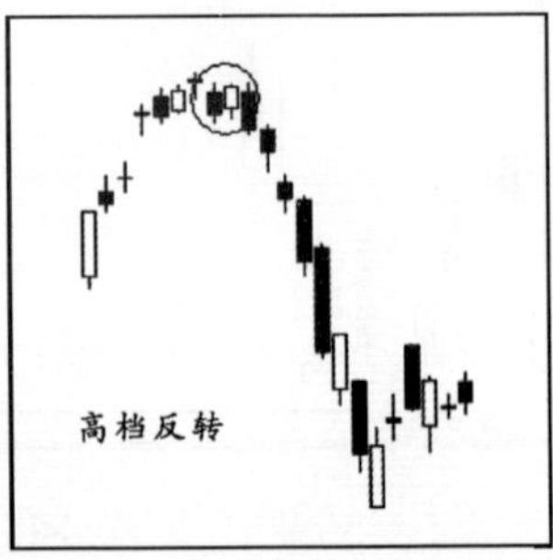

若在连续上升的过程中，棒线A为空方打压的征兆，而棒线B

为多头抵抗，如果无法突破压力再创新高，那么提防在高档形成负反转。

实战运用

请看图 3-10。编号 A 是一根墓碑线，编号 B 是一组镊底的形态，编号 C 和编号 D 是阴母子的形态。从编号 A～D 这里的走势就是说明墓碑线是一个压力，因为它被镊底的第一根棒线破坏；镊底也是一个压力，因为它被编号 C 的形态破坏，而出现的编号 C 和编号 D 组合，则被视为中段整理，当整理失败，这里就形成形态压力，也就是说，当股价将来有机会反弹至此，就会遭逢空头抵抗，或是解套卖压，多方通常会顺势压回寻求支撑，如果支撑能够防守，那么多头还有再上攻的机会。

股价持续走低过程中，出现了编号 F 的阳母子形态组合，因为当时已经在连续下跌的过程中，多头只要出现攻击讯息，就可以将编号 F 的组合视为短期底部讯号。然而股价并未出现强而有力的表态，并再度创低，只是这一次跌幅不深，我们可以假设这里卖压较轻，将来反弹至此，解套之后容易过关。

接着再出现编号 E 的阴母子组合形态，在这里终于出现编号 G 的多头反击讯号，因此确立了编号 E 的组合为短期底部讯号，这里的反击因为离编号 F 的组合较近，又加上编号 F 的组合压力不重，所以在解套之后，只要不再创新低，就视为多头有能力再创新高。

图中编号 H 的棒线是针对编号 F 的组合进行解套，然后再做压回的动作，压回时，请注意股价并未创新低，而且做出防守线形，因此只要一出现攻击形态，就有机会再创高点。所以从图中可以明显的观察到股价在编号 H 之后压回再攻击，是一路向上走高，而且是直接挑战之前密集的套牢区。

当股价穿越密集套牢区之后，形成编号 J 的镊底组合，只要股价压回没有跌破关键支撑，我们就可以假设挑战成功，此时的股价波动将进入高档震荡的格局，而高档震荡格

图 3-10　中环在 2002 年 11 月附近的图形

局只要守住支撑，就有机会再创新高。

请看图 3-11。股价在回档到低点之后形成编号 A 的阳母子形态组合，而这一个组合比前低还要高，暗示有形成短期底部的征兆，就等多头长白线攻击表态。而在编号 A 之后出现的跳空，就是确定股价进行反弹的行情。

而股价在进行反弹之后，回档到编号 B 之处，形成另一组的阴母子形态，如果出现再一次短线多头的攻击，那么就有机会将股价持续上推，因为编号 A 是以阳母子上涨，编号 B 也是以阴母子上涨，以相同形态比较，可以假设上涨幅度也会形成一比一，大家不妨用计算器计算一下，反弹高点 23.8 元是否与计算值接近？

图 3–11　精碟在 2002 年 10 月附近的图形

当满足 23.8 元之后，股价回档时出现编号 E 的阴母子组合，虽然行情持续下挫，但是并没有出现强杀盘，所以当反弹时会对编号 E 这里先做解套，而解套之后，如果撑住关键支撑，那么就可以判定行情持续反弹，如果撑不住，就要考虑这里只是做 ABC 浪的反弹走势，并怀疑反弹走势已经结束，而且编号 F 只是针对编号 E 做逃命，不是做解套。

至于编号 C 和编号 D 的组合，一个是阴母子，且位置在低文件，所以有利于反弹，一个是镊底在高档，所以容易造成回档。其中编号 C 这里的组合，因为呈现连续的收敛，又有人称此为“南方三星”，属于在低文件比较容易反转的讯号之一。

七、乌云罩顶

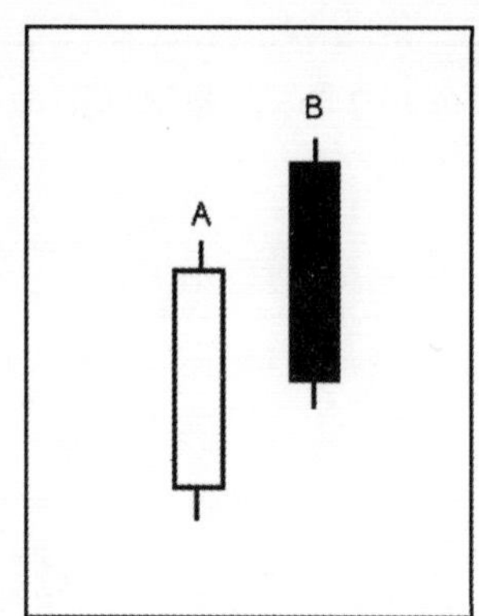

定　义

(1)编号A为白线，编号B为黑线。

(2)编号B的高低点＞编号A的高低点。

(3)编号B的开盘价＞编号A的最高价。

(4)编号B的收盘价＜编号A实体的1/2以下。

位　置

发生乌云罩顶线型通常在三个地方：一为下跌中反弹结束之处，一为在上涨中满足区出现，一为上涨时的休息站。其中后两者比较不容易辨识，尤其是往往出现认为是高档负反转点，却又再创新高的窘境，其实这是对股价趋势不明了所致，因此不宜单纯以这样的线型就研判为负反转讯号，会做出这样的研判不是对K线的真谛不够明了，那么八成就是用猜的。

要猜得准必须搭配原始上涨发动的K线力道研判这里是反转点，否则将只是看图说故事罢了。因为在实战中，多方可以利用棒线B进行洗盘或是诱空的动作，但是股价已经在满足区时，就不会诱空了，识者利用K线力道很容易就可以测量满足区的位置，不至于产生所谓的“骗线”。

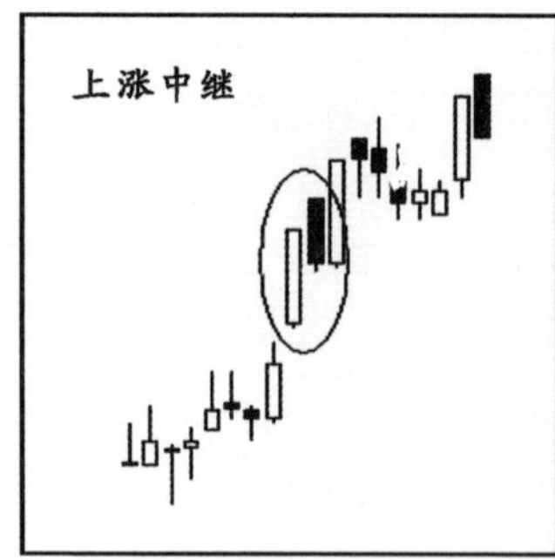

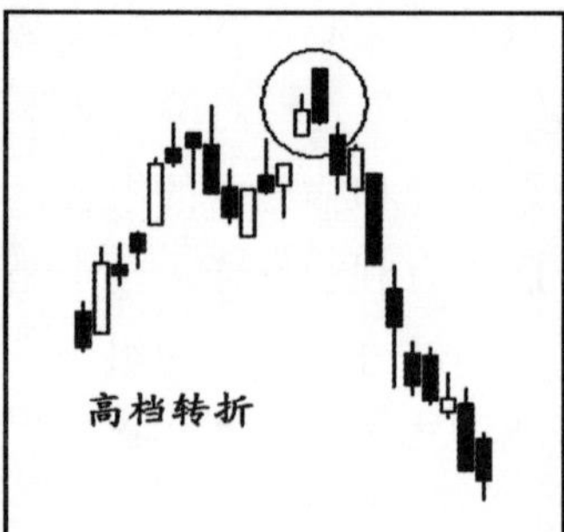

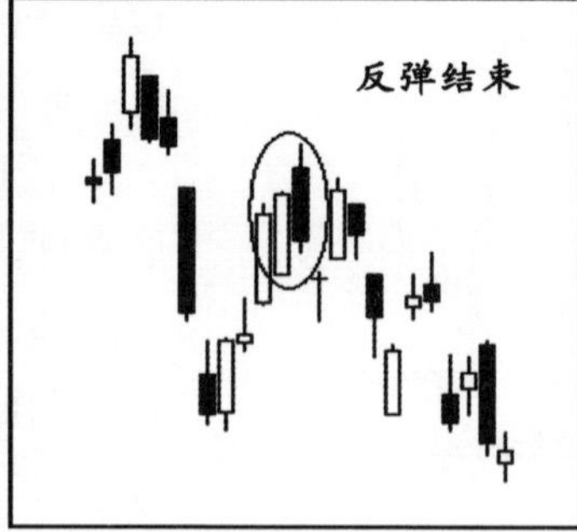

实战运用

请看图 3-12。编号 A 的形态组合出现时，怎么看都像是乌云罩顶，可是隔一笔就创新高，股价持续向上推升，所以不能以这样的形态单纯研判这就是满足区，保守者宜于隔一笔确认。

既然乌云罩顶失败，就是空头攻击失败，将这样的逻辑反推，乌云罩顶的第一根长白线就是多头重要支撑，当支撑被跌破，长白线以上的区间，将形成一个套牢区，所以未来股价有机会反弹至此，将会受到空头打压。

所以从图中观察，当长黑跌破编号 A 的长白线，就正式宣告头部成立，因此当股价反弹到此位置，就会出现空头的抵抗，编号 B 棒线的行为，正说明了这样的思考逻辑。

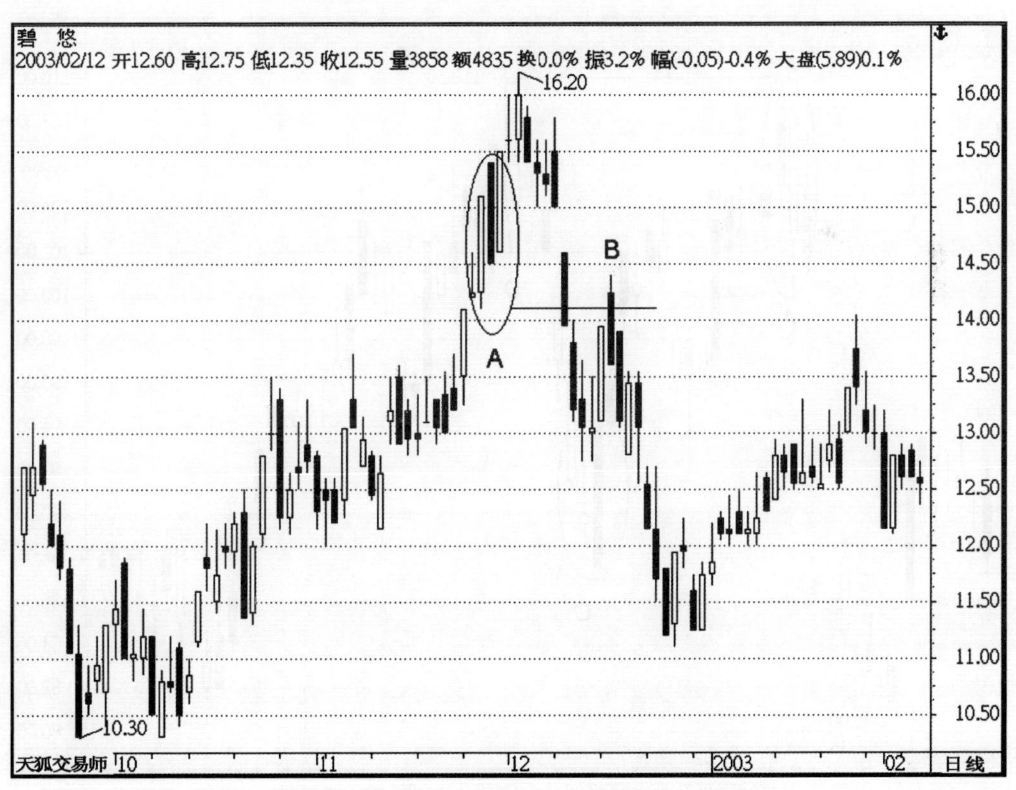

图 3-12 碧悠在 2002 年 12 月附近的图形

请看图 3-13。编号 A 的位置也是出现了乌云罩顶，这一次的乌云罩顶在隔一笔并没有出现再创新高的行为，反而顺势走低，因此做多者应该要强烈怀疑这是一个多头反转的讯号，应该逢高出脱持股退出观望。当编号 B 的长黑线跌破编号 A 的乌云罩顶之后，在颈线之上的股价就形成套牢的压力。

后续股价的行为先挑战颈线，至于是解套或是逃命，必须等待后续行为解读。当跌到编号 C 的位置时，形成阳母子组合，回档至此，可以视为多头的机会，只要多头发动攻击就可以确认。从图形上观察，编号 C 的隔一笔就出现跳空的长白线攻击，所以是多头反击。

因为股价在到达编号 C 之前，曾经先对编号 B 的杀盘力

图 3-13 智邦在 2002 年 1 月附近的图形

道做过解套，接下来的反弹就很有机会对编号A的乌云罩顶组合做解套的行为了。而当对编号A的乌云罩顶做出解套行为之后，出现了编号D的墓碑线，此时不妨想想，解套之后本来就是会将股价做压回的动作，更何况是出现反转讯号的墓碑线？所以在高档顺势调节手中持股是一件自然的动作，并不是难事。

请看图3-14。当出现编号A的乌云罩顶线型组合之后，股价持续再创新高，并且在回档时均未跌破乌云罩顶的长白线位置，因此这是一个空方失败的线形，只要在高档区再出现其他形态，并辅以多头攻击形态，那么股价将有机会再创新高，截至笔者目前执笔为止，此处均未曾跌破，已经支撑了89个交易日，并且股价从这里开始上涨到最高有3成4的涨幅，所以将乌云罩顶视为必定产生多头反转讯号，难免在错误的认知下产生损失。

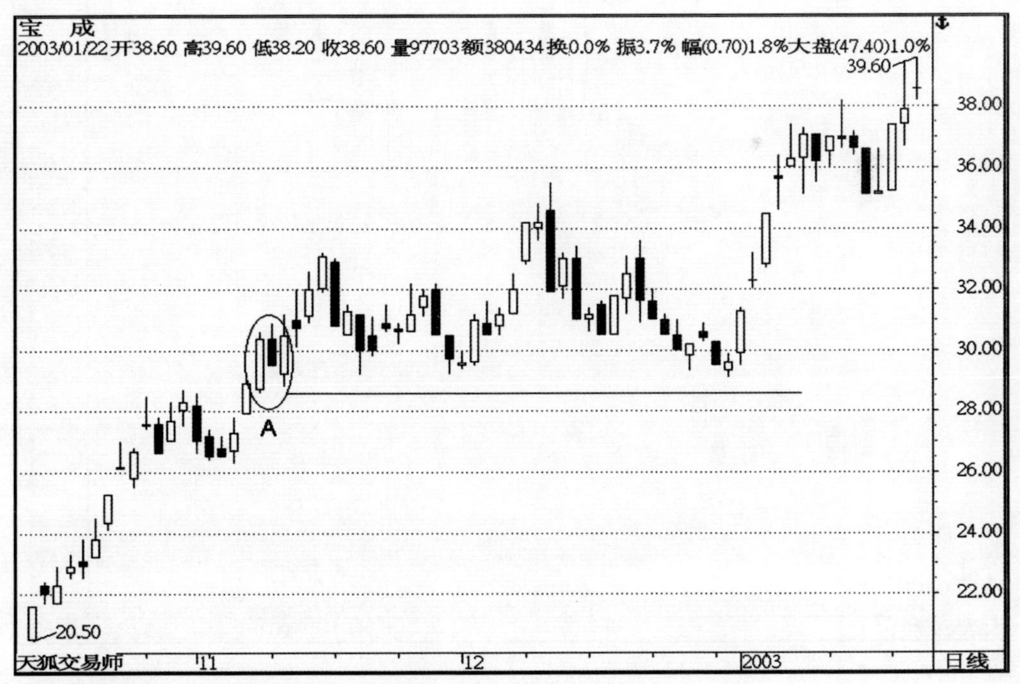

图3-14 宝成在2002年11月附近的图形

请看图 3-15。这一个范例也是给认为乌云罩顶就是多头反转讯号的错误认知者一个不同思考方向。从图中可以看见当编号 B 的乌云罩顶组合出现时，不少人大力喊空，然从后续棒线的走势当中，哪一日的收盘是跌破乌云罩顶组合的？完全没有！所以编号 C 是属于过高压回测试支撑的情形下，出现跳空的长白线，正式激活了轧空的行为。

当编号 A 的乌云罩顶出现之后，后续的股价却是跌破乌云罩顶的组合形态，这里就宣告了股价进行回档或是回跌，直到股价突破编号 A 的组合高点，我们才能确定这时候属于高档震荡行情。

图 3-15　加权指数在 2001 年 11 月附近的图形

八、曙光初现

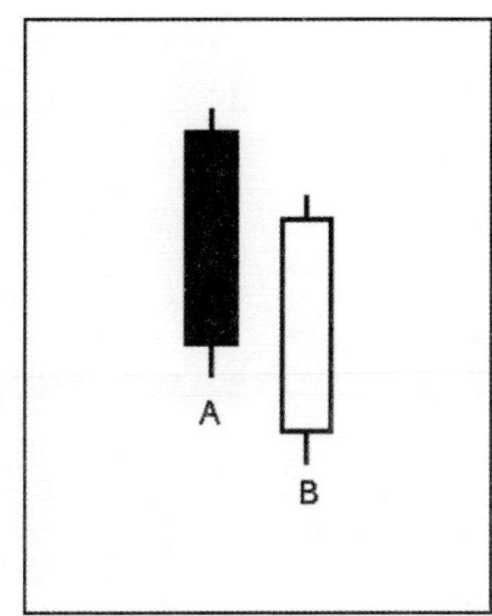

定 义

(1)编号A为黑线,编号B为白线。

(2)编号B的高低点<编号A的高低点。

(3)编号B的开盘价<编号A的最低价。

(4)编号B的收盘价>编号A实体的1/2以上。

位 置

发生曙光初现线型通常在三个地方:一为回档结束之处,一为在下跌中满足区出现,一为下跌时的休息站。其中后两者比较不容易辨识,往往出现认为是低档正反转点,却又再创新低窘境。会发生误判的情形与乌云罩顶一样,是对股价趋势不明了所致。至于是诱多,或是翻多?识者利用K线力道很容易就可以研判出当中的关键,不至于产生所谓的"骗线"。

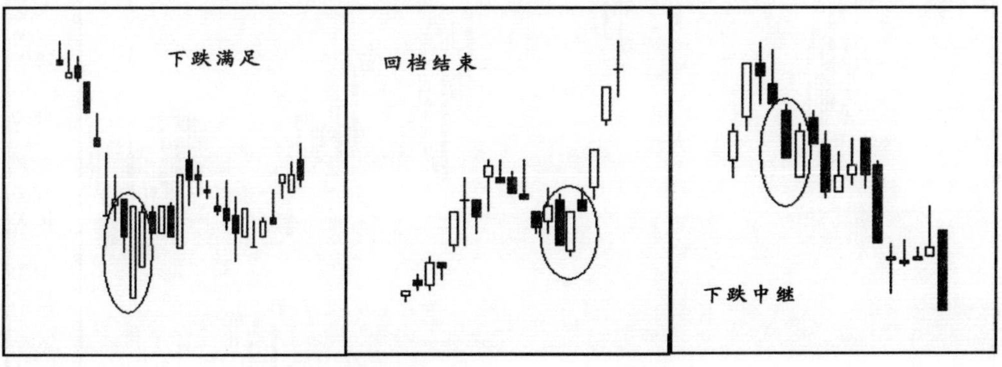

实战运用

请看图3-16。在编号A之处出现曙光初现,暗示在低档有多头支撑力道。当然研判逻辑与乌云罩顶是一样，必须等待下一笔棒线加以确认，所以当出现一根长白线脱离编号A的组合形态之后，才可以确认出现多头的反弹行情。

请看图3-17。编号A出现曙光初现线形组合，长白线也带有长下影线，所以多头再出现跳空长白线之后就正式展开反弹的动作，当反弹到编号C的位置时，形成一个镊底的组合，显然这一个组合是对编号B的阴子母做解套的行为。接着股价在高档区以编号C的镊底组合做高档震荡，并且以镊底的低点为水平颈线，数度防守这一个关键位置，显见K线原理只要掌握得宜，就容易观察出哪里才是关键价位，从而对股价的波动行为做合理诠释，既然如此，在操作的过程中就不会出现没有逻辑的随性买卖行为。

图3-16 楠梓电在2002年7月附近的图形

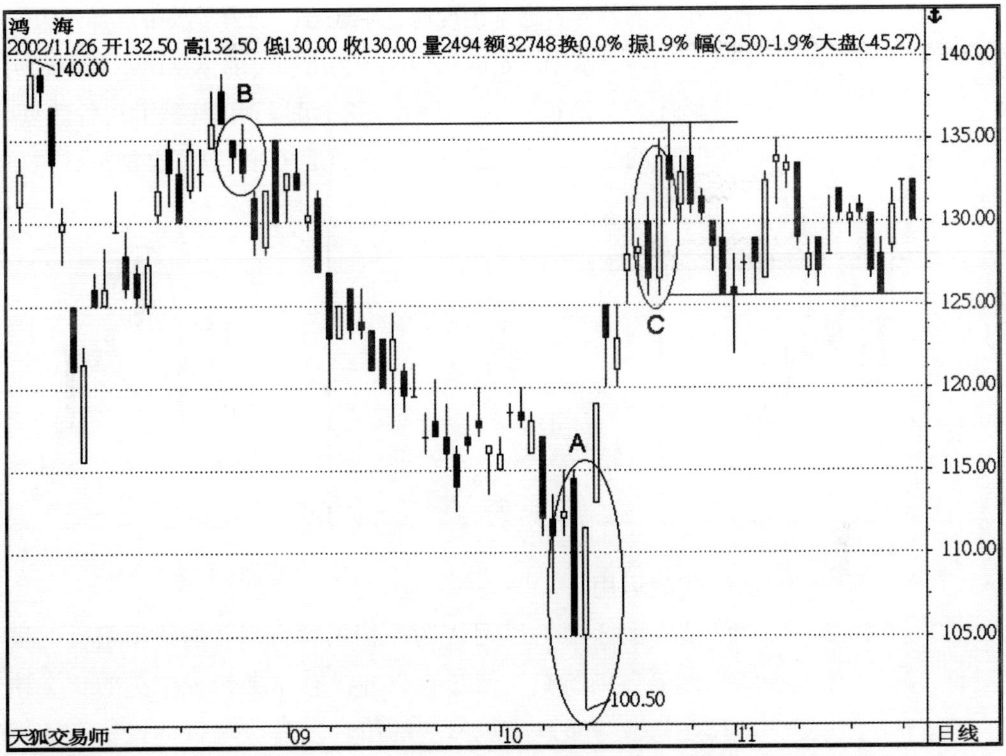

图 3–17　鸿海在 2002 年 9 月附近的图形

九、空戳多

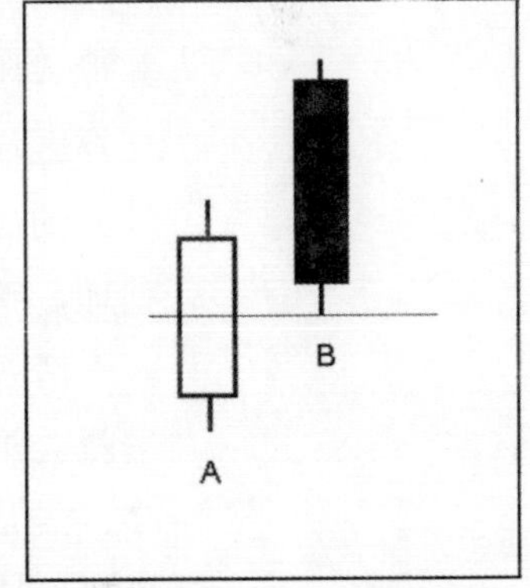

定　义

(1) 编号 A 为白线，编号 B 为黑线。

(2) 编号 B 的高低点＞编号 A 的高低点。

(3) 编号 B 的开盘价＞编号 A 的最高价。

(4) 编号 B 的收盘价＞编号 A 实体的 1/2 以上，但价跌。

位　置

与乌云罩顶类似，差异在于收盘价的位置，自然力道上会有运用上的差异。通常出现在三个地方：一为下跌中反弹结束之处，一为在上涨中满足区出现，一为上涨时的休息站。其中后两者比较不容易辨识。在实战中，多方可以利用棒线B进行洗盘，或是诱空的动作，如果股价已经在满足区时，就不会诱空。

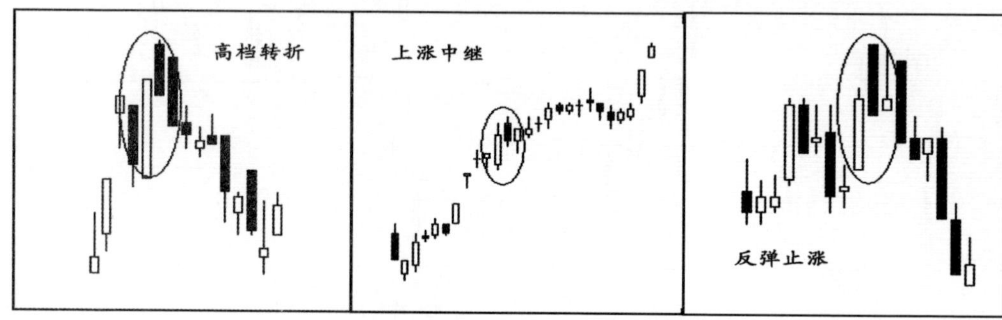

实战运用

请看图3-18。编号A为高档出现空戳多的线型组合。虽然隔一笔再创新高，但是收盘并没有站上代表空头的长黑棒高点，当股价再跌破编号A的组合之后，就告诉投资人这里形成压力。

股价续跌到编号B的位置受到前面长白线的支撑而暂时止跌，并形成所谓的阳母子形态组合，在回文件后触及支撑，并形成阳母子形态，只要再出现长白线发动，这里就是一个支撑区域，所以我们可以再后续的走势中看见每次逢回到编号B的黑棒，就出现反弹，也就是说以此为颈线做一个平台整理，整理到平台颈线被跌破，就形成另外一段下跌的走势。

请各位读者注意走势图，如果平台整理是向上突破，这里就会形成底部，问题在于如何分辨这里是中段整理中的打底，或是中段整理中的盘头？通常简便的研判方法就是与原趋势做比较，原来的趋势如果是涨势，那么中段整理就容易形成底部，相反的，如果原来的趋势是跌势，那么中段整理就容易形成头部。读者如果能够再以其他方法辅助研判，分辨走势应该相当简单。

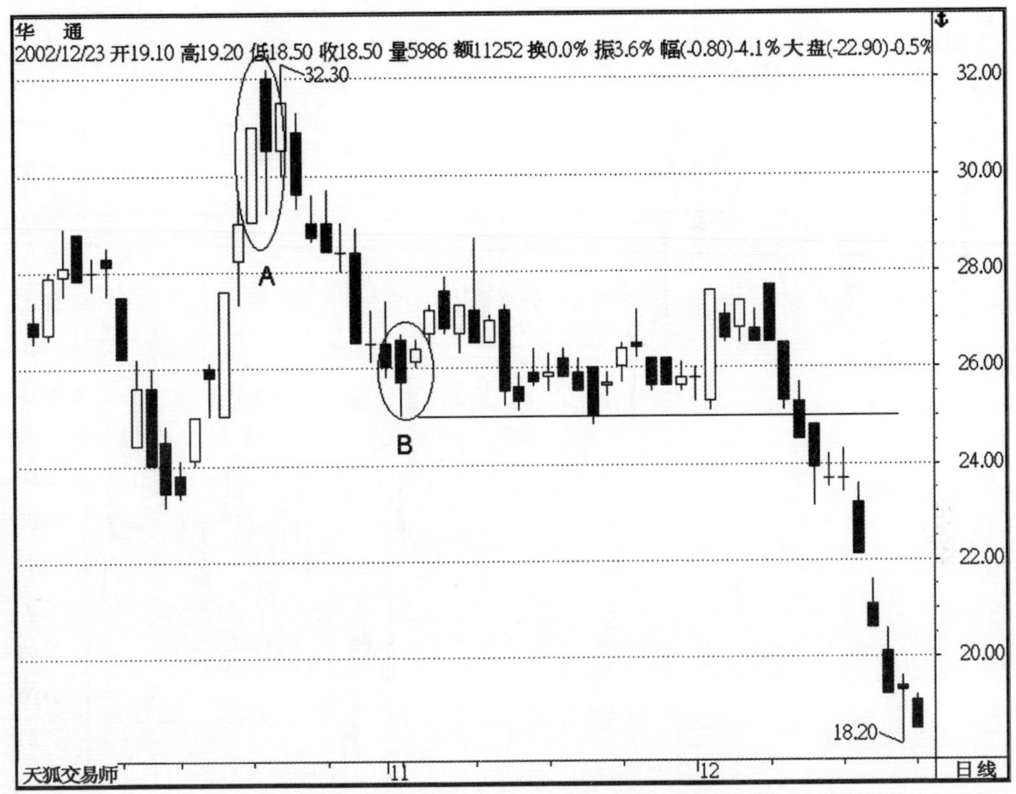

图 3-18 华通在 2002 年 11 月附近的图形

请看图 3-19。当出现编号 A 的空戳多形态组合时，股价正处于下跌过程中反弹的末端。这种反弹现象在技术分析过程中视为“反弹失败”，也就是三段弹才过末跌高点，拉回如果没有支撑，容易再出现破底行情。

所以当出现编号 A 的空戳多组合时，隔一笔再用黑棒击溃多头短线支撑，虽然出现长白线反弹，但是又被空方再打击一次，也就是编号 B 的空戳多形态组合，随即空头于编号 B 之隔一笔又以跳空长黑再度表态，请注意两个重点：一是编号 A 和编号 B 之后均以跳空长黑为空方表态，一是编号 B 后的回档跌破最后多头攻击的长白线。

这样的暗示就是空头气盛，当然多头亦尝试支撑，也就

图 3-19　精英在 2002 年 9 月附近的图形

是编号 C 的槌子线出现后，股价开始进行反弹，为什么在反弹过程中就可以认定是反弹？又为什么画出“扇形三条线”之后可以确定股价下跌？关键之处就在反弹的过程！

反弹过程中，多头败笔就是出在反弹最高点没有克服编号 B 之后的跳空下跌缺口，更遑论编号 B 的黑 K 棒会被解套了，空头是以逸代劳，将战线拉回补给，等到多头深入、力气用尽之时，再给予痛击，自然此时多头是无法抵抗的，股价自然就会节节败退。

其实股价的攻防，与两军交战并无相异，一个善战的将军，理应熟知兵法与作战心理，并且能够知其所进退，以保持最佳战果，在股市中作金钱的厮杀，不正是一种作战吗？

十、多戳空

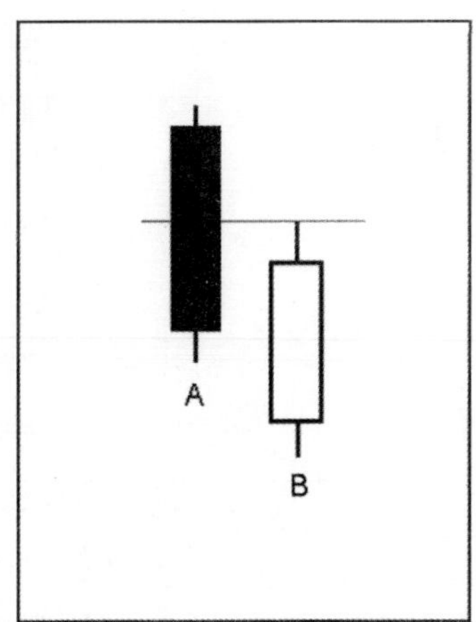

定 义

(1)编号 A 为黑线，编号 B 为白线。

(2)编号 B 的高低点＜编号 A 的高低点。

(3)编号 B 的开盘价＜编号 A 的最低价。

(4)编号 B 的收盘价＜编号 A 实体的 1/2 以下，但价涨。

位 置

与曙光初现线型类似，差异在于收盘价的位置，自然力道上会有运用上的差异。通常出现在三个地方：一为回档结束之处，一为在下跌中满足区出现，一为下跌时的休息站。其中后两者比较不容易辨识，往往出现认为是低档正反转点，却又再创新低之窘境。至于是诱多，或是翻多？识者利用 K 线力道很容易就可以研判出当中的关键，不至于产生所谓的“骗线”。

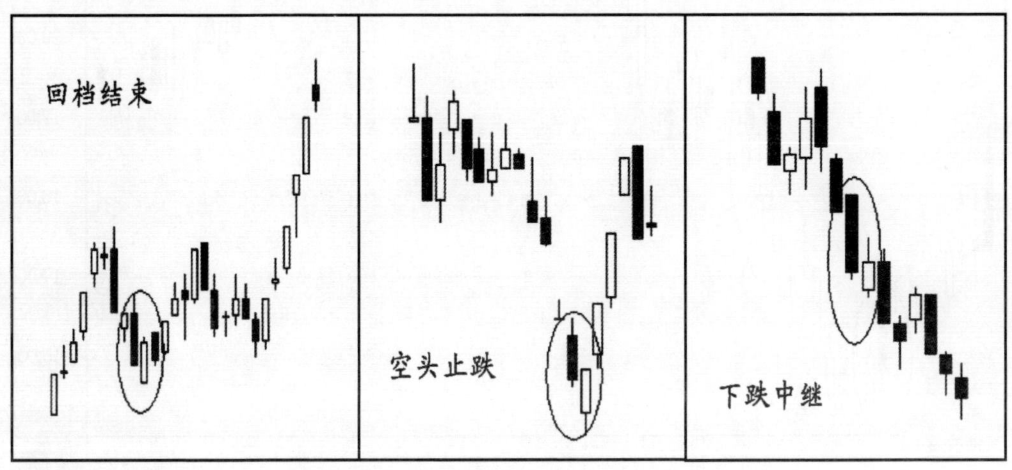

实战运用

请看图 3-20。股价从低点反弹，出现编号 B 的多戳空形态组合，因为多戳空形态的力道较曙光初现的力道弱，所以隔一笔出现墓碑线，再一次回档是可以理解的。重点在于回档低点时，并没有跌破多头戳入空头的长白线，因此多头还有一丝机会。

所以当出现长白线突破墓碑线压力之后，就开始展开多头的反弹行情。股价一路上涨出现编号 A 的空戳多形态组合，这里当然要先保守应对，因为这里从股价反弹以来还没有出现明显的回档，所以只要再出现多头错误讯号，多头应先行退出。然而隔一笔却是出现多头再表态的长白线，也就是说空头在这里压制多头的行为失败，多头仍然要持续上涨。

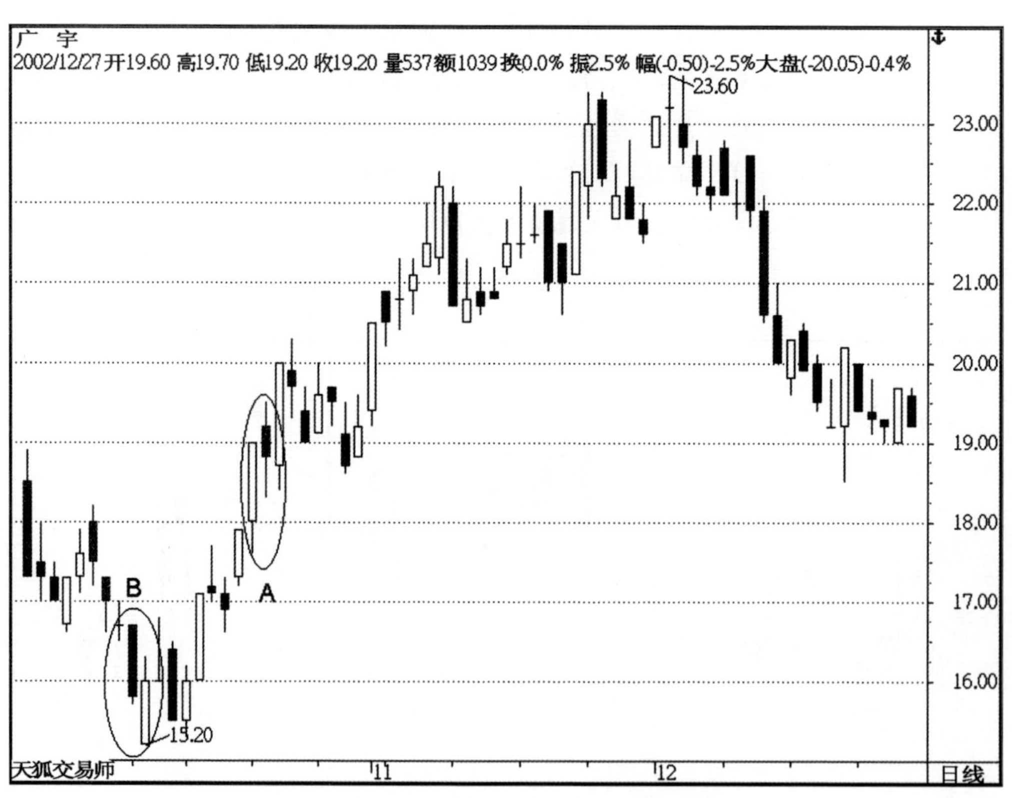

图 3-20 广宇在 2002 年 10 月附近的图形

请看图 3-21。编号 A 曙光初现与编号 B 多戳空的力道比较。编号 A 之后股价是直接反弹，编号 B 则是先压回再反弹。笔者的意思是借此图形比较力道的差异，并非出现编号 A、B 的形态，后续股价行为就是如此表态，敬请读者明察。

图 3 -21 楠梓电在 2002 年 7 月附近的图形

十一、多头反攻

定 义

(1) 编号 A 为黑线，编号 B 为白线。

(2) 编号 B 的高低点＜编号 A 的高低点。

(3) 编号 B 的开盘价＜编号 A 的最低价。

(4) 编号 B 的收盘价＝编号 A 的收盘价。

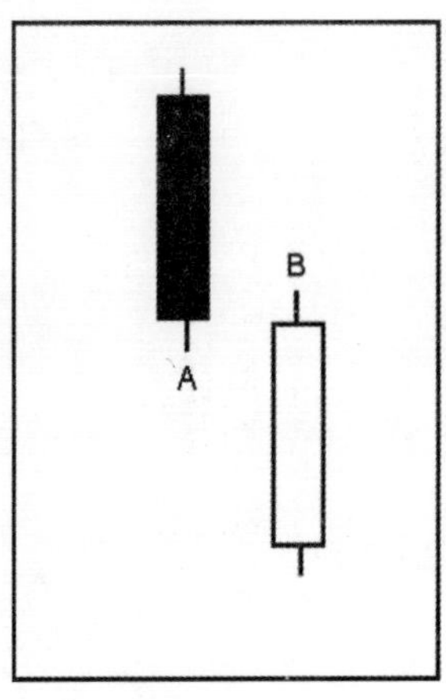

位　置

与多戳空线型类似，差异在于收盘价的位置，自然力道会有运用的差异。通常出现在三个地方：一为回档结束之处，一为在下跌中满足区出现，一为下跌时的休息站。其中后两者比较不容易辨识，往往出现认为是低档正反转点，却又再创新低的窘境。识者利用K线力道很容易就可以研判出当中的关键，不至于产生所谓的“骗线”。

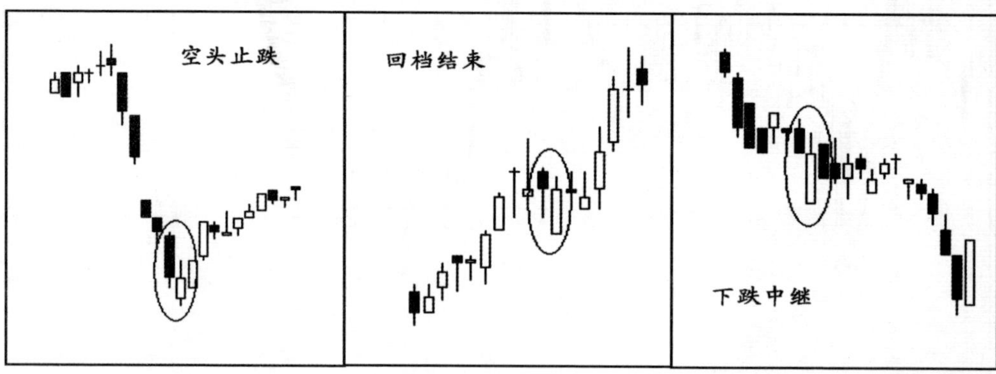

十二、空头反攻

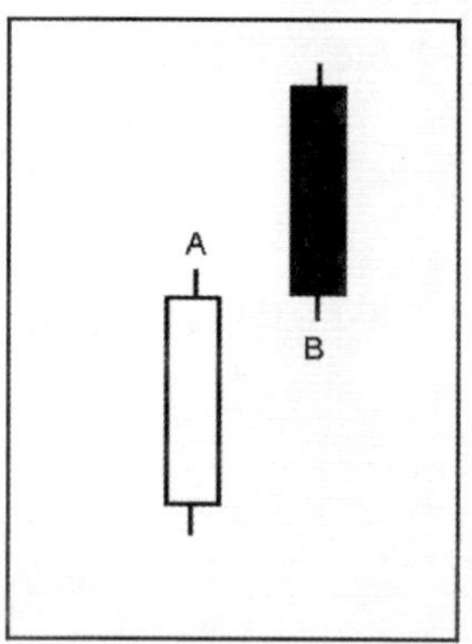

定　义

(1)编号A为白线，编号B为黑线。

(2)编号B的高低点＞编号A的高低点。

(3)编号B的开盘价＞编号A的最高价。

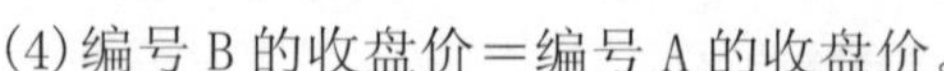

(4)编号B的收盘价＝编号A的收盘价。

位　置

与空戳多类似，差异在于收盘价的位置，自然力道上会有运用上的差异。通常出现在三个地方：一为下跌中反弹结束之处，一为在上涨中满足区出现，一为上涨时的休息站。

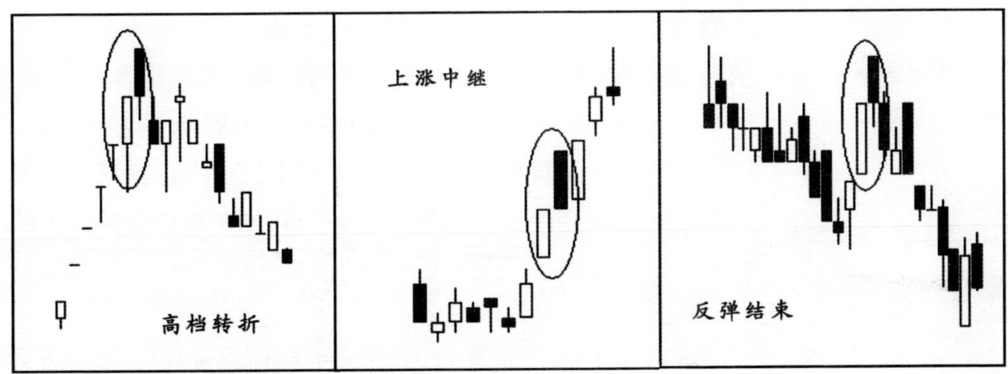

其中后两者相对不容易辨识。在实战中，多方可以利用棒线B进行洗盘或是诱空的动作，若股价已经在满足区时，就不会诱空。

实战运用

请看图3-22。编号B的前两笔组合是阴子母，结果编号B的长黑棒以跳空跌破阴子母的形态组合，所以我们可以先假设编号B的长黑棒杀盘力道很强，压力也非常重。接着出

图3-22 声宝在2002年7月附近的图形

现编号A的长白线与编号B组合成多头反攻的形态组合。暗示多头只要出现攻击，就有机会进行反弹。

可惜的是，编号B的长黑幅度过大(参看图3-22)，多头反攻必须要运用较多的力道才能克服上档压力，结果后续股价不幸跌破编号A的多头反攻，使得此处又造成另外一次的套牢，理由是多头反攻不成变逃命，既然是套牢，这里就是未来的压力。

所以在出现低价10.7元时，形成槌子并做出股价的反弹，反弹到编号C的位置时，才刚刚对编号A失败的多头反攻做出解套，解套后压回震荡在幅度不深的情形下，接续再创新高，对编号B做解套，因为在解套过程中，当到达编号D的位置又是三段弹，力道有用尽的嫌疑，所以出现编号D的变盘组合，就必须提防是否会跌破支撑，而使反弹行情结束。

请看图3-23。当出现编号A这一根棒线时，与前一笔的黑棒组合成多头反攻。这里就牵涉到比例问题，编号A的高低幅度比前一笔的黑棒差异实在太大，编号A如果支撑无效，自然也不用太过于意外。我们可以看见编号A的下一笔仍然是收黑下跌，此时应该合理的怀疑支撑是否有效。

因此可以先定位编号A的前一笔是空头布下重兵之处，将来多头只要能够克服此处，就有机会将回档趋势转换成上涨趋势，理由是编号A的多头既然反攻，怎么会连隔日再创高的机会都没有，显见此处空方布有重兵，当多头拉回战线取得有力补给之后，如果能够攻克，那么就是多方胜利。

当出现编号B这一根棒线时，与前一笔的黑棒组合成多头反攻。这一次编号B的高低幅度比前一笔的黑棒差异就不大，所以这一次黑棒的力道比较不强，故在编号B之隔一笔出现编号C的长白线之后，就是正式发动编号B多头反攻的力道。

请不要忘记编号A的前一笔是空方重兵集结地，所以多头在攻过空头第一道防线之后，先用盘整方式重新整军，然后以编号D的长白线一举跳空突破最初，也是最重的空方压力，并且顺势进行轧空的行为，而这里正好也是波浪理论中转换浪潮的起点，即日线主升段从这里开始攻击，既然知道是主升段，利用浪潮原理计算幅度，可以大概测知目标区在何处，此时就该持股抱牢等到接近目标区之后才开始找卖点。

图3-23　声宝在2002年12月附近的图形

请看图3-24。当出现编号B的曙光，可以视为止跌讯号，而当出现编号A的棒线，与前一笔长白线组合成空头反攻，这里有时候会称为空头抵抗，但是空头抵抗的定义较广。

空头反攻是否成立，必须由隔一笔棒线确认，而隔一笔棒线又与编号A形成镊顶，因此万一跌破这连续三根棒线的区域，则多头就要视为反弹已经结束。从线图上看，最后是用白线跳空脱离空头反攻和镊底的范围，这样的走势，当然视为对多方有利。而被多方脱离的形态组合，就形成下一次回档的重要支撑了。

图 3-24　久津在 2002 年 10 月附近的图形

十三、玉　柱

定　义

(1) 为阳子母之特殊形态。

(2) 强烈多头讯号。

(3) 基本形态为编号 B 开最低收最高。

(4) 编号 B 需注意比例问题。

A

B

位　置

为操盘界强烈买进讯号之一。然而有其特殊行为与其关键研判所在。正常而言，这一组线形的重点在于一定要开低，开低之后就将盘势迅速往上拉，形成开低的价位就是今日的最低点，而且在盘中实时走势图会很明显的看见拉霸盘，股价就一路往上拉高，并且穿过昨日收盘价与昨日最高价，临近收盘时也是一个关键点，因为尾盘作价关系到主力明日持续攻击的意愿，因此收盘价的位置必须列入关键观察重点。

因为这样的线型，通常是出现在转机性很强，或是投机色彩浓厚的股票上，股本也会比较小，所以有利于筹码锁定与股价拉抬，当股价崩跌至相对低档满足之后出现，会有不小的反弹幅度，虽然其利润惊人，但是也要注意相对的风险性，千万别变成要买买不到、要卖卖不掉的窘境。

这一个线型相关的关键相当多，读者可于出现这样的线型组合之时做深入的研究与判断思考。

十四、危 楼

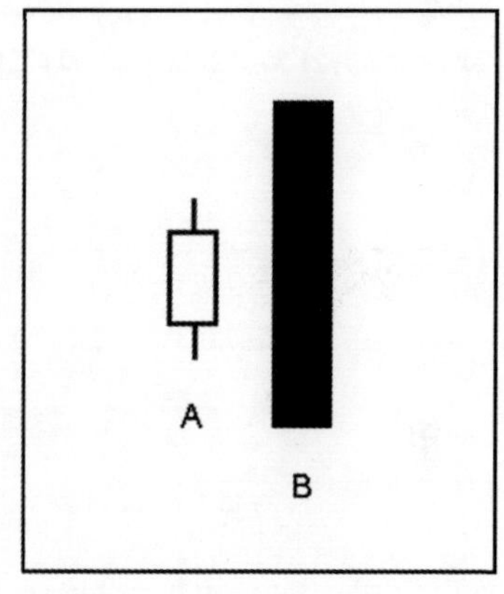

定 义

(1)为阴子母之特殊形态。

(2)强烈空头讯号。

(3)基本形态为编号B开最高收最低。

(4)编号B需注意比例问题。

位 置

这是操盘界卖出讯号之一，更是主力股洗盘换手，或是出货的关键K线，尤其以投机股与转机股的走势中最容易出现。正常而言，这一组线型的重点在于一定要开高，尤其是开涨停最好，前一日最好是涨停死锁，造成大家买不到的状况，今日开高之后就筹码倒出来，让追涨停价的人造成短套，所以盘中实时走势会很明显的看见掼压盘，股价先向下掼压一段之后再迅速拉高反弹，震荡后再一路掼压至今日最低价或是跌停价。

出现这样的走势，假设手中有持股，因为当时无法研判是出货或是洗盘，因此在安全考量之下，宜先出脱手中的持股，至于是洗盘换手，或是出货可以利用成交量的研判与盘中走势变化加以研判。

因为这样的线形，通常出现于转机性很强、或是投机色彩浓厚的股票上，不然就是有大量市场人士介入炒作，读者可于出现这样的线型组合时，针对当时的券商进出与融资券比例做一个探讨与比较。

实战运用

请看图 3-25。编号 A 出现的是一个标准的玉柱形态组合，股价走势后续也出现强而有力的上涨，当上涨到编号 B 时正好力道用尽，也正是主力顺势出货的最佳时机。

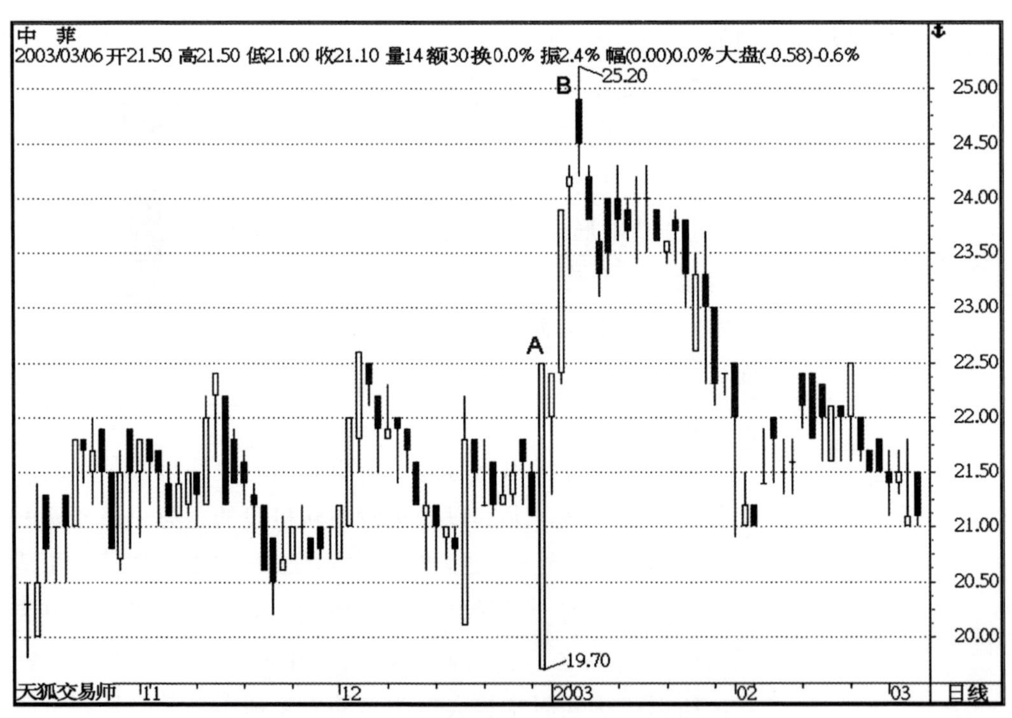

图 3-25　中菲在 2003 年 1 月附近的图形

请看图 3-26。编号 A 为一个标准的危楼组合形态，当股价走势满足之后，即刻出现危楼的走势，当然是二话不说，多头先行退出再说，因为后面的走势是一个不可预知的风险，是暴跌或是洗盘？无人可以预知，所以多头就是要先行退出观望。

编号B的棒线是对编号A的危楼做解套行为，解套完后回档没有支撑，形成持续下跌的走势。

图 3-26 台光在 2002 年 12 月附近的图形

请看图 3-27。这是一个特别的例子，也就是主力利用编号A危楼的线形，进行洗盘与换手的动作。图中股票从发动开始连续以跳空涨停的过程，一路轧空向上涨升，如果要让多头再涨一段，必须要先让这一段获利的人下轿，包含了第一波介入的主力、外围还有散户等人。

当然，散户是不知道主力要换手，所以一出现这样的线形，通常在已经获利颇丰的情形下，就会将手中持股卖出，而主力也达到洗盘的目的，此时主力就顺势做一次大换手，就是由A主力换成B主力，换手的目的当然是要持续向上攻击，所以有等幅的上涨。

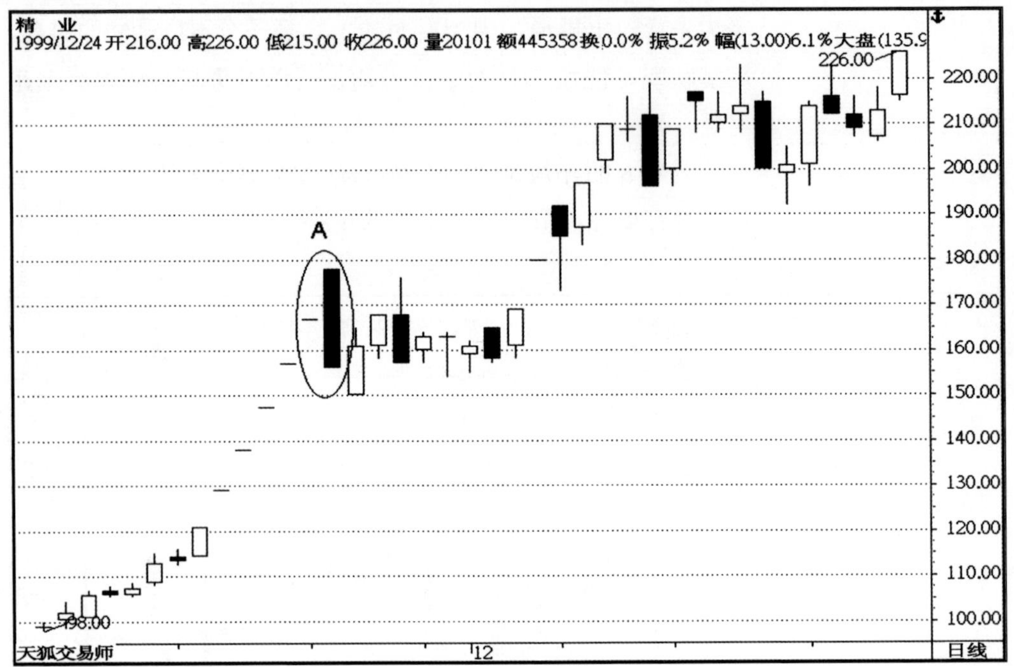

图 3-27 精业在 1998 年 12 月附近的图形

关于这一个危楼是洗盘的手法，当下是不容易得知，顶多可以合理的怀疑，必须要等到隔笔棒线出现支撑，然后多头再做发动才能确定，因此是洗盘或是出货，还是得有一个确认才行，股价的波动不能猜测，只能做合理推测，在无法预知主力是要做什么动作时，遇到这样的线形没有理由就是先退出，毕竟股市不是赌场，除了获利，还要思考如何保住获利。万一是洗盘，还是会有上车的机会。

请看图 3-28。股价在连续涨升的过程中出现了编号 A 的危楼形态组合，根据操作策略，出现这样的形态，没有任何理由，就是先退出。千万不要以为有可能会出现如同图 3-27 的洗盘走势，就忽略可能出现的崩跌的危险性。

结果股价在编号 A 之后，开始一路回档，并且呈现反弹无力之后下跌，因此在编号 A 之处可能无法卖在危楼的最高价，而是卖在危楼的最低价，但是与连续下跌比较起来，就算卖在当天的低价，也是一个明智的决定。

图 3-28 三阳在 2002 年 12 月附近的图形

第四章

三根 K 棒的实战运用

在“酒田战法”中，特别注重“三的形态”，巧合的，与欧美的分析技巧上有不谋而合的关联性。比如说，修正趋势线中的“扇型三条线”，波浪理论的五升三降，缺口理论的三种缺口，三重顶与三重底等等；在中国，“三”这个数字也是代表多数的意思。比如说，三羊开泰、三人行必有我师，都再次说明了“三”这个数字，已经成为人类生活中惯用的数字，所以当出现“三”这个数字时，多少也就产生了暗示的作用，因此在 K 线形态中，三根棒线所组合成的 K 线形态，被视为力道较强，讯号较明确的，然而在运用过程中，仍不能偏离前后行为的研判，也就是说，任何线形不是独立的，而是连续的，单独观察容易以管窥天。

三根 K 线其实是针对两根 K 线的组合做出确认的行为，所以可以视为是两根 K 线的后续研判法则。

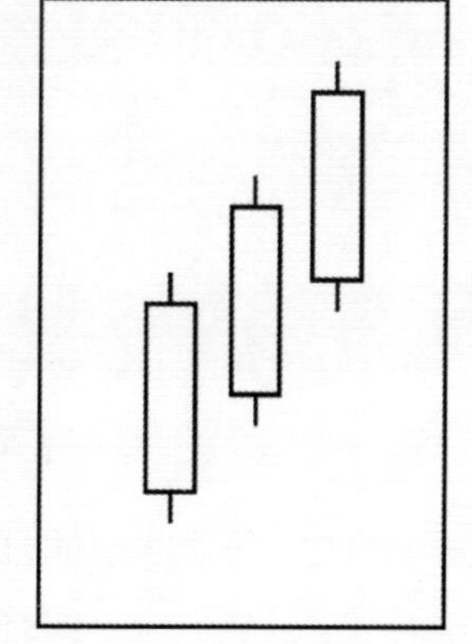

一、白三兵

定 义

(1)连续三根长白线，幅度相当。

(2)每日收盘价均较前一日为高。

(3)每日最高价均较前一日为高。

(4)每日开盘价可以在前一日实

体之内。

(5)每日收盘价位于最高价附近。

(6)每日最低价均较前一日为高。

位　置

虽然有人说，这是多头讯号毋庸置疑，但是建议此线型位置仍需加以考虑。比如说，是在多头刚开始发动的上升波中，那自然是多头持续上涨讯号了；如果是在盘整盘，或是涨势末期，就必须考虑是否能持续攻击的力道，所以此时称为“三兵思考型”，意思就是说当股价进行至此，要考虑是否出现空头抵抗。

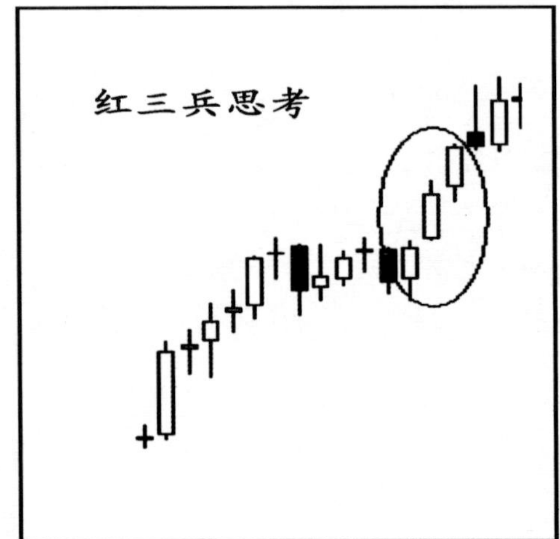

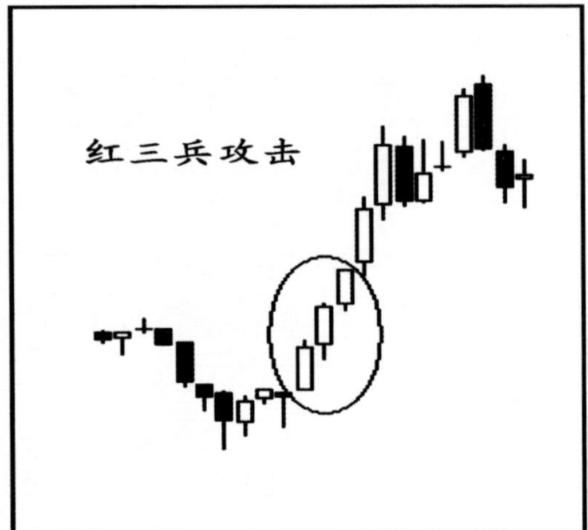

实战运用

白三兵的运用最重视趋势，再来就是出现形态当时的高低相对位置。请看图 4-1。股价见低点 1.91 元时，为多头中回档的低点，也就是说回到 1.91 元之后，再开始一路拉升。

在拉升的过程中，出现不断的跳空缺口涨停，并且呈现开盘＝收盘的线型，在出现吊人线之后，紧接着出现编号 A 的白三兵。这里要请读者以吊人线作为分界，在吊人线之前的棒线没有实体，在吊人线之后的棒线有实体，就一个上涨趋势而言，原本是没有实体的棒线变成有实体，其实是多头力道渐减的表征。

因此当出现编号A的白三兵形态组合之后，虽然上涨的力道看来似乎相当强烈，但就K线形态而言，已经露出疲态，所以在这样的位置出现白三兵，将容不得棒线收黑，因为一收黑，股价就会回档，而回档速度会与上涨速度一致。

当出现编号B的白三兵形态组合时，股价处于创新高之后的回档，而编号B的位置比编号L1的位置还高，可以视为底部形态，因此在相对低档区，且棒线回到编号L1时并未破坏多头整个结构情形之下，编号B的白三兵，就是暗示多头属于再一次的发动攻击。

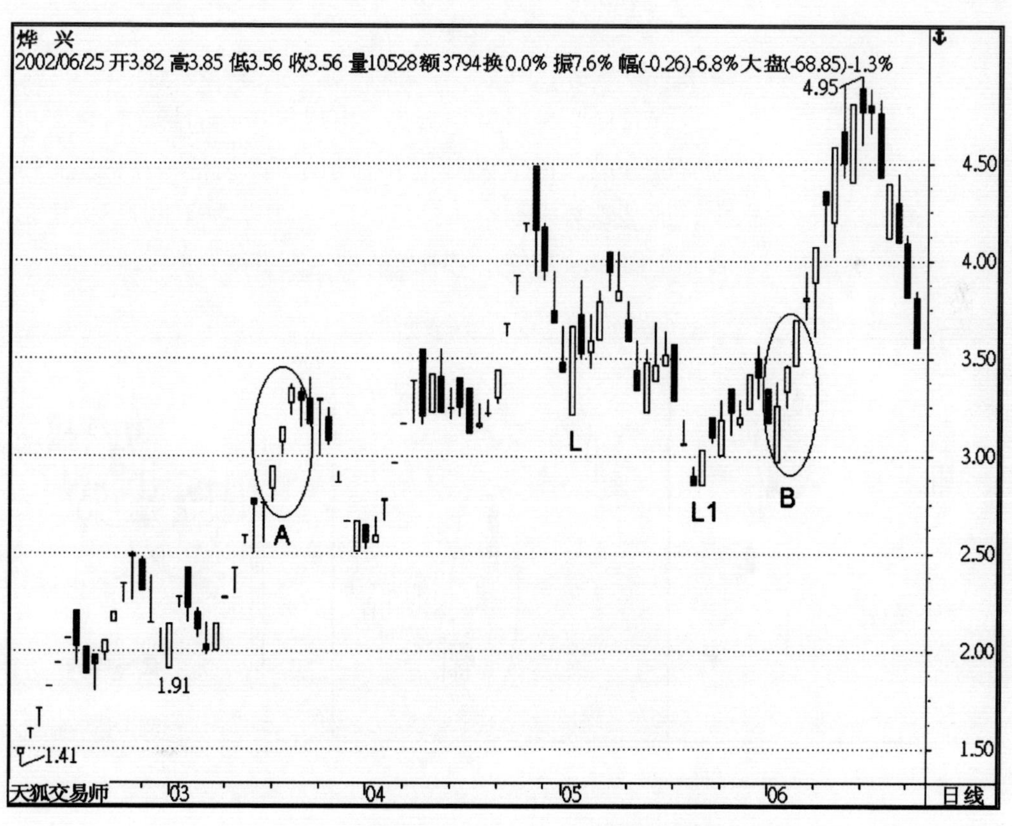

图4-1 烨兴在2002年4月附近的图形

二、黑三兵

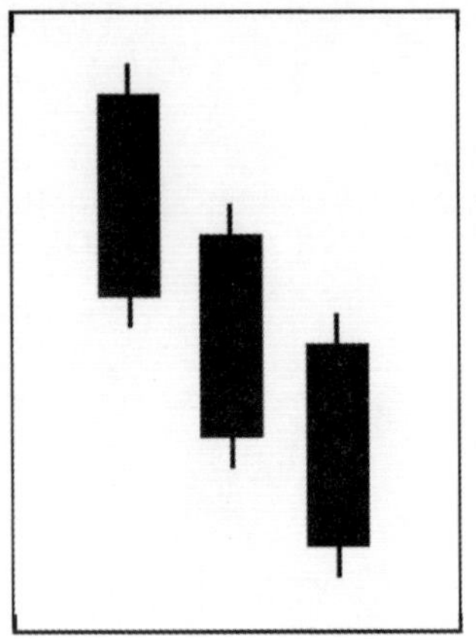

定 义

(1)连续三根长黑线，幅度相当。

(2)每日收盘价均较前一日为低。

(3)每日最高价均较前一日为低。

(4)每日开盘价可以在前一日实体之内。

(5)每日收盘价位于最低价附近。

(6)每日最低价均较前一日为低。

位 置

也有人称此线型为三胎鸦，出现黑三兵的形态时，可以依位置区分成：在空头刚开始发动的下跌波中、在盘整盘回档中、或是跌势末期空头最后赶底。以其位置研判下跌力道是否趋于缓和，或是才刚刚激活加速度下跌。

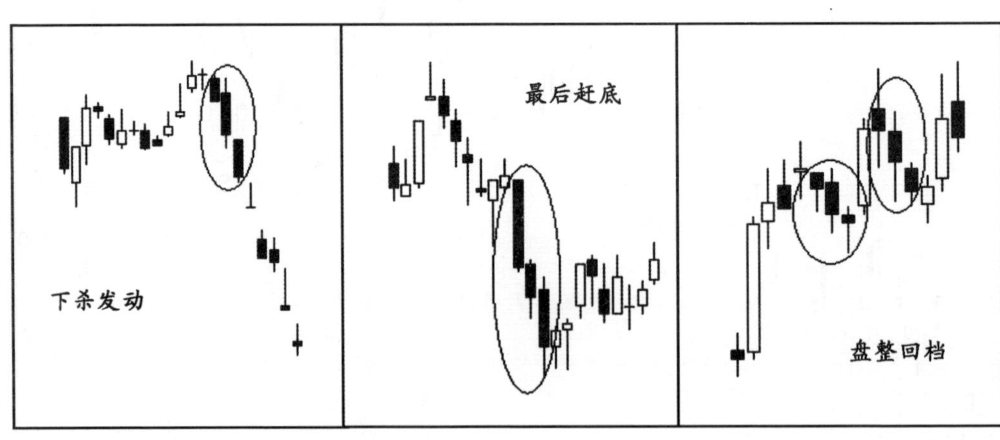

实战运用

请看图 4-2。编号 A 的位置出现反弹过程的高档连续三根黑棒，视为黑三兵下跌。但是在刚刚创反弹新高时，黑三兵的隔一笔却是容易出现抵抗线型，亦即高低幅度缩小的小棒线。如图中所示编号 B 之处。

通常出现编号 B 的棒线之后，暗示高档急挫的行情渐渐趋缓，股价将进行反弹，反弹时要特别注意有没有再创新高，如果再创新高，那么盘势是属于盘坚走势居多，如果不创新高，应提防是否为短期头部第二头的成型。

图中在编号 B 棒线之后果然反弹，反弹没有再创新高，又出现编号 C 的黑三兵急杀，此时短期头部俨然成型，随即又出现编号 D 的小棒线，编号 D 和编号 B 意义是一样的，所

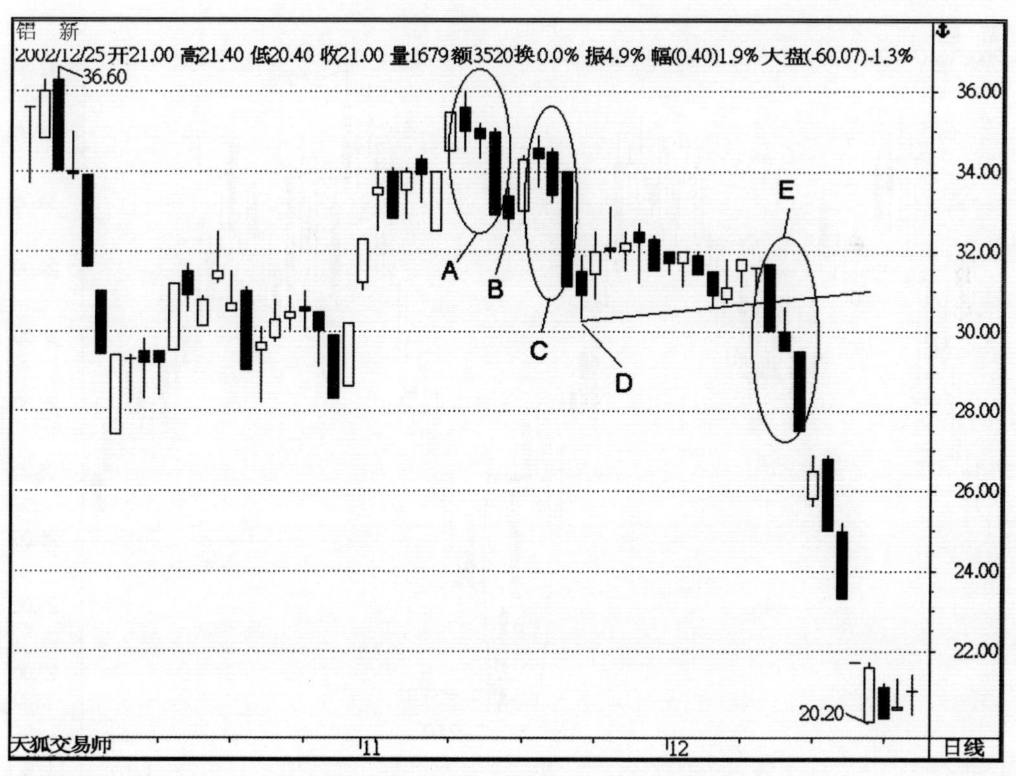

图 4-2 铝新在 2002 年 11 月附近的图形

以股价有机会进行反弹。

大家可能会怀疑，为什么黑三兵之后没有重挫？道理在之前上涨的力道仍然没有消失，空头想要打败多头，就是要用盘头的模式进攻，让多头的力道慢慢消化掉，然后再出其不意的掼杀多头，因此在满足区，主力或是作手也常常用这样的技巧，进行所谓的出货动作。

在编号D棒线之后的反弹，我们可以找到一个转折低点，将编号D棒线的低点和这个转折低点连接，画出一条反弹整理的支撑线，结果在编号E的黑三兵攻击下，呈现剧烈的下跌走势，所以我们可以说，编号A和编号C是暗示多头行情疲软，编号E是空方明确的攻击表态。

请看图4-3。这是一个黑三兵攻击之后，被多头反击的

图4-3 新巨在2002年10月附近的图形

例子。在图中编号A的位置出现黑三兵的急杀，依照股价惯性，隔一笔会出现抵抗线，也就是编号B的位置，而编号B的白线与前一笔的黑线，组合成曙光初现的形态，这算是比较强势的抵抗线，暗示多头有机会反击。

假设能够出现反击，应该是暗示编号A的黑三兵，已经是在此波空头的末端，呈现空方力道竭尽之故，至于如何得知力道是否竭尽的方法就是计算与测量。但是就算是空头力道竭尽，这里也是呈现杀盘，所以多头反击攻击既到此处，必定会出现压力，而压力大小，是否能顺利突破，就要看突破当时的力道来研判了。

从图中可以很明显的看出来编号B棒线后的反弹，都是呈现进攻、后退；以进攻、后退的模式来消除黑三兵的下跌力道，最后并一举突破压力，创下此波下跌来的新高价32元。

三、大敌当前

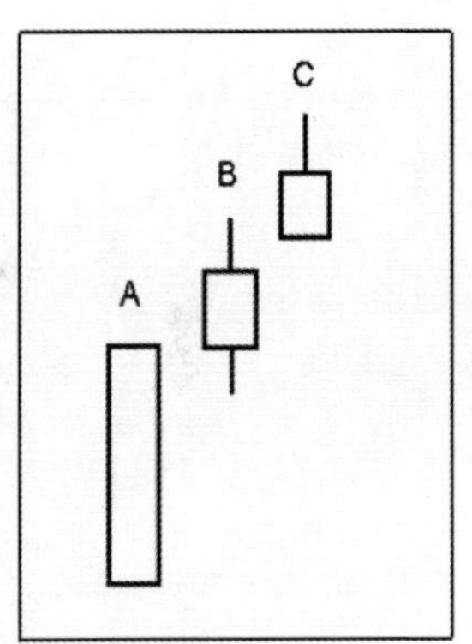

定　义

(1)编号A为一根长白线。

(2)编号B、C为实体较小的棒线。

(3)棒线高低点均渐渐垫高。

(4)棒线的收盘都是呈现价涨。

(5)编号B、C都留有较长的上影线。

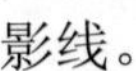

位　置

长白线代表的是涨势，或是止跌确立，接下来持续上扬的B、C小实体白线可能遭逢前方的压力，导致涨势趋缓，K线上涨力道无法延续，或是出现短线获利了结的现象。可以说是白三兵的变形，而且显见弱势许多。假设棒线A出现在空方初期的止跌后发生，那么B、C棒线就要怀疑是否反弹无力了。

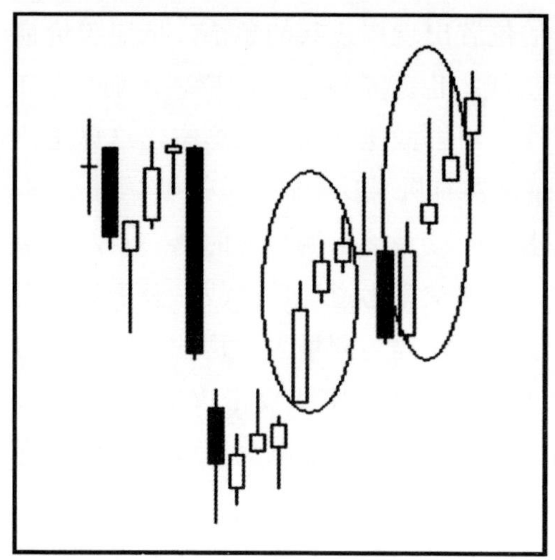

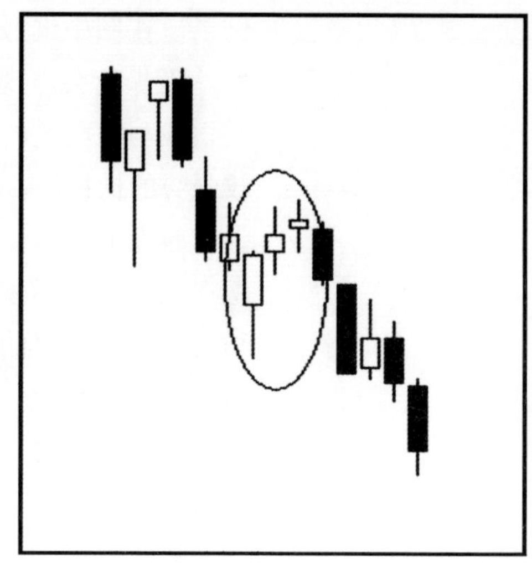

四、步步为营

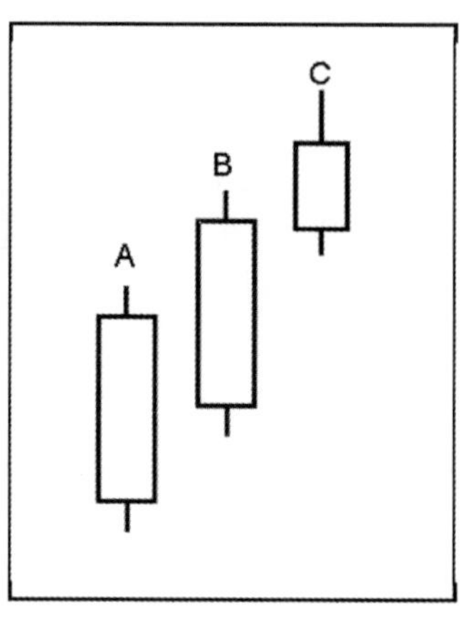

定　义

(1)编号A、B为一根长白线。

(2)编号C为实体较小的棒线。

(3)棒线高低点均渐渐垫高。

(4)棒线的收盘都是呈现价涨。

(5)编号C留有较长的上影线。

位　　置

编号A长白线代表的是涨势，或是止跌确立，编号B的长白线是确认多头再次攻击，而编号C棒线可能遭逢前方的压力导致涨势趋缓，如果带有缺口，宜提防形成星型，所以此形态又称失速。这也算是白三兵的变形，但是比大敌当前略强。假设棒线A出现在空方初期的止跌后发生，那么C棒线就要怀疑是否要呈现负反转了。

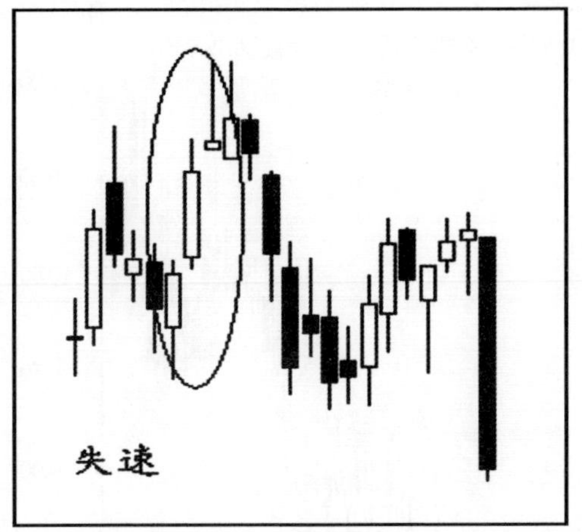

实战运用

请看图4-4。这档股票是从高档盘头而下，当出现编号A的白三兵形态组合时，视为空头中的反弹，而此反弹竟然会受制于流星线的压力，并且呈现一路压回，就已经说明多方力道竭尽，这一个白三兵的组合可以视为多头逃命。

毕竟是白三兵，直接掼破的机会不高，所以股价回至图中颈线位置时，先做短线弱势反弹，并在颈线下做出镊顶组合，促使股价一路下滑。跌破支撑的颈线，自然是将来的压力之处，未来股价行进至此，理应遭逢空头抵抗。

图中编号C的位置为一根蜡烛线，与前一笔黑棒亦形成多头反攻的组合，只要再出现攻击，就有机会进行反弹。反弹的过程中，编号F的位置出现大敌当前的形态组合，这一个名词正好说明当时的股价走势，因为颈线就横在眼前，在面临空头的重兵所在，出现较长的上影线是可以理解。

果然在大敌当前形态完成之后，呈现股价的压回，而且压回幅度不深，并在高档呈现一个箱型的区间震荡，如编号D所示，并且在整理末端以编号E的长白线，跳空脱离盘整区，正式宣告趋势由空翻多。

图 4-4 东钢在 2002 年 8 月附近的图形

请看图 4-5。图中 4.1 元的价位，是处于股价翻多之后的回档，紧接着出现编号 A 的步步为营，如果步步为营的形态组合后续出现的走势是回档，那么代表上档压力极重，多头需要拉回重新整军才有再度攻击的力道。如果后续出现的是直接攻击形态，如同编号 B 的棒线，则暗示多头有要将压力直接克服的企图心。

我们可以思考的是：在何种情形下有利于多头持续攻击？图中的走势可以在步步为营之后持续走高，是因为股价是在多头中回档，所以上档的压力并没有空头中那么重，因此同样的形态出现在不同背景，我们解读的力道就要有所差异，不可以一概而论。

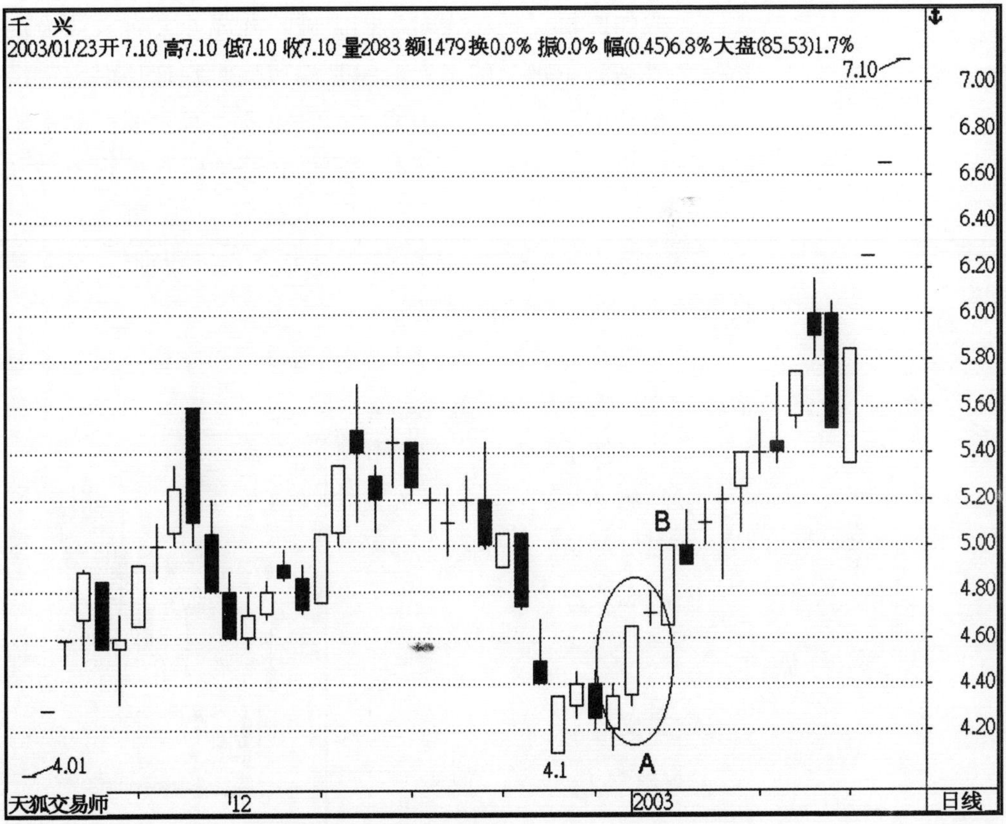

图 4-5 千兴在 2003 年 1 月附近的图形

五、离黑战车

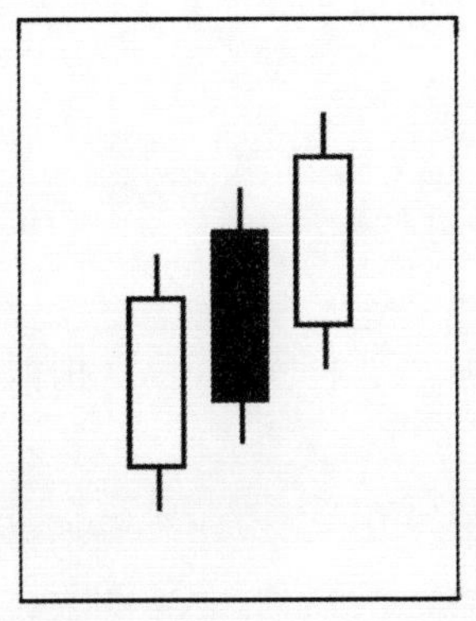

定 义

(1) 棒线排列方式与白三兵相同。

(2) 中间的棒线必定为黑色。

(3) 第三根棒线需创新高。

位 置

线形出现的位置，关系到是否为主力洗盘。而黑色棒线收盘的位置也关系到力道大小。

下图中所示是一个完成的标准图形，当第二笔的黑棒出现时，假如股价又处在相对高档突破，九成九会有人认为这是一个“乌云罩顶”的组合，但是就实战研判技巧而言，没有这么粗糙的研判技法，因为“乌云罩顶”必须要在测量幅度的满足点出现，才能在当时依照价量结构研判是否为高文件转折形态，不然仍需隔一笔加以确认。

第二笔棒线不一定与前一笔是形成“乌云罩顶”，只要是收黑，而且约等幅的棒线即可。

当第三笔的白线出现后，“离黑战车”形态就完成了。通常这一个形态完成的意义是：

①洗盘换手。

②趋势延续。

③幅度测量。

④形态支撑。

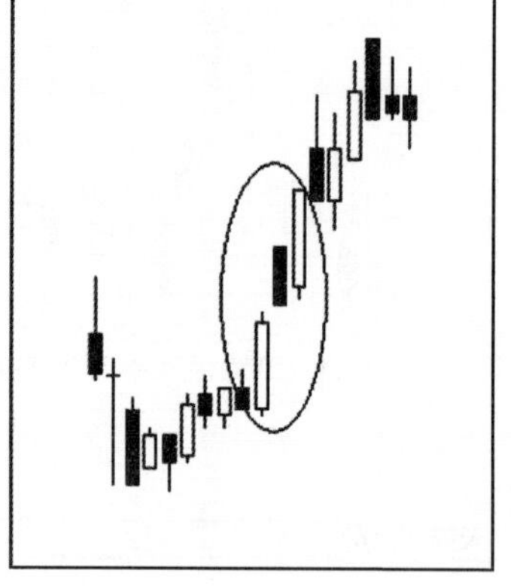

六、离白战车

定　义

(1) 棒线排列方式与黑三兵相同。

(2) 中间的棒线必定为白色。

(3) 第三根棒线需创新低。

位　置

线型出现的位置，关系到是否为逃命。而白色棒线收盘的位置也关系到力道的大小。

下图中所示是一个完成的标准图形，当第二笔的白棒出现时，假如股价又处在相对低档跌破，通常会有人认为这是一个“曙光初现”的组合，与“离黑战车”的叙述相同，是不是“曙光初现”的组合必须要在测量幅度的满足点出现，不然仍需隔一笔加以确认。

第二笔棒线不一定与前一笔是形成“曙光初现”，“多头反攻”也可以，只要是收白且约等幅的棒线即可。

当第三笔的黑线出现后，“离白战车”形态就完成了。通常这一个形态完成的意义是：

①反弹逃命。

②趋势延续。

③幅度测量。

④形态压力。

实战运用

请看图4-6。图中12元为多头中的回文件低价，所以当股价翻扬，出现编号A的形态组合时，一开始出现黑K棒线时，并不适合视为乌云罩顶，理由是股价并未创近期新高，所以只能视为空方企图打压多头行情，使得出现多头疑虑而已。

图4-6 宝来证在2003年1月附近的图形

等到第三根红棒出现，整个形态就非常明显，这是一个离黑战车的组合，而中间那一根棒线，就有可能是顺势洗盘的棒线。这一个组合出现，暗示多头已经掌控整个局面，而这一个力道如果发酵，多头就有机会攻击到 16.4 元的价位。

所以在编号 A 之后出现一根跳空的长白线，多头几乎可以认定基本的目标区就在什么地方了。而这一个成功的离黑战车形态，因为力道的发酵，所以未来会成为股价回档的重要支撑区。

请看图 4-7。股价从 79 元压回，正处于刚盘完头部的疑虑，在编号 A 之处先是出现一根长黑，然后出现白线，一般投资人以为是止跌了，结果隔一笔就看见开低走低的长黑棒，

图 4-7　光宝在 2002 年 5 月附近的图形

这一根长黑棒的出现，暗示离白战车的成型，也暗示价格将先回到第一个基本目标区54.6元。

当然，这一个离白战车的力道后续是持续发酵的，所以未来这里必然是多头必须要克服的一个反压区。

七、晨 星

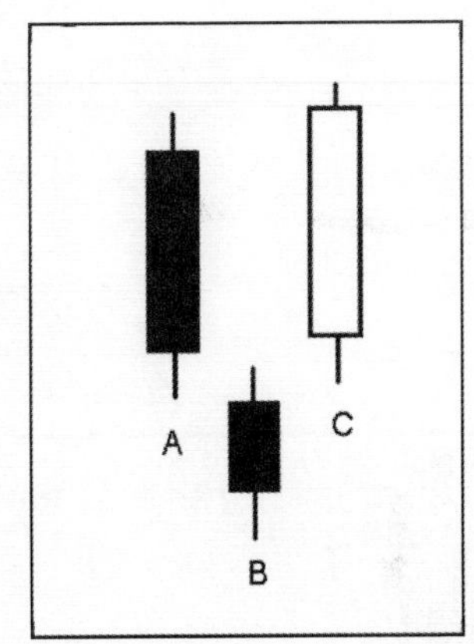

定 义

(1)编号A为长黑线。

(2)编号B为小实体棒线，不论红黑，与编号A实体之间留有缺口，忽略其上下影线。

(3)编号C为长白线，与编号B实体之间留有缺口，忽略上下影线。

位 置

所谓的星，只要在编号A、B之间实体有缺口就算，编号B与编号C之间，不一定要有缺口，如果编号B与编号C之间又留有实体缺口，才能称为晨星。不管是星或是晨星，必须在低档满足区出现，才有机会出现反转，另外，晨星也可以叫做多头的岛状反转。而编号B棒线可以用任何一种实体较小的线形取代，如十字线、槌子、蜻蜓等等。其中如果编号B棒线是十字线，有一个特别的名称叫做“晨星十字”。

实际上，使用者必须注意，棒线之间的缺口，如果以“完全缺口”呈现，也就是上下影线完全没有重叠，那么这样的反转力道是很大的。而编号C棒线是否突破关键高点，也是形态确认重点，没有突破就视为不完整，必须要等待下一步确认，除了利用隔一笔棒线出现攻击盘的行为加以确认之外，也可以用形态出现前的棒线波动现象与指针运用，确认编号C棒线就是反转讯号。

实战运用

请看图 4-8。此图是台湾股市走势，在图中显示的股价波动当中，可以很明显的看出有几个晨星的形态。

在编号 A 的晨星组合形态出现之后，若以延续前波走势的行为研判，出现这个形态组合，理应再攻一波多头行情，合理的走势应该续涨 250 点以上，结果在隔两笔之后出现另一个反转形态(即阴子母)，随即再做一根日落长黑线，此时不禁令人怀疑是否为空头当中的反弹逃命而已？故应将手中多单退出观望。

图 4-8　加权指数在 2002 年 6 月附近的图形

在编号B的组合出现之后，可以视为多头反弹中的回档，并出现多头表态，但是在如此强势的表态中，受制于前一波阴母子下跌所形成的压力。此时我们可以思考，如果多头强，理应将这一个压力克服，因为已经是回档之后再次攻击，如果空头强，回档再攻击而且形成晨星形态，竟然还没有将空头压力克服，那么就是暗示：多头心虚或是空头气盛！

在编号C的晨星组合，其中星是由两根棒线合并，右侧出现的跳空白线暗示形态成立，但是后续并无法将左侧的跳空缺口回补，并且填补向上跳空缺口，所以就是多头无力，趋势仍沿原方向持续前进。

在编号D的晨星组合形态出现之后，隔一笔出现空头抵抗，呈现一个弱势的表现，再隔一笔却又跳空向上，这种行为就是暗示这一个形态已经完全成立，股价正常而且合理的走势将会向上满足挑战5007的高点，果不其然，编号F的棒线就满足目标，并且顺势回档。

回档后不久，又再次做出一个晨星的形态，亦即编号E的形态组合。这是一个攻击讯号，然而编号E形态的隔一笔仍然受制于5007的关键价位无法挑战成功，并向下跳空形成一个高文件转折形态，此为该攻不攻反盘头，为下跌的明显征兆，除持股宜尽速出脱之外，亦可以建立期指空单避险。

请看图4-9。当出现编号A的晨星组合时，编号B出现了连续三根棒线的回档，这三根棒线的回档并没有跌破之前的黑棒低点，请大家想想：黑棒不是空方的代表吗？怎么会回档时不破黑棒低点呢？其中是否暗藏玄机？就需要深入思考了。

根据实战的技巧研判，编号B的棒线回档并没有破坏多头攻击的结构，更没有破坏晨星组合，因此只要多头表态，就可以向上攻击，而编号C棒线是反映晨星力道的竭尽，所以股价于此高档震荡，并随后反转下跌。投资人在此发现多头力道竭尽时，就应该将持股出脱观望，而不是心存侥幸。

图 4-9　光罩在 2002 年 8 月附近的图形

当股价回档到编号 A 的位置时出现支撑，理由在于编号 A 的组合曾经发挥过上涨的力道，既然如此，回到这里出现支撑自然是一件合理的事，不过上涨之后再回到开始的发动点所产生的股价上涨，宜视为反弹行情，并以股价趋势辅助研判反弹可能的高落点。

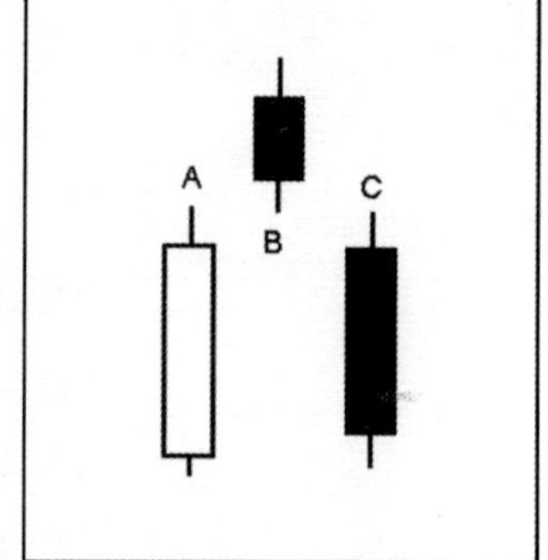

八、夜　星

定　义

(1)编号 A 为长白线。

(2)编号 B 为小实体棒线，不

论红黑，与编号A实体之间留有缺口，忽略其上下影线。

(3)编号C为长黑线，与编号B实体之间留有缺口，忽略上下影线。

位 置

夜星其实就是晨星的倒影，所以只要在编号A、B之间实体有缺口就算，编号B与编号C之间，不一定要有缺口，如果编号B与编号C之间又留有实体缺口，才能称为夜星，不管是星或是夜星，必须在高档满足区出现，才有机会出现反转，另外，夜星也可以叫做空头的“岛状反转”。而编号B棒线可以用任何一种实体较小的线型取代，如十字线、槌子、蜻蜓等等。其中如果编号B棒线是十字线，有一个特别的名称叫做“夜星十字”。

同晨星之理，棒线之间如果是以“完全缺口”呈现，也就是上下影线完全没有重叠，那么这样的反转力道是很大的。当夜星十字是以完全缺口表示，那么就有一个昵称为“弃婴”。而编号C棒线是否跌破关键低点，也是形态确认的重点，没有跌破就视为不完整，必须要等待下一步确认，除了利用隔一笔棒线出现攻击盘的行为加以确认之外，亦可以用形态出现前棒线波动现象，以及指针运用加以确认编号C棒线就是反转讯号。

实战运用

请看图4-10。编号A这里出现了夜星的形态组合，而中间的棒线是一根十字线，所以可以称为夜星十字，或是弃婴。这是一个很明显的反转讯号，因为它是出现在股价下跌之后反弹的高点，而不是出现在上涨过程中的高点，因此反转的讯号相当明确，这里的反弹行情就是所谓的“逃命”。出现反转形态，暗示这里存在未来股价的压力，当股价行进此，应该出现解套行情之后，才能有利于股价再继续前进。

请看图4-11。股价在创反弹高之后，在编号A之处出现夜星十字，暗示行情至此出现反转的疑虑，当股价反应这一

图 4-10 茂硅在 2002 年 9 月附近的图形

个反转形态然后下跌，这里就是未来的压力所在。

自然的，在股价出现反弹的过程中，当股价进行到编号 A 之处，就会产生空头抵抗，并使股价产生压回。所以一般投资者在过此压力时，通常会顺势将持股出脱。而股价能够克服下跌的压力，代表多头的企图心，欲作多者，可以持续观察此档股价的变化。

假设在回档的过程中出现多头支撑后，再出现多头攻击模式的 K 线组合形态，那么多头就可以再进场作多，假设回档过程中支撑力道不足，又不做出攻击模式，就没有买进的理由，并且要怀疑是否这一波的拉抬纯粹只是针对编号 A 的套牢做解套行情，而在解套之后要行杀多的动作。所以在股

图4-11　精业在2002年9月附近的图形

价的操作与策略的拟定过程中，必须反复思考这些问题，而不是一厢情愿地认定未来股价波动就是那么进行。

九、双　鸦

定　义

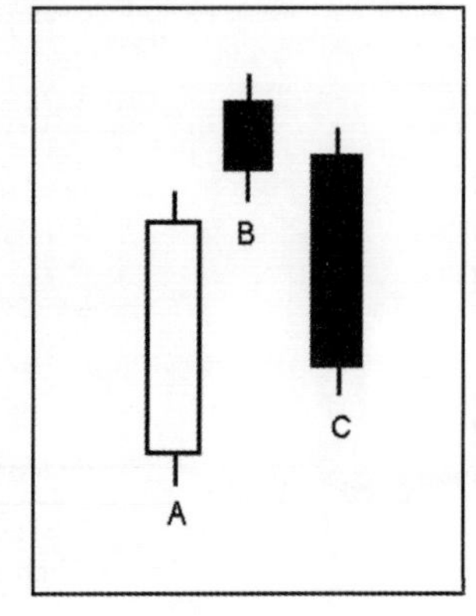

(1)编号A为长白线。

(2)编号B为小实体黑线，与编号A实体之间留有缺口，忽略其上下影线。

(3)编号C为长黑线，开盘在编号B的高点之下，且未创新高，收盘至少在编号A实体内。

位　置

双鸦其实是夜星的变形，差异在于双鸦右侧，即编号B、C之间是没有缺口的。这也是属于反转形态的一种类型，判别方式与夜星相同。其中编号B仍然称为星，因为与编号A之间存有实体缺口。

实战运用

请看图4-12。通常而言，出现双鸦的形态组合，被视为一个反转的形态，尤其是在股价创新高时。想要将这一个形态的空头力量消灭，唯一之计就是利用长白线将这一个形态组合完全吃掉，如此才能将空头力道扭转成多头力道。

在编号A之处出现双鸦形态时，我们通过观察股价的波

图4-12　映泰在2002年7月附近的图形

动，发现它所处的位置是在创反弹高 29.3 元之后的回档再反弹，这一个反弹并未创 29.3 元新高，又出现双鸦形态组合，所以可以怀疑它是属于“短期头部第二头”，当在反弹过程中，出现短期头部第二头是暗示空头优势，理应逢高出脱持股。

这里当然也是未来做多者要注意的区域，当股价反弹至此，必须要注意是否出现解套卖压，如果有，就将持股顺势出脱，而不是期待股价还会持续上涨。

十、双鸦跃空

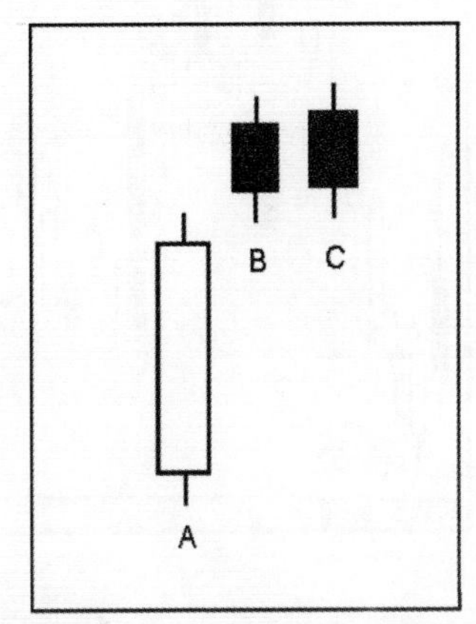

定 义

(1)编号 A 为长白线。

(2)编号 B、C 为小实体黑线，与编号 A 实体之间留有缺口，忽略其上下影线。

位 置

这一个形态暗示多头暂时转弱，理由是在长白线跳空之后，盘势于高档停滞。其中编号 B 与 C 的关系通常呈现“发散”、“镊顶”或是“镊底”，但是与棒线 A 之间一定存在实体缺口。当回补缺口就是多头转弱的讯号，如果再用长白线创新高，那么此处只能视为盘势暂时停滞或是主力洗盘。

假设编号 C 的下一笔棒线呈现开低，又形成缺口，那么这样的组合也是“夜星”形态，所以不宜开低。

实战运用

没有人规定出现什么形态，后续必须搭配什么样的行为，一般人认为出现双鸦跃空，就是反转形态，其实不一定，必须由所处股价位置与当时走势研判，并辅以确认的动作，才能真正掌握 K 线的基本精神。

请看图 4-13。当出现编号 A 的 K 线形态组合，当时正

图 4-13　博达在 2002 年 1 月附近的图形

处于股价为多头趋势，并且创了近期新高，如果在当时说它是双鸦跃空的投资人应该不少，甚至有人忍不住放空，结果从后续的走势来看就是被轧了短空。

为什么会如此呢？双鸦跃空很重要的一点，在于必须将向上跳空缺口回补，才能完成这一个形态，在缺口未补之前，这一个缺口暗示多头力道尚存，只要再出现长白线的攻击，则会反应这一组 K 线的力道，向上挑战高点。所以当出现编号 B 的长白线，就是控盘主力在轧短空了。

轧短空的目的当然是要诱多，然后进行出货，怎么研判呢？基本的研判法是必须要等到编号 B 棒线的支撑被跌破之后才能够确认，但是请不要忘记编号 A 的形态原本是要下跌反而上涨，所以在这里会有支撑力道，因此在这里出现编号

C的棒线之后，开始展开反弹。

当反弹到开始下杀的位置之后，反弹力道开始出现停滞，并且出现编号D的镊顶形态，这一个镊顶形态比较特殊，中间隔了两根棒线，在反弹的过程中出现镊顶，如果不持续创新高反弹，则要当心产生下跌的行情。这里有一点要特别说明，未来股价的压力就看镊顶这里，已经与编号A、B这里的形态无关。

十一、上扬三法

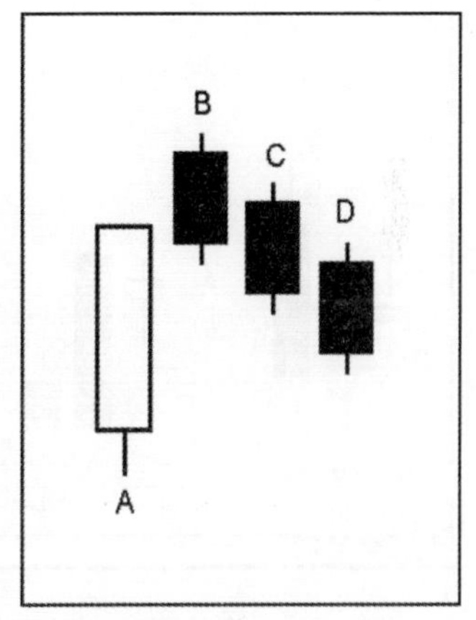

定 义

(1)编号A为长白线。

(2)编号B为创新高的小实体黑棒，且价跌。

(3)编号C和D为小实体黑棒，每日高点渐低，低点也渐低。

(4)编号D棒线仍在编号A棒线范围之内。

位 置

此形态的运用与位置有绝对关系。尝试思考长白之后会出现连续三根黑线的原因，大概就可以明白其代表的意涵了。通常在底部区，思考是否属于打底？在头部区是否暗示即将盘头？在趋势刚刚创新高之时，是否为整理时间不足，利用涨一回三，以时间换取空间？基本上，这样的形态对多方较为有利，但是需要以下一笔棒线是否突破进行确认。

实战运用

请看图4-14。上扬三法回文件幅度大小关系到后市的荣枯，在图中编号A之处出现标准形态的上扬三法，这里所处的位置是台湾加权指数正处于长期下跌之后的上涨行情中，当时一般的分析认定此处只是反弹行情，结果在指数越垫越

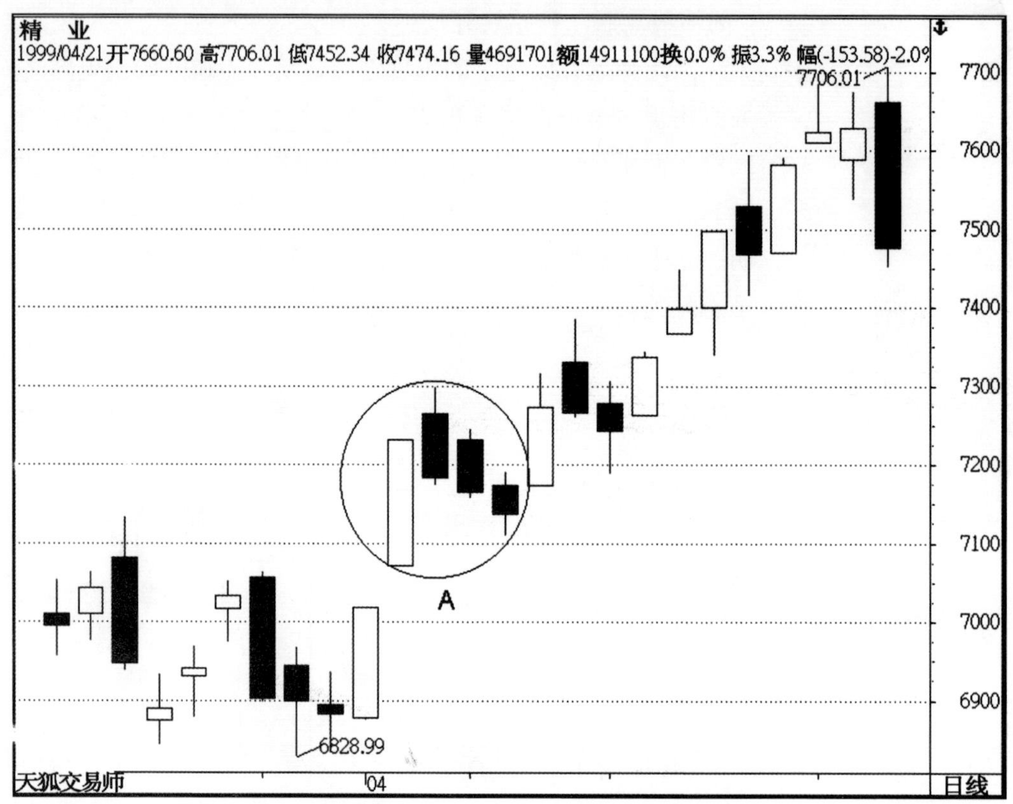

图 4-14 精业在 1999 年 4 月附近的图形

高的过程中，出现了长白线的跳空，也就是编号 A 范围内的第一根棒线。

股价处于长期下跌之后，突然出现的跳空长白线，除了让作多者反应不及之外，也带有“还会持续上涨吗？”的疑虑，所以长白线的隔一笔就出现了空头抵抗，这里有短线抢短获利后先行出场的意味，也有空头持续放空的力道存在，所以造成股价顺势回档，并且形成上扬三法的 K 线形态组合。

我们可以这样思考，假设是空方优势，为什么连三日的黑棒无法破坏整根白线的多头结构？当然我们不能这样就断言这是上扬三法，必须等到整个编号 A 形态的隔一笔出现长白线，才能断言形态完成，并且趋势属于向上攻击，而当形态完成，其力道就暗示会上涨到7530点以上了，所以在确认的长白线出现之后，约略估计一下目标区，就可以大胆地进场作多。

既然这一个形态的力道是被发挥的，那么这一个形态就是将来股价回文件的重要支撑，而当股价会回档此处呈现支撑的同时，如果趋势已经翻空，出现的支撑不过是告诉我们股价将进行反弹修正的行情，如果出现支撑时趋势仍未破坏，才有多头续多的机会。

请看图4-15。当出现编号A的上扬三法形态组合时，股价正处于空头趋势中的反弹行情，我们从图中观察，编号A之前出现的是岛状反转形态，这一个岛状的力道很明显地是

图4-15 英业达在2002年8月附近的图形

发挥了，并且使股价穿越前波负反转的高点，穿越后就做出了编号 A 的形态组合。

因为现在的定位是空头中的反弹，所以编号 A 中的长白线隔一笔出现空头戳入是可以理解，这里也是短线抢短的多头第一道卖出点，卖出之后的行为是观望，等待后续股价的波动是要告诉我们进行续多？还是反手放空？

虽然连续三笔的黑棒是空头的代表，但是并没有破坏长白线的结构，所以在此处思考的模式是：既然是空头中的反弹格局，连三黑不破坏长白线的结构，就是短线多头优势，所以只要出现长白线表态，那么就是还要创短线新高，所以只要出现多头表态就可以进场，没有出现多头表态就不要进场。

因此在编号 A 组合的隔一笔出现长白线，就确认了编号 A 的组合是上扬三法的形态，可惜的是这是“业内盘”，股价拉抬只是短线行情，而且力道仍然没有发酵就产生了“一炷清香”，暗示空头中的反弹已经到了尽头，股价容易进行回跌的行为。

虽然如此，编号 A 的形态还是完成，所以当股价回跌至此时，理应出现支撑，果然在编号 B 处出现长白线止跌，并持续反弹，反弹对前高做出解套之后才下跌，而这一次的反弹如此强烈，明显的是针对“一炷清香”做解套，这样的手法就是暗示前一次的业内盘住到套房，既然可以解套，那么后续就是会重挫了。理由很简单，一档股票业内都解套了，还有谁会去支撑股价呢？

十二、下跌三法

定　义

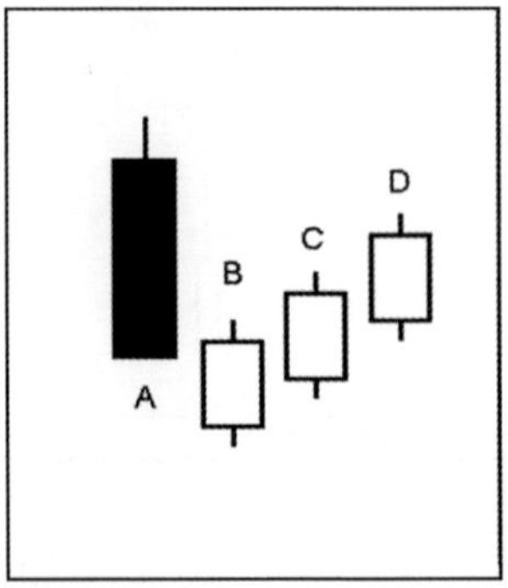

(1)编号 A 为长黑线。

(2)编号 B 为创新低的小实体白棒，且价涨。

(3)编号 C 和 D 为小实体白棒，每日高点渐高，低点也渐高。

(4)编号 D 棒线仍在编号 A 棒线之范围之内。

位　置

此形态为上扬三法的倒影，运用方式与位置有绝对的关系。通常在高档区，思考是否属于反弹无力？在头部区是否属于第二头？基本上，这样的形态对空方较为有利，但是需要以下一笔棒线是否跌破加以确认。

实战运用

请看图 4-16。图中 73.5 元是长期下跌之后反弹的高点，而股价在见高之后开始回跌，并且在编号 A 之处形成下跌三法的 K 线形态组合，在编号 A 组合中的第一根长黑棒理应跌到重要支撑，所以后续才有机会出现小棒线的反弹，而在反弹的过程中，很明显地无法突破长黑棒线的高点，因此使人怀疑这是一个下跌三法的形态组合。

而标号 A 组合的后续出现长黑的日落线，就明显可确认这个形态已经成立了，而经由 K 线力道测量，使这个形态下杀力道得到基本满足之后，出现低档锤子线型，暗示股价有机会进行反弹。

毕竟这一个形态是成立的，既然成立就会有压力，所以从低档锤子线开始反弹至此，就容易出现空头的打压与解套的卖压，其中在图中编号 B 出现倒 T 的压力线，本来这一个线型是需要由隔日来确认，但是因为面临到编号 A 的压力区，不得不重视此线型是反转讯号的暗示，所以笔者才会一直强调，线型的位置与之前行为关系的相互搭配，才能有效辨认线型所代表的含义。

从编号 B 的回档，碰触到支撑形成编号 D 的线形，并且进行反弹，反弹到编号 C 时，正巧遭逢前次编号 B 的倒 T 线压力，在编号 C 的隔一笔出现跳空下跌之后，结束这一个短波的反弹行情，从编号 D 到编号 C 的幅度，暗示这一次回档

图 4-16　凌阳在 2002 年 9 月附近的图形

将会跌破编号 D 的低点，所以在编号 C 之后出现的下跌讯号，宜赶紧将手中多单出脱为宜。

请看图 4-17。当股价位于反弹之后恢复下跌走势过程中，出现编号 A 的类似下跌三法的 K 线形态组合，编号 A 的第一根长黑棒之后，出现的是“复合形态”，包含了流星、子母与母子，不过这一些线形完全无法克服长黑的压力，故综合起来，仍属于下跌三法的形态组合，因此只要等出现一根长黑便可确认了。

当一开盘就跌破最后母子组合时就已经说明大势不妙，等到长黑形成，更加确认了这是一个另外跌势的开始。当然，这个形态的力道被满足时，就会再次出现反弹，同时这个形

图 4-17 中华电在 2002 年 8 月附近的图形

态也是一个未来反弹的压力，想要再创高，必须针对压力先进行解套，解套之后再观察其股价波动行为是否有足够的力道支撑，并继续向上挑战，否则就只是另外一次的套牢而已。

图中下跌到编号 B 的位置后，再一次出现反弹，这一次的反弹是反应编号 A 的形态力道满足，而这里出现的反弹，力道并不强劲，于狭幅区间理震荡 5 交易日之后，稳约出现下跌三法的形态组合，而接续的一根黑线日落，就确认了编号 B 为一个下跌三法的形态组合。

而编号 B 的形态组合之后，在见到 42.8 元处形成子母线的突破，暗示下杀力道趋缓，有机会进行反弹，而在反弹的过程当中，我们可以很清楚地发现，编号 A 和编号 B 的形态组合，都对后续反弹的涨势形成阻力，在突破压力拉回有支撑的情形之下，股价反弹屡创反弹新高，其走势正是完全符合股价波动原理。

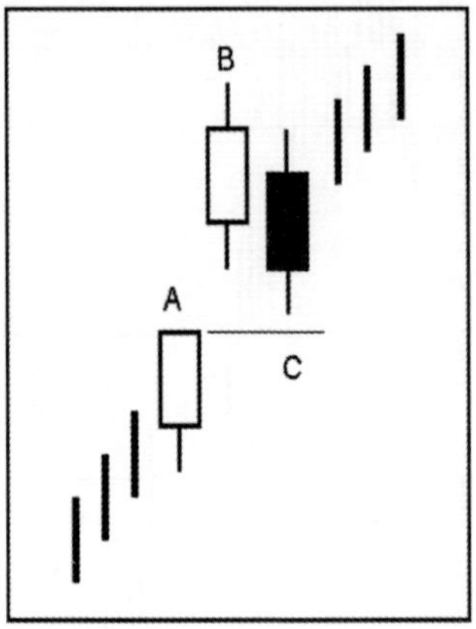

十三、上肩缺口

定 义

(1)原趋势属于上涨中。

(2)编号A、B均为长白线，两者间留下实体缺口。

(3)编号C为长黑线，其最低价并没有跌破编号A的收盘价。

位 置

通常出现在股价的主升段，或是喷出段，为一日压低进货(洗盘)的手法。其手法的重点在于向上跳空留下缺口之后，隔日立刻做出“日落线”填补跳空缺口，当然缺口填补不全，更形强势。

“日落线”的隔一笔通常会直接开高之后上涨，并且以收高盘来表态。

实战运用

请看图4-18。该股在趋势形成转多之后，在高档震荡盘整，当出现蜻蜓线突破颈线B时，编号A棒线持续创高，并留下跳空缺口。留下缺口有利于回档支撑，所以编号A隔一笔出现日落线回档，并回补缺口，这一个动作的目的是要让散户误以为股价是要做突破后的回档，而将持股出脱，主力却是行洗盘、筹码换手之实。洗盘的目的当然是要将股价做大幅度的拉升，所以这是起涨前的甩轿洗盘手法。

在图中下肩缺口之处略为跌破缺口下缘一档，其实这样不够标准，显然主力没有计算好筹码分布，所以再做一根“吊高线”做一次洗盘的动作，之后便出现跳空收高的白线，并展开喷出段的攻击行情。

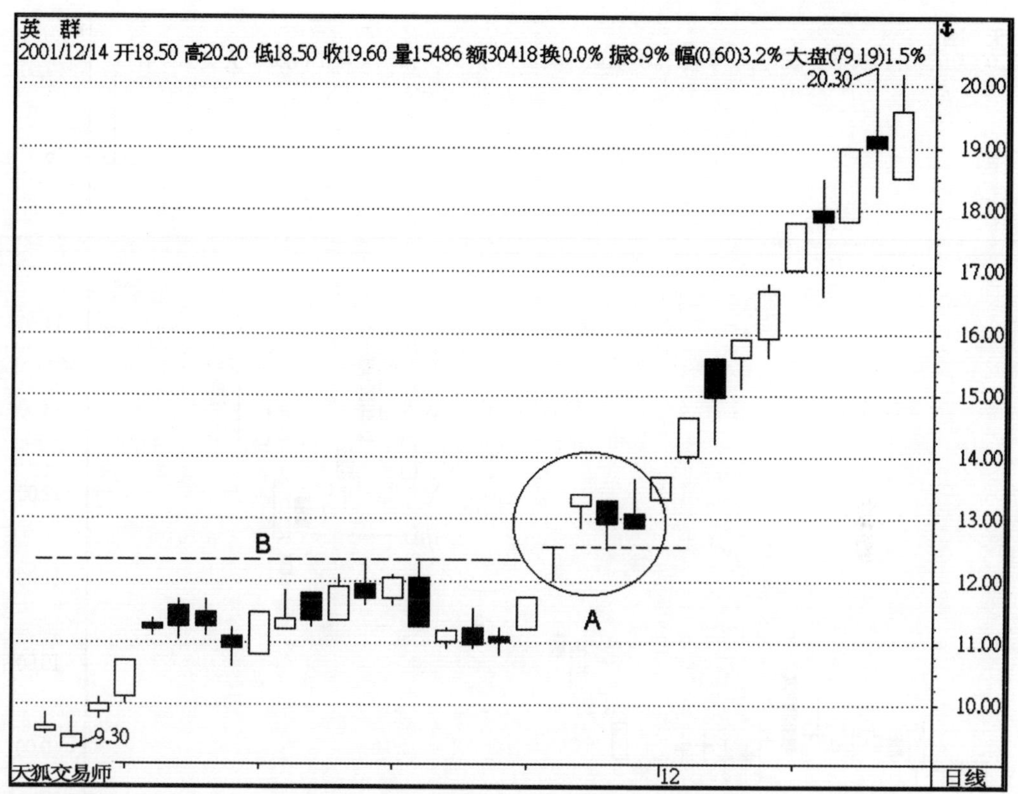

图 4-18　英群在 2001 年 12 月附近的图形

请看图 4-19。这里的洗盘手法略有差异，因为股价已经在涨升当中，编号 A 出现上肩缺口形态后，股价再涨 5 天，并回档至编号 A 之处，形成编号 B 的镶底止跌，止跌后股价进行涨升，并走喷出的轧空走势。这是属于波段洗盘的手法，其步骤为：甩轿、轧空、盘头、杀多之后诱空、养空再轧空，亦为盘头不成反盘底的做线手法。

图 4-19　天刚在 2001 年 12 月附近的图形

十四、下肩缺口

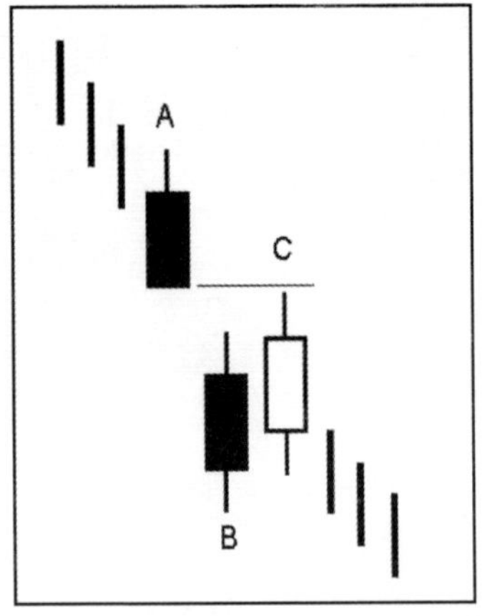

定　义

(1) 原趋势属于下跌中。

(2) 编号 A、B 均为长黑线，两者间留下实体缺口。

(3) 编号 C 为长白线，其最高价并没有突破编号 A 的收盘价。

位 置

通常出现在股价的主跌段，为一日拉高出货(逃命)的手法。其手法重点在于向下跳空留下缺口之后，隔日立刻做出“日出线”填补跳空缺口，当然缺口填补不全，更形弱势。

空头趋势形成时，其“日出线”不一定是只有一笔，有时会连续几笔，但是通常在出现一根直接开低的日落线之后就可以确认。

实战运用

请看图 4-20。当股价形成趋势下跌的同时，在编号 A 出现下肩缺口的 K 线形态组合，尝试止跌并做出反弹，反弹无法回补缺口，暗示杀盘力道强劲，多单无心恋战，所以股价容易形成持续的下跌，并且此处将为未来重要的压力区间。

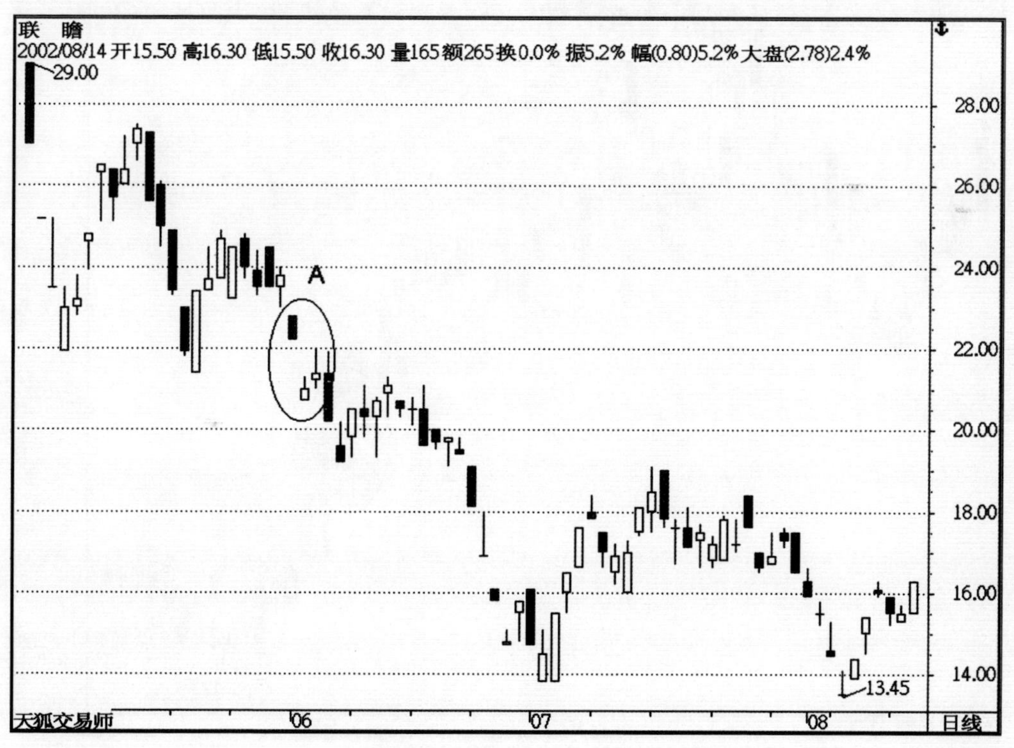

图 4-20 联瞻在 2001 年 6 月附近的图形

其中形态的空头力道有没有发挥，为确认未来压力强弱的重要关键。当然，从形态之后的走势，空头力道呈现正常的发挥，故未来此处必会出现压力。

这一张图中的下肩缺口已经处于股价完成逃命之后的再破线下跌，所以这里的压力是很重的，因为这里是曾经发生多头杀戮的地方。

请看图4-21。编号A出现下肩缺口的K线形态组合，其线形是先出现跳空下跌十字线，然后利用两根棒线尝试回补缺口，其中上影线并没有穿越缺口上缘，属于弱势反弹，其线形组合亦为子母组合，故出现编号B的下跌长黑，就确认这里已经形成压力，未来反弹至此处时，理应出现回档的现象。

图4-21 楠梓电在2003年3月附近的图形

十五、离 黑

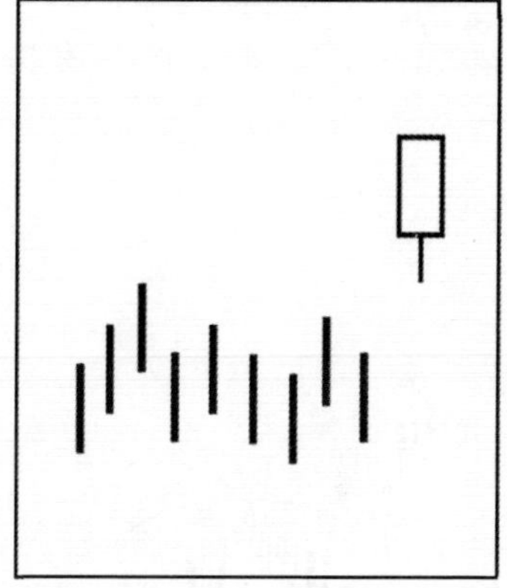

定 义

(1)原趋势为上涨中。

(2)盘势以黑白小实体K线进入胶着。

(3)以长白线跳空脱离盘局。

十六、离 白

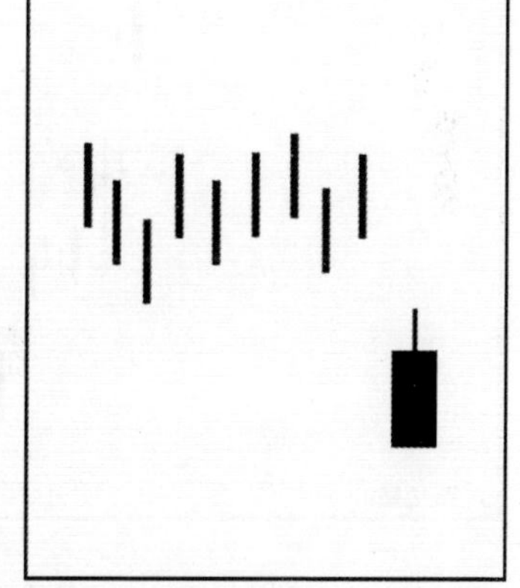

定 义

(1)原趋势为下跌中。

(2)盘势以黑白小实体K线进入胶着。

(3)以长黑线跳空脱离盘局。

实战运用

请看图4-22。编号E之处出现牛皮盘档的整理行情，出现编号F的跳空下跌长黑，故为离白走势，则此处为未来将来压力所在。

编号B之处出现牛皮盘档的整理行情，出现编号A的跳空上涨长白，故为离黑走势，则此处为未来将来支撑所在。当股价反弹到编号F棒线之处出现另一次的牛皮盘档的整理行情，也就是编号D之处，当出现编号C的跳空上涨长白，故为离黑走势，则此处为未来将来支撑所在。图中编号D的力道发挥到最极致，因此未来的支撑以此处为最重要的观察点。

图 4-22 国产在 2002 年 9 月附近的图形

请看图 4-23。编号 A 之处出现牛皮盘档的整理行情，出现编号 B 的跳空下跌长黑，故为离白走势，则此处为未来将来压力所在。

编号 C 之处出现牛皮盘档的整理行情，出现编号 D 的跳空上涨长白，故为离黑走势，则此处为未来将来支撑所在。

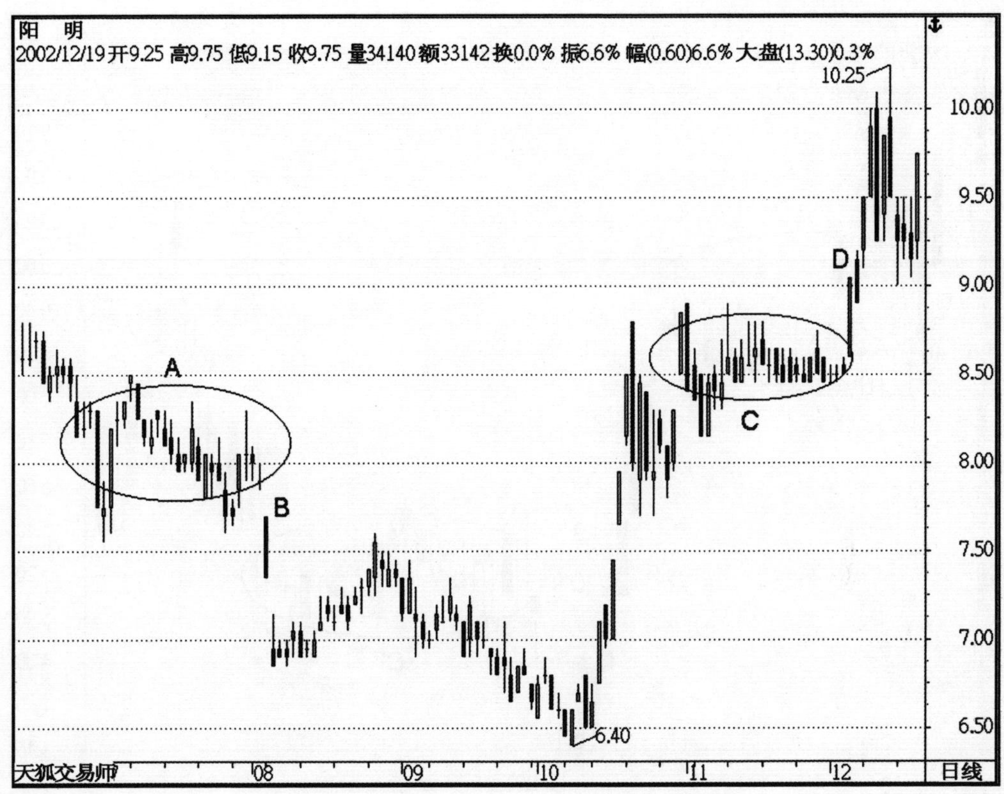

图 4-23 阳明在 2002 年 7 月附近的图形

请看图 4-24。编号 C 之处出现牛皮盘档的整理行情，出现编号 D 的跳空上涨长白，故为离黑走势，则此处为未来将支撑所在。编号 A 之处出现牛皮盘档的整理行情，出现编号 B 的跳空下跌长黑，故为离白走势，则此处为未来压力所在。

图 4-24　汇侨在 2002 年 9 月附近的图形

十七、宝塔翻黑

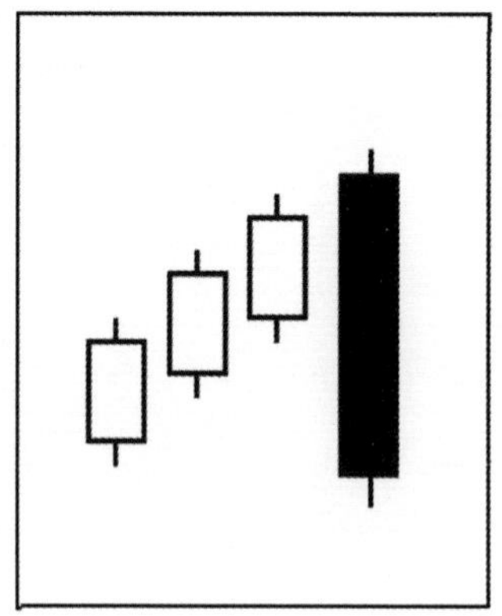

定　义

(1) 左侧为连续上升的三根白线。

(2) 一根长黑线一举吃掉三根白线。

十八、宝塔翻白

定　义

(1) 左侧为连续下降的三根黑线。

(2)一根长白线一举吃掉三根黑线。

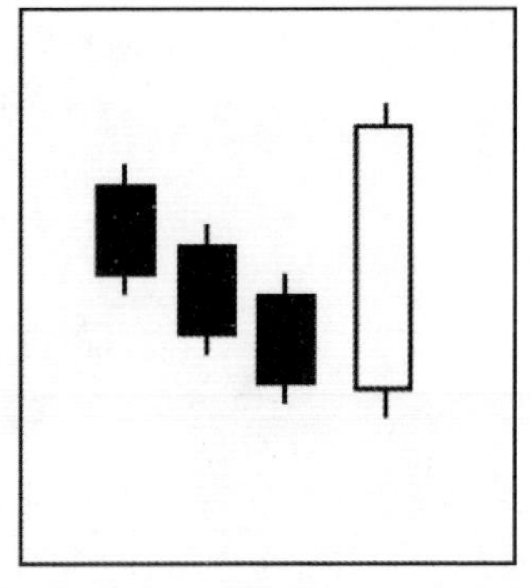

位 置

通常发生在连续小实体的“纺锤”线之后，当时呈现多空不明的胶着，忽然出现长白或是长黑，使得盘局迅速明朗化。如果可以搭配成交量研判，就会更加明确。正常情形下，出现“宝塔翻黑”或是“宝塔翻白”，走势都会有加速度发展的现象，因此归类在“积极操作”的盘态当中。

实战运用

请看图4-25。编号A之处出现宝塔翻黑的K线形态组

图4-25 长荣在2002年6月附近的图形

合，此处为未来压力所在。编号B之处出现宝塔翻黑的K线形态组合，此处为未来压力所在。编号C之处出现宝塔翻白的K线形态组合，此处为未来支撑所在。

请看图4-26。编号A之处出现“宝塔翻白”的K线形态组合，此处为未来支撑所在。编号B之处出现复合母子的K线形态组合，此形态有另一个昵称为“南方三星”，为低文件反转讯号之一，此处为未来支撑所在。

图中标示A的“宝塔翻白”出现之后，盘势迅速攻击到23.8的高点，当日报纸注销利多消息，盘势就做一个终结。因此在出现的当时宜设好停损积极做多，而非见利多消息追逐股价。

图4-26 精碟在2002年11月附近的图形

请看图 4-27。编号 A 之处出现宝塔翻白的 K 线形态组合，此处为未来支撑所在。编号 B 之处出现宝塔翻白的 K 线形态组合，此处为未来支撑所在。

中华电的股性比较牛皮，因此就容易常常出现“宝塔翻白”的攻击现象，所以只要守住长白线低点，就会出现盘坚的波段行情，虽然没有飙涨，不过相对安全，在业绩面的支撑下，不失为具有相当安全性且容易操作的股票。

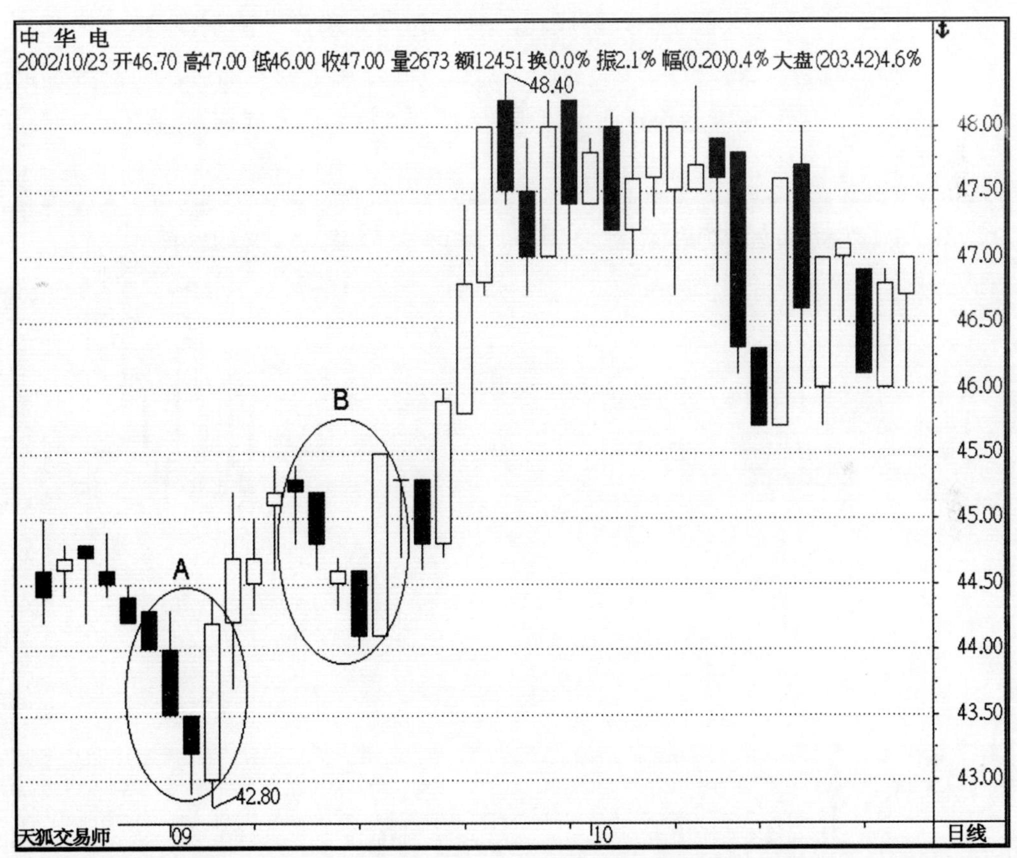

图 4-27　中华电在 2002 年 9 月附近的图形

十九、天蚕变

所谓“天蚕变”，是指股价从下跌并产生正反转到发动的整个行为。如果形容此招是窥破股价波动关键技巧之一，并不为过。整个股价波动的过程包含：杀、破、止、撞、回、测、撑、冲、压、攻、息、喷，这十二个基本的动作，每一个动作都蕴含关键研判，每一个动作都是接续前面的行为，也就是说当中有一个环节失败，“天蚕变”就不能成功。而“天蚕变”只要成功，就一定会有第十二个动作：喷，因此一般投资人只要掌握在“喷”时，勇于介入即可，而资金部位较大的投资人，可于“测”、“撑”这两式出现后逢低布局。

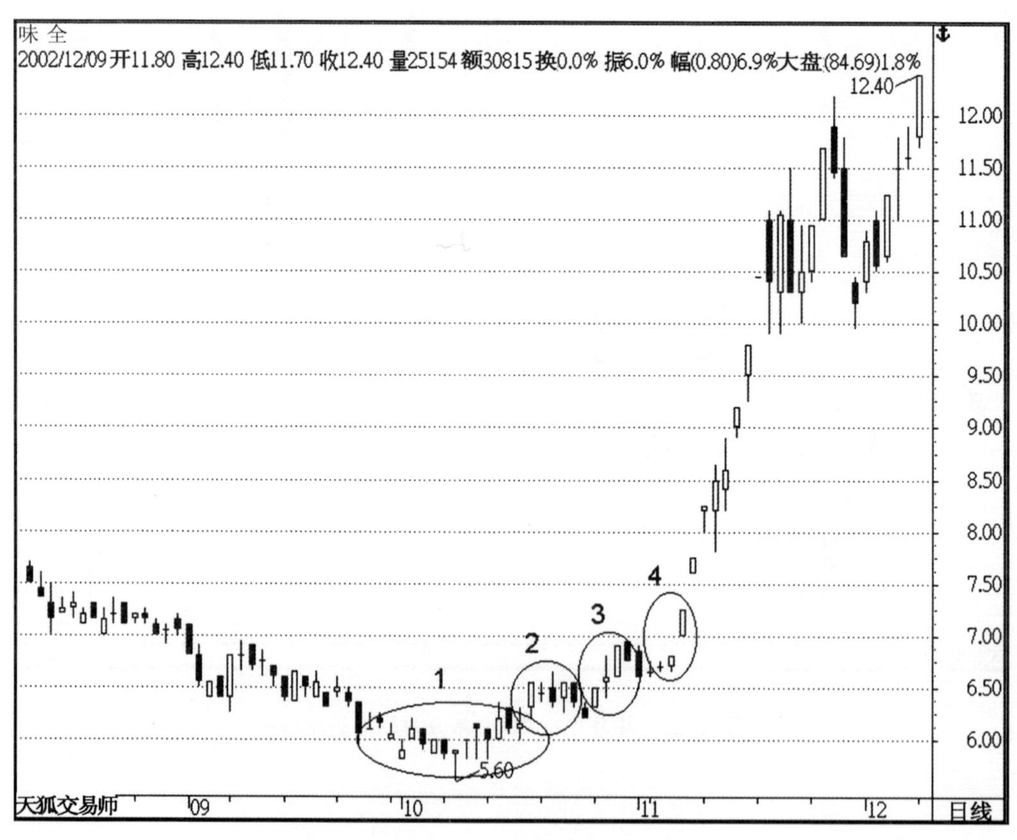

图 4-28 天蚕变图例

而为何称之为天蚕变？兹叙述如下：

(1)此处的行为可以形容为成蛹。

(2)此处的行为可以形容为破茧。

(3)此处的行为可以形容为展翅。

(4)此处的行为可以形容为高飞。

因为整个变化的过程就像春蚕羽化成美丽的蝴蝶一样，所以才命名为：天蚕变。

第五章

古传酒田十二法

基本概念

酒田战法在超过三根棒线的组合当中，有所谓的“酒田五法”，而酒田五法指的就是：三山、三川、三空、三兵、三法，其中的战法运用大部分的朋友皆耳熟能详，部分内容在本书中亦有描述。但是在两根棒线组合当中，还有所谓的酒田十二法，这十二法已经不容易见到完整的整理，通常打散在一般棒线组合当中加以说明。所以本书决定将这十二法完整呈现在读者面前，希望能借由本书将酒田十二法的原貌传承下来。

酒田十二法形态组合

酒田战法重视的是实体部分，战法中认为想要观察过去走势，而且对未来走势加以推测，除了阴阳必须要区分之外，收盘价的位置也相当重要，而实体部分比上下影线的可靠度更高，因此想要判断未来行情走势为目的的日线图，就特别重视实体了。所以本节论述以实体部分探讨，因此在运用与研判时，请读者多加明辨。

酒田十二法在运用时亦重视相对比率关系，这一点必须要提出来让读者多加留意。比如说，昨日 K 线实体高振幅大小价差若为3.5元，如果今日K线实体高振幅大小价差也为3.5元，我们可以视为这两日的多空力道均衡，接着才以两者形态关系加以研判股价可能的走势。

一、覆盖线

A：前一日为长白线，第二日却为相当长的长黑线所覆盖，这一种线型暗示短期可能会出现反转，空头有利。

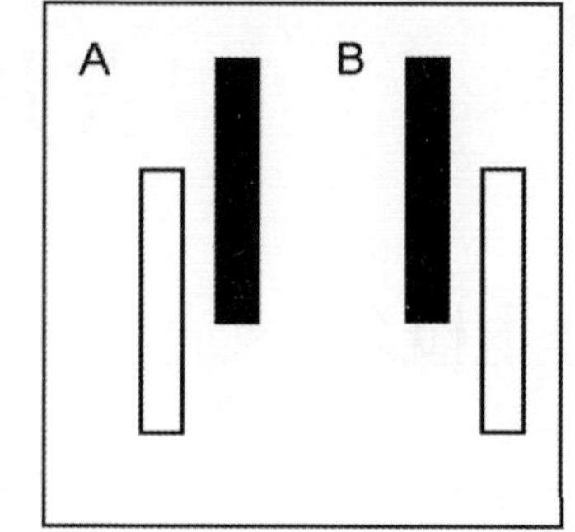

B：前一日为长黑线，第二日却为相当长的长白线所覆盖，这一种线型暗示短期可能会出现反转，多头有利。

请看下页图说明。图中标示1、2的这些棒线是这张图观察重点。请读者重视实体部分即可，忽略上下影线的作用。

显然编号1的长白棒线是多头表态的行为，正常的情形下，出现长白棒线的隔一笔理应出现正常的多头走势，比如说留下实体之间的缺口，或是保持白线的实体为上升状态。

如果隔一笔出现黑色棒线，就必须思考黑色棒线对多头气势所带来的影响。

从图形来看，编号2的长黑棒线不免让人对后市产生疑虑，因为2号线幅度与白线相当，且收盘切入白线实体内，颇符合“覆盖线”形态，所以作多者理应注意股价是否反转。

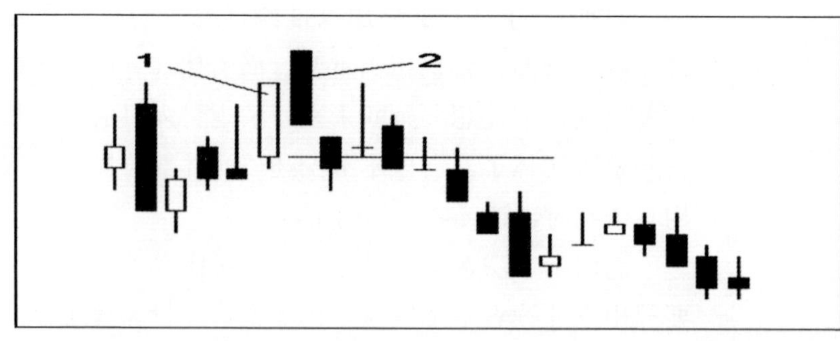

二、相逢线

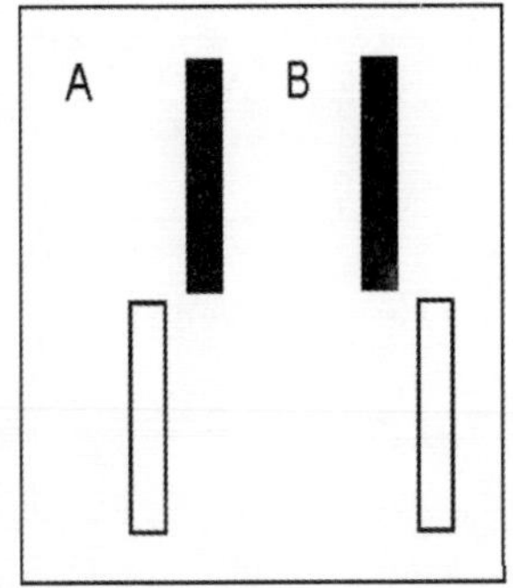

A：前一日为长白线，第二日走势和昨日相反，且收盘价极为接近，对空有利。

B：前一日为长黑线，第二日走势和昨日相反，且收盘价极为接近，对多有利。

请看下页图所标示 1、2 的棒线。编号 1 的长黑棒线显然是空头杀盘的行为，请注意相对位置为低档！正常的情形下，出现长黑棒线的隔一笔理应出现持续杀盘的空头走势，比如说留下实体之间的缺口，或是保持黑线的实体属于下跌的状态。

如果隔一笔出现白色棒线，就必须思考白色棒线对空头气势所带来的影响。

从图形来看，编号 2 的长白棒线不免让人对后市产生期待，因为 2 号线幅度与白线相当，收盘与昨日收盘相等，符合“相逢线”的形态，此时需要多方表态，才能视为多头止跌反弹。

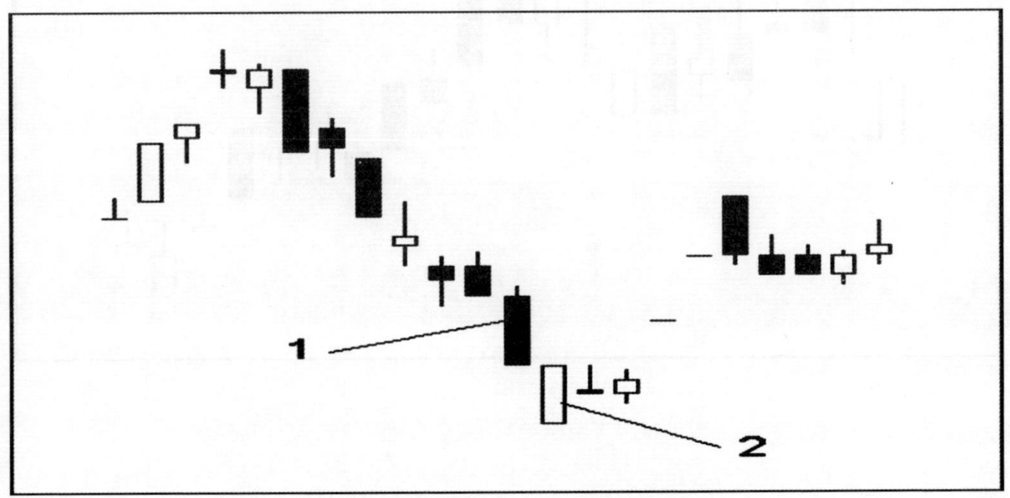

三、包入线

A：前一日为长白线，第二日出现长黑全部吃掉白线，暗示出现反转讯号，对空有利。

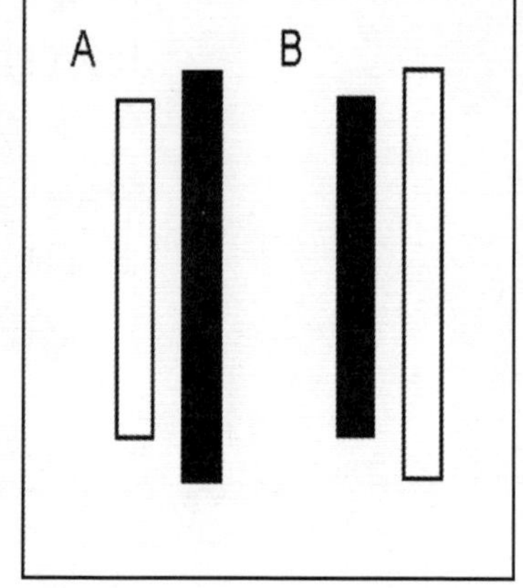

B：前一日长黑线，第二日出现长白全部吃掉黑线，暗示出现反转讯号，对多有利。

请看下图，图中所标示1、2的棒线请将上下影线忽略。编号1的白线与前一日白线留有缺口，而编号2的长黑棒线显然是获利回吐卖压、空头反扑的行为，因此在弱势的走势背景下，持股宜逢高出脱。

从编号1和编号2这两根棒线实体的组合来观察，正形成了所谓的“包入线”形态组合。

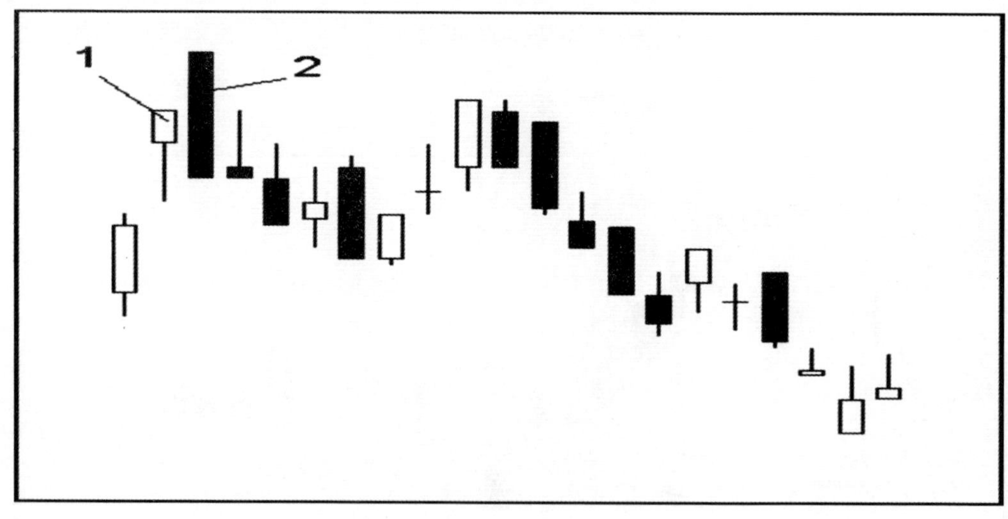

四、相反线

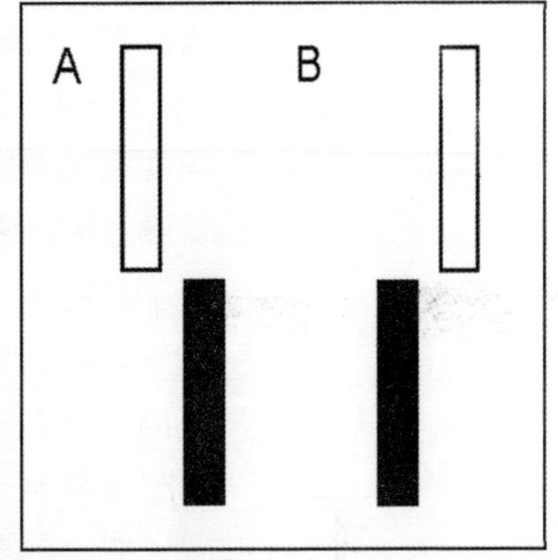

A：前一日为长白线，第二日出现长黑并落在白线之下，此为主力短线来回操作的特殊线型。

B：前一日长黑线，第二日出现长白并站上黑线之上，此为主力短线来回操作的特殊线形。

请看下图中所标示1、2的棒线，这是一个在多头中的例子。相反线最大的特色是在多头时，白线以最高价收盘，隔一笔的黑线以最低价收盘，呈现一个相反的走势，在操作时通常以“箱型”来应对，并对箱幅做跳箱满足的动作。

通常在多头趋势的过程中，出现这样的线形组合，被视为洗盘手法，从编号1棒线收最高，大家沉浸于多头的气势当中时，到编号2的开低且收最低，此时作多者能够持股抱牢者鲜矣！

等到持股卖出，发现股价不跌时，股价已经再创新高了。

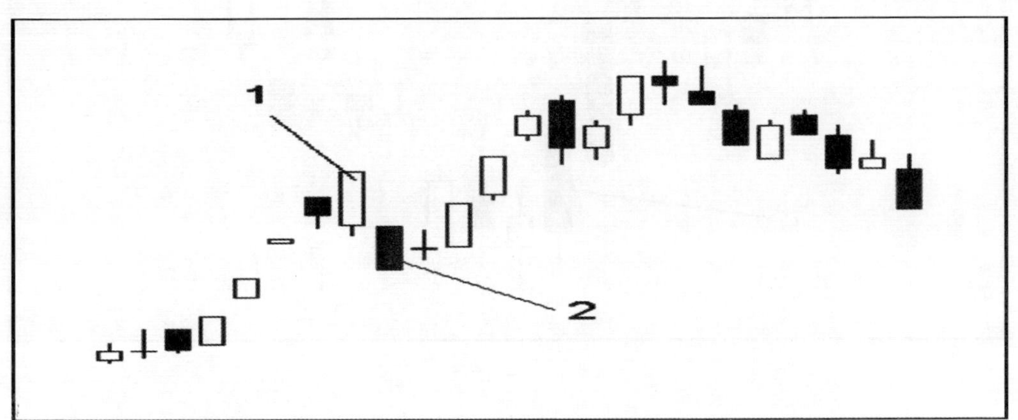

五、迫入线

A：前一日为长白线，第二日出现小黑且收盘在白线之内，表示涨势受阻，暗示有机会回档。

B：前一日为长黑线，第二日出现小红且收盘在黑线之内，表示跌势趋缓，暗示有机会反弹。

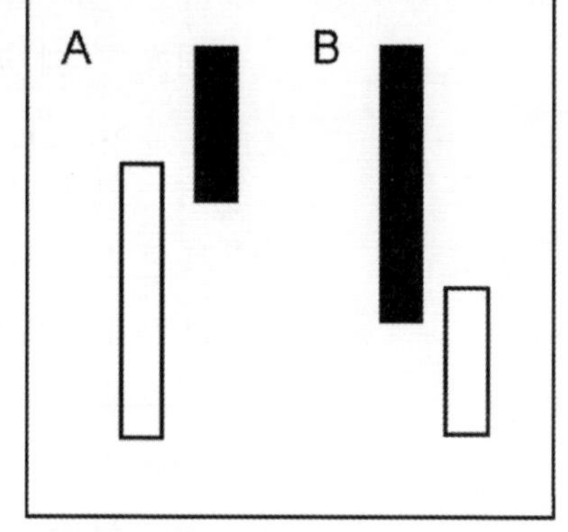

请看下图。在一个下跌的走势当中，出现连续的黑棒下跌到编号1的位置，隔一笔编号2出现了一个实体较小的白线，且收盘切入编号1的实体之内，这样的组合为“迫入线”形态。

出现迫入线的形态组合，在空头中是暗示跌势趋缓，后续只要多头表态，股价就有机会呈现止跌反弹走势。

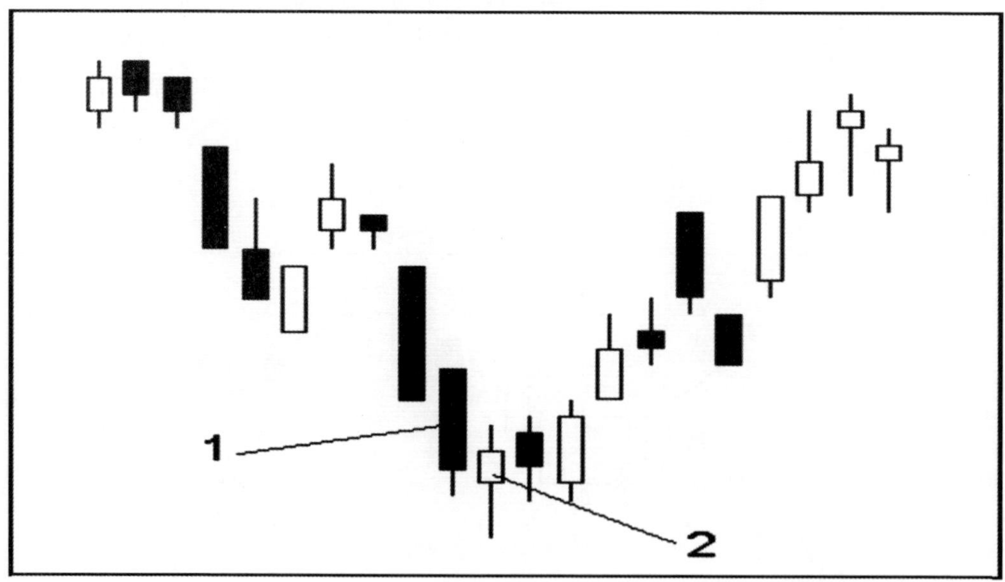

六、星　线

A：前一日为长白线，第二日出现跳空小黑，怀疑是出货现象，暗示有机会回档。

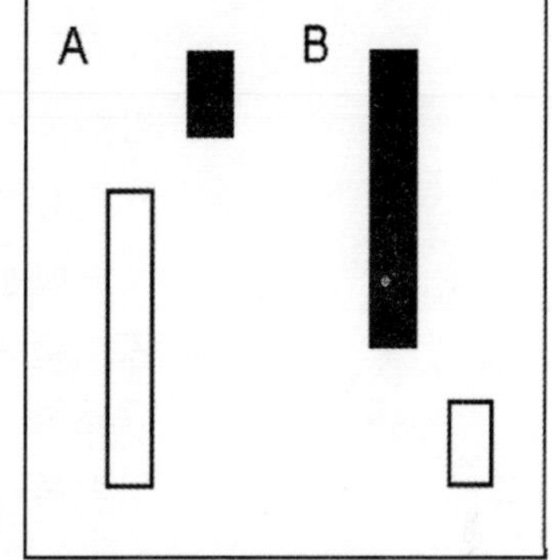

B：前一日为长黑线，第二日出现跳空小红，怀疑是吃货现象，暗示有机会反弹。

“星”的研判重点是在长白线之后，出现的小黑线实体，两个实体之间留有缺口。星的力道强度关键，在于收盘的相对位置。例如，白线收盘收最高，黑棒的收盘收最低，这样的反转力道是最强的。

请看下图。当出现编号 1 的棒线时，为上升的坚挺行情，持股续抱。

当再出现编号 2 的小实体黑线时，与编号 1 留有实体缺口，此时不禁令人怀疑涨势将停滞，并有反转可能，等到下一笔低开的黑棒，就确认这是一个反转的形态。

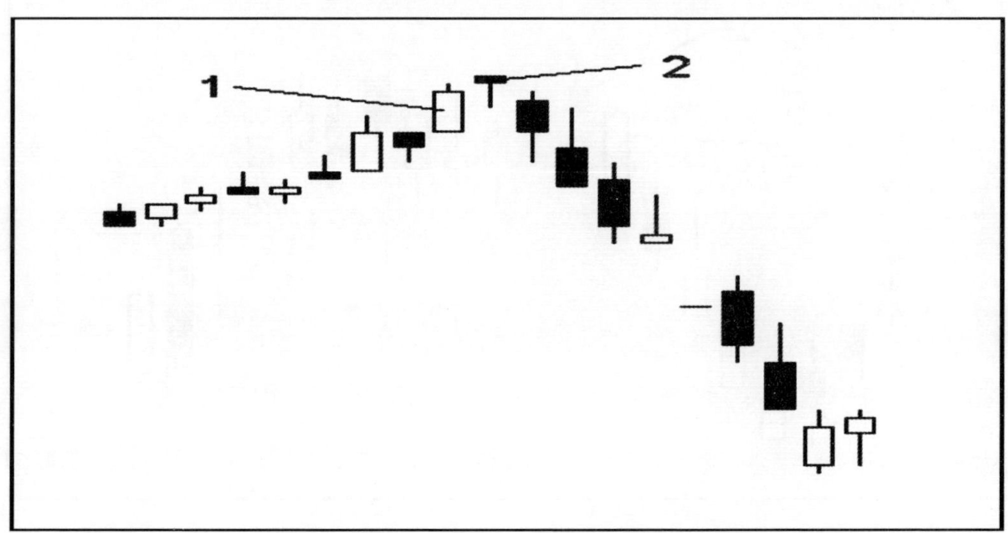

七、迫切线

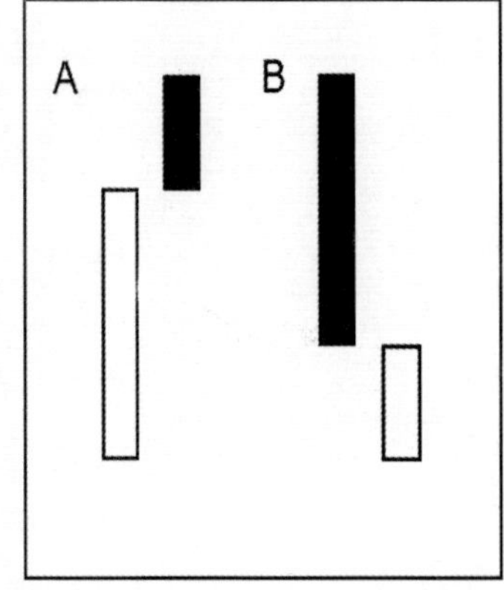

A：前一日为长白线，第二日出现小黑且收盘与白线收盘相等，表示涨势受阻，暗示有机会回档。

B：前一日为长黑线，第二日出现小红且收盘与黑线收盘相等，表示跌势受阻，暗示有机会反弹。

迫切线的研判重点在第一笔为幅度较大的棒线，第二笔是幅度极小的棒线，两者颜色必定相反，且收盘价相等，也就是实体之间相切没有留下缺口。

下图所标示的 1 号棒线呈现长白实体，接着出现编号 2 的小黑棒线。两者收盘相等，正好组合成迫切线的形态组合。

出现这样的组合只是涨势受阻，需要等其他行为加以确认，才能研判多空走势。

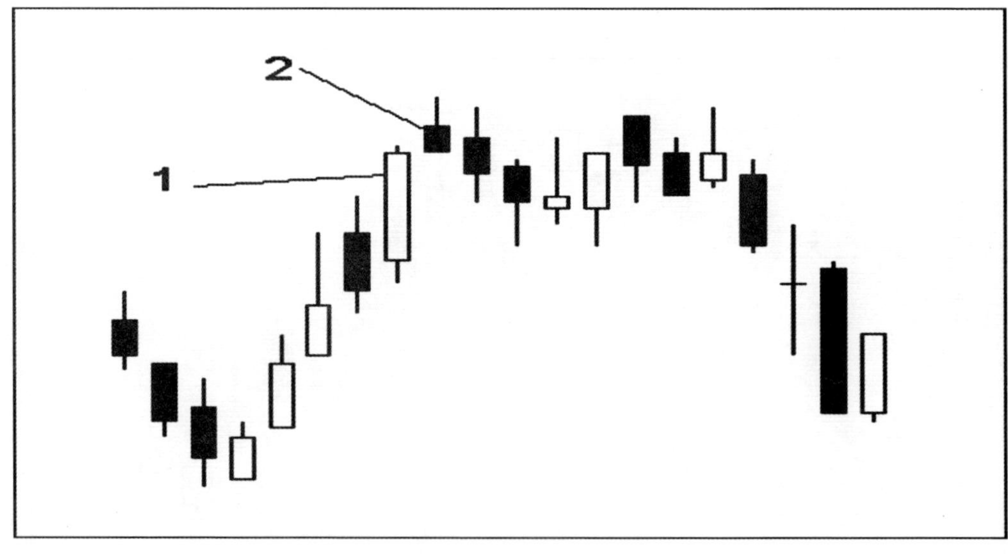

八、怀包线

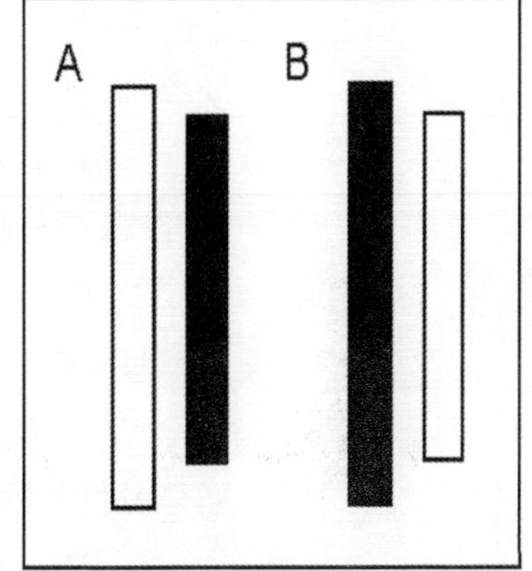

A：今日的黑线范围全部缩入白线范围内，暗示将出现反转讯号。

B：今日的白线范围全部缩入黑线范围内，暗示将出现反转讯号。

怀包线与包入线是左右相反的图形，这里以低文件反转做例子。怀包线的重点一样是将上下影线忽略，编号 2 的白线实体被编号 1 的长黑棒线实体整个包住，就是标准的“怀包线”形态。

出现“怀包线”的形态组合暗示跌势在这里暂缓，有机会形成低档的转折。

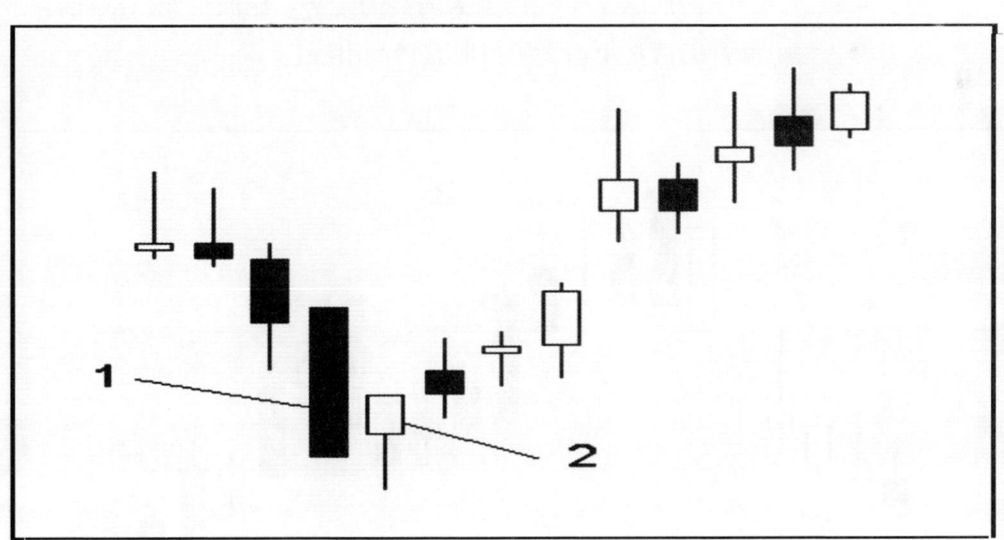

九、切入线

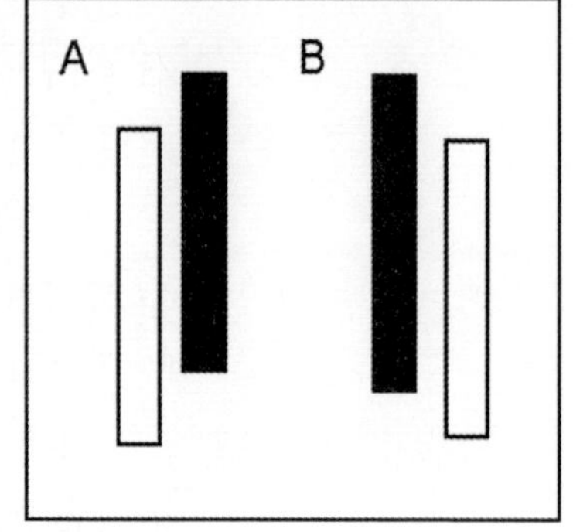

A：前一日为长白线，隔日出现长黑且收盘小于白线的一半，表示多头力尽，暗示将跌破白线低点以下。

B：前一日为长黑线，隔日出现长白且收盘大于黑线的一半，表示空头力尽，暗示将涨过黑线高点以上。

请看下图所标示1、2的棒线请将上下影线忽略。编号1为一根多头表态的长白线，这里显然有许多买单进场，多头交易热络。而编号2在创新高之后走势直接下跌，收盘跌到长白线实体的一半以下，显然长黑棒线是空头反扑的行为，这样制造了在编号1大力买进的大部分多头呈现一个短期套牢的现象。

因此这一个线形视为弱势的走势，当股价无法继续再创新高的情形下，手中持股宜逢高出脱。

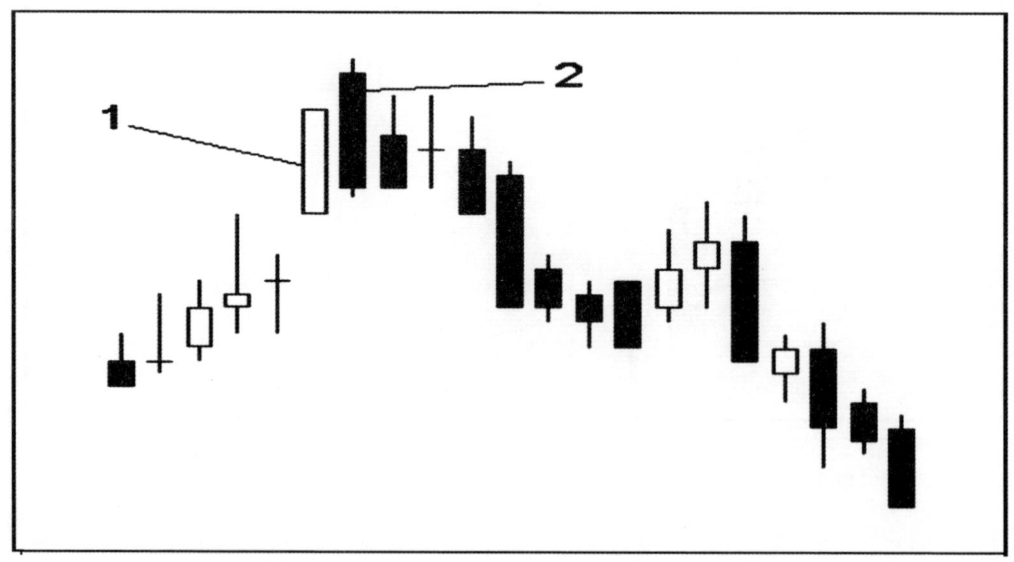

十、回转线

A：前一日为长白线，隔日开盘开在长白线之内，但是却收日落黑 K，为明显的反转讯号。

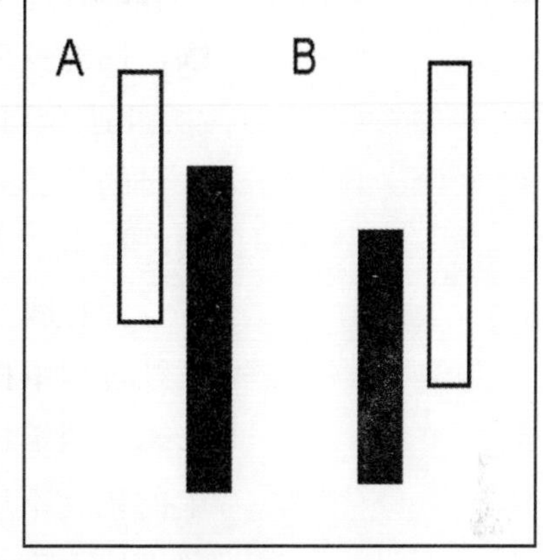

B：前一日为长黑线，隔日开盘开在长黑线之内，但是却收日出红 K，为明显的反转讯号。

回转线在上涨的过程中出现，视为多头错误讯号，股价容易出现反转。其标准高文件转折形态是创新高的长白线之后，隔一笔立刻开低走低，收盘收在长白线实体之下。

请看下图所标示 1 号棒线续创股价新高，结果编号 2 的棒线开低走低收黑棒，收盘价收在编号 1 的实体下方，正是标准的“回转线”形态组合。

这种形态组合在高文件宜尽速出脱手中持股，以避免股价迅速下挫。

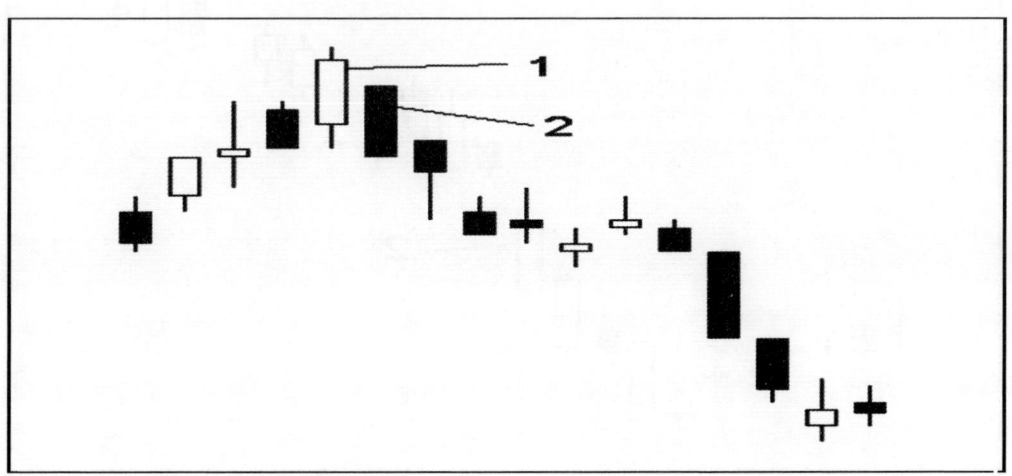

十一、并行线

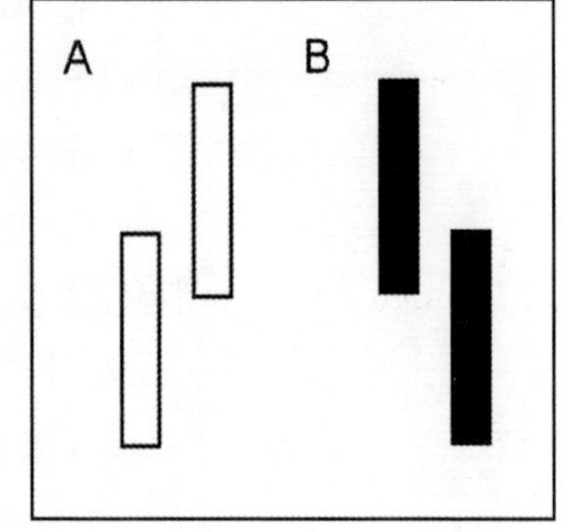

A：今日的长白线延续前一日的长白线，代表买气的延续，视为多头攻击讯号。

B：今日的长黑线延续前一日的长黑线，代表卖气的延续，视为空头攻击讯号。

并行线在持续上涨或持续下跌过程中极容易发生，标准形态是两笔棒线的幅度相当，然而实际走势中第一笔和第二笔的幅度不尽相同，通常是第一笔较大，第二笔略小，如果要维持涨势的持续，第二笔较小的棒线通常会带有缺口。

请看下图标示编号1的棒线为趋势中再度攻击的讯号，而编号2的棒线延续第一笔的气势与幅度，持续将股价推高，这两笔的组合就是“并行线”。

编号1的目的是再度攻击，编号2的目的是宣告涨势持续，所以从这两笔可以确认“波段涨势”开始了。

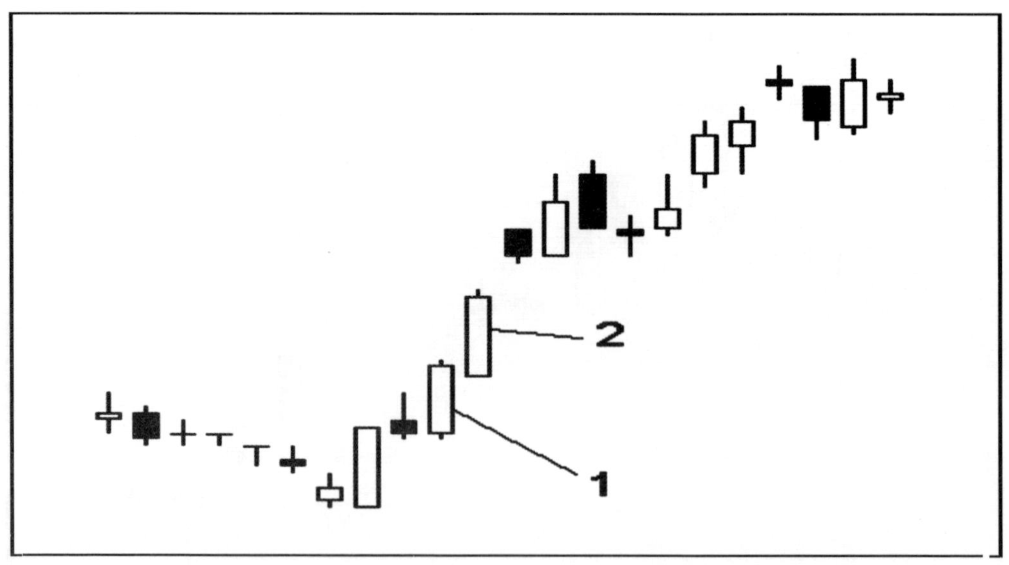

十二、抵抗线

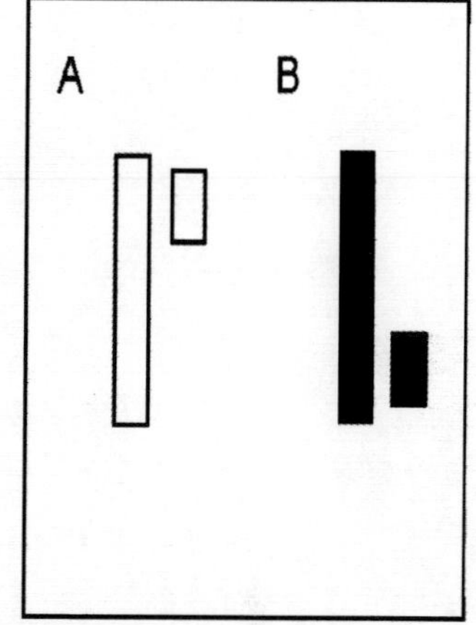

A：前一日为长白线，隔日为一个极小的白线且价跌，呈现涨势受阻，暗示多头若不持续表态，将有机会进行回档。

B：前一日为长黑线，隔日为一个极小的黑线且价涨，呈现跌势受阻，暗示空头若不持续表态，将有机会进行反弹。

在这里用多头“抵抗线”作为说明。当股价下跌时，多头想要让跌势趋缓，就必须施加与空头趋势相反的力道。因此在空头走势中出现与其相反的力道作用，称为多头抵抗，抵抗只是一种行为的表现，是否成功仍需后续的走势加以确认。

下图中，编号 1 的长黑棒线带标空头趋势延续，编号 2 出现时，为标准的多头“抵抗线”，其黑棒实体极小，而且编号 2 的收盘高于编号 1 的收盘。

抵抗成功与否就看后面出现何种棒线，不是出现抵抗就会出现趋势的反转。

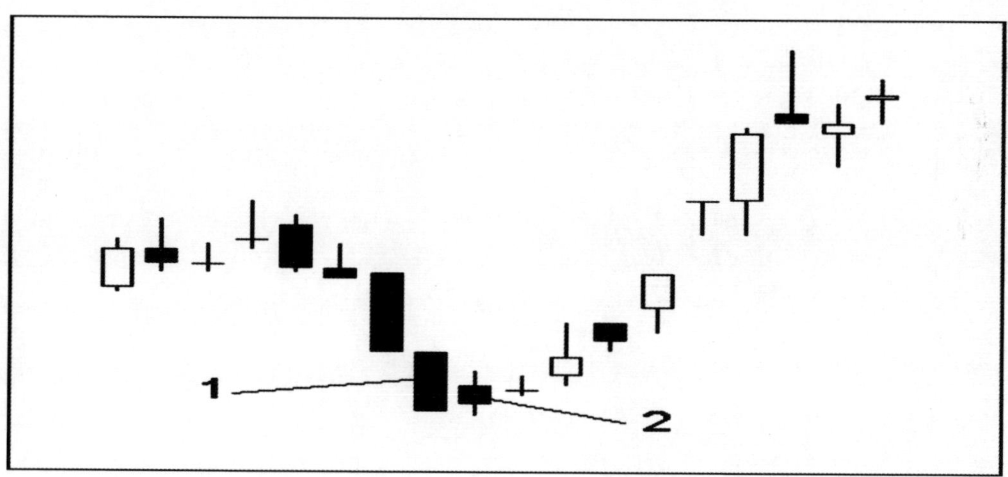

第六章

改良式实战 K 线简介

鉴于 K 线形态的变化复杂，加上需要研判多空力道的消长，所以常常造成使用者一知半解，除了误用、错用之外，更导致操作上的亏损，因此部分研究自设指针的技术分析好手，就利用软件便捷强大的功能，发展出方便操作的另类 K 线。虽然名为 K 线，但是已经跳脱原始 K 线的风貌，并以另一种新的形象呈现。

这样的指针操作上就相当简便，只要翻红(白)就买进，翻黑就卖出，可以提供类似程序交易讯息。原理其实相当简单，与跌破某一条移动平均线卖出，站上某一条移动平均线买进道理相同，差别在于表示的方式不同罢了。

极致战略 K 线

利用每日 K 线开高收低四个价位，进行多空逻辑的力道比较，并画出当日多空力道的 K 线形态。

研判方法与实例说明

研判的重点在于突破与跌破，其中突破与跌破确认的关键在于实体，上下影线只提供突破或跌破的观察点。兹针对多头买卖点的研判简单描述如下：

①当股价进行下跌或是回档时，出现等低点的棒线时

(本范列采用 3 为参数)，暂时视为止跌讯号，此低点不破注意等高点被突破。此现象如同图 6-1 标示 E 之处。

②当有止跌迹象时，才开始注意等高点，当等高点被红棒实体突破时，为买进讯号，此即图 6-1 标示 A 的地方。

③第一次买进讯号出现后，只要注意等低点不被跌破就持股续抱，如图 6-1 标示 F、G 之处。

④第一次买进讯号出现后，只要出现在红棒实体突破等高点为最佳买进讯号，此举须注意越高档其风险性相对越高。如图 6-1 标示 H、J 等高点被突破，即为加码买进讯号。

⑤当出现跌破等低点时，将持股全数出脱。如图 6-1 中标示 B 之处。

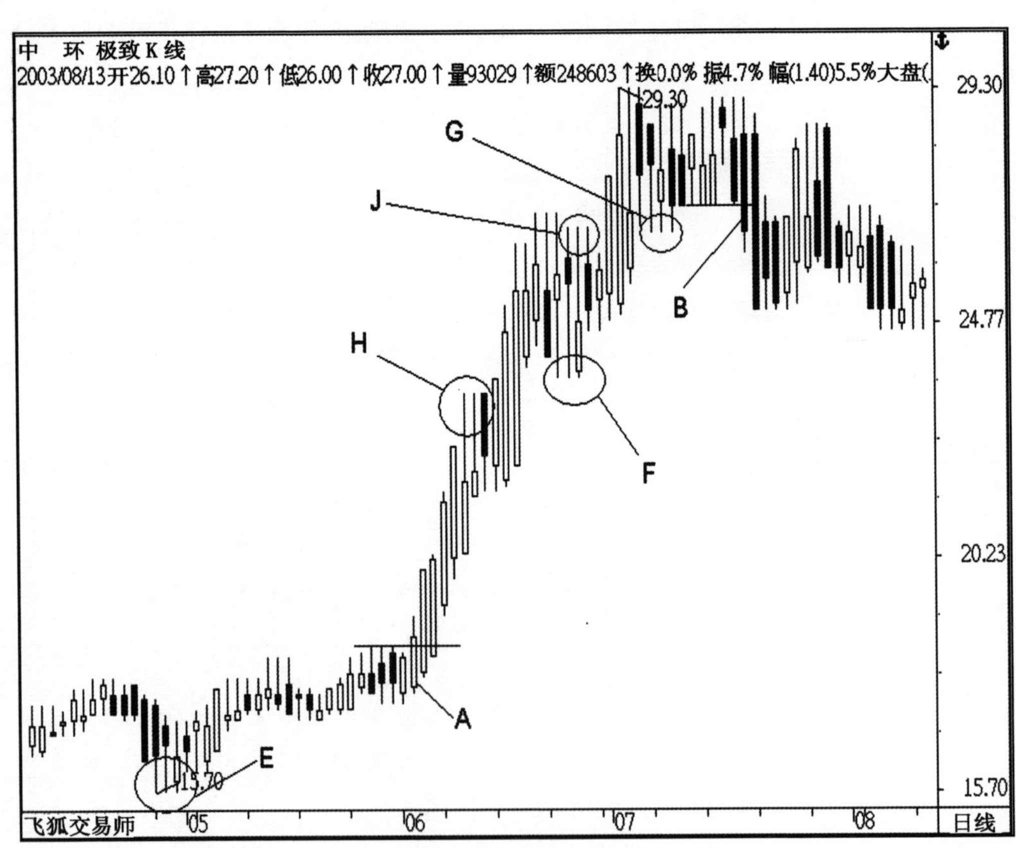

图 6-1 中环 K 线图

图 6-2 中环 K 线图

笔者将原始(未变动)的 K 线图，以相同的时间、线形、K 线棒数另制作一张图档(图 6-2)，提供读者作为比较，其中 15.7 元就是股价当时的最低点，原始 K 线图中的编号 C 棒线，对应到“极致 K 线指针”的图档中就是标示 A 的买进讯号。

而编号 D 的位置，就是对应到“极致 K 线指针”的图档中，标示 B 的卖出讯号。显然利用这样的方法可以赚取波段利润，避免短线震荡洗盘的干扰，而且卖出讯号相当明确，可为保守投资人的参考。

另外指针参数可以调整，依照每一个人操作的习性，决定买卖的时间周期与敏锐度，当然这一个指针的最大功能不只在于买卖，还有趋势、力道、测幅的综合研判。

主控战略 K 线

利用每日 K 线收盘价位带入自行设计的公式内计算出关卡价，以关卡价的跌破与站上作为依据，并依照站上，或是跌破赋予 K 线黑白的颜色定义，以白线为多、黑线为空，画出 K 线后作为多空操作依据。

研判方法与实例说明

研判的重点在于突破与跌破，其中突破与跌破确认的关键在于实体，比如说从多头翻成空头时，K 线会由白翻黑，这是趋势，但是确认点在于由白翻黑的黑线实体是否低于白线实体，如果比较低，为确认趋势由多转空，如果黑线实体没有低于白线实体，称为转空疑虑，此时交由下一笔棒线做确认的动作。

如果下一笔棒线没有出现翻空确认的行为，持续走多，那么就不能视为多转空，而之前由白翻黑的转空疑虑也会随着消失，此时就持续做多，直到下一次出现由白翻黑时再做研判。

这一种操作手法好处在于可以忽略 K 线当中，主力洗盘等等这些“骗线”的行为，颇适合初学技术分析者作为多空研判的辅助参考，也极适合喜欢“机械式交易”或是“程序交易”的操作者。

图 6-3 是台湾期货指数从 2003 年 4 月起到 8 月中的线图，图中所示即为利用软件自定指针功能设计出来的“主控 K 线”指针，图中标示 B 为多头买进讯号或是空单回补讯号，标示 S 为多头卖出讯号或是空单卖出讯号。

操作过程中如果为了避免在明显多头趋势过程中，进行放空的动作，也可以加一条移动平均线辅助研判，亦有人搭配“布尔轨道线”进行操作。

在 K 线的最后一笔旁，指针会自动显示明日翻黑与翻白的参考价，所以在收盘之后，就可以进行对明日的行情进行规划，或者是利用指针进行“指针选股”的动作。

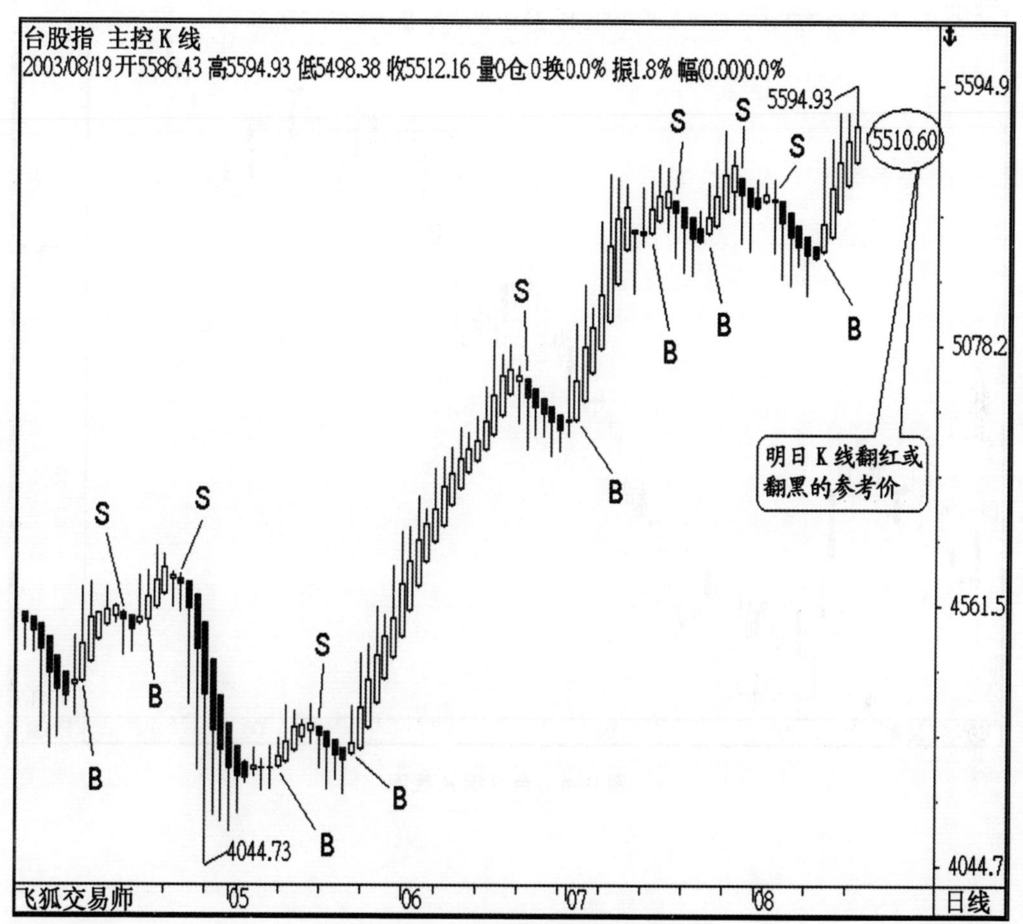

图 6-3 台股指主控K线

图 6-4 的目的是为了让读者和上一张用“主控 K 线”指针显示出来的图形相互比较，所截取的 K 线棒线、时间周期均为一致，从两张图可以很明显的比对出买卖讯号与原始 K 线的差异。

如果使用者对于日线觉得反应太慢，可以转换成分线来使用，指针参数通常不变(也可以调整)，然后利用日线的翻黑翻白决定多空走向，分线的翻黑翻白作为买卖讯号亦可。

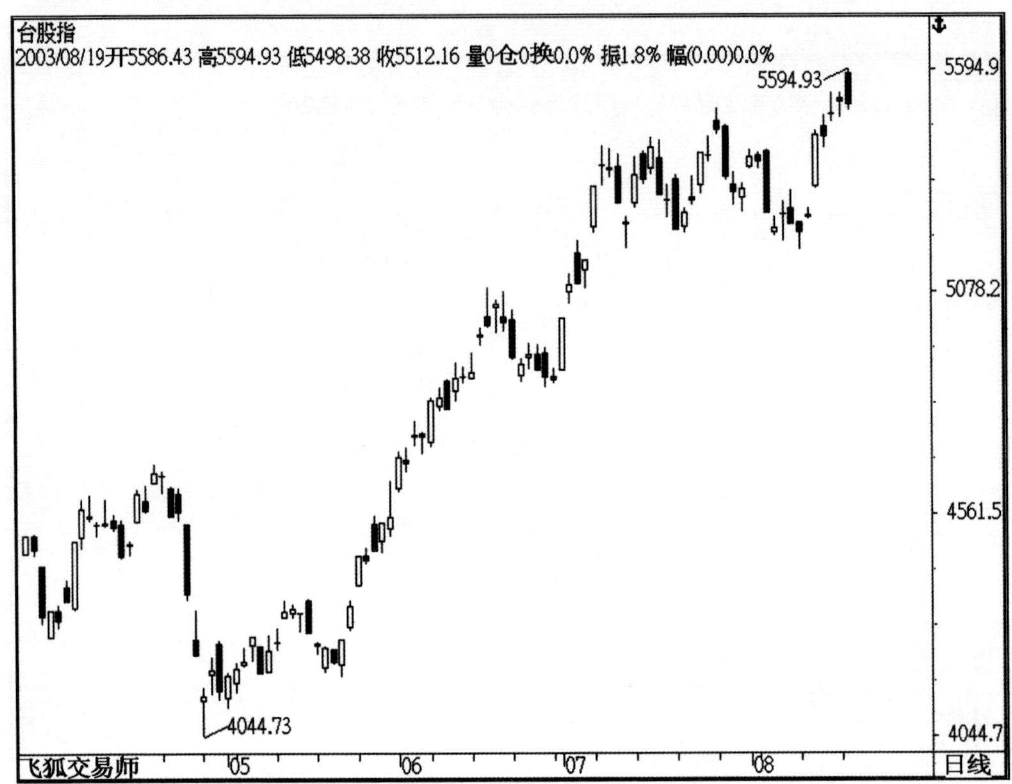

图 6–4　台股指 K 线图

第七章

实战综合运用

本单元为综合实战运用技巧，其中牵涉的概念与变化技巧较多，包含了 K 线形态、基本成交量研判法则、KD 指针实战运用、趋势形态与箱型理论等等，其中有些技巧无法以文字清楚表达，所以建议读者将基础 K 线熟稔之后，再进入这一章探讨基本的实战逻辑运用。

成交量基本观念

股市有句名言：“量为价的先行指针”，也就是说，成交量为推升股价的原动力，缺乏成交量推升的股价则上涨波幅有限，或是说缺乏实质的成交量难以支撑股价的上涨，所以“量”为“能”，有底部形态的股票必须经由成交量转化成能量，才可以推动股价的上涨。

然而投资人在阅读报章杂志关于量能解释的信息时，偶尔会对一些股市名词感到迷惘，例如：“有大量后必有高价”或“创新高价不一定要有新高量”、“价量背离，股价反转”、“量大非头”，甚至“价稳量缩”等似是而非的理念。当遇到这些困扰时理应先判别“多空”趋势，才不至于将“成交量”反客为主，反而忽略多空趋势的重要性。

量价配合(上涨量增，下跌量缩)

正常情况下，股价与成交量成正比，亦即中期进入空头(熊市)的股票因为股价乏人问津，人气涣散、买气意愿相当薄弱，量能萎缩是属正常现象。所以成交量为股价上涨的前兆，没有成交量的股票也没有涨升空间。

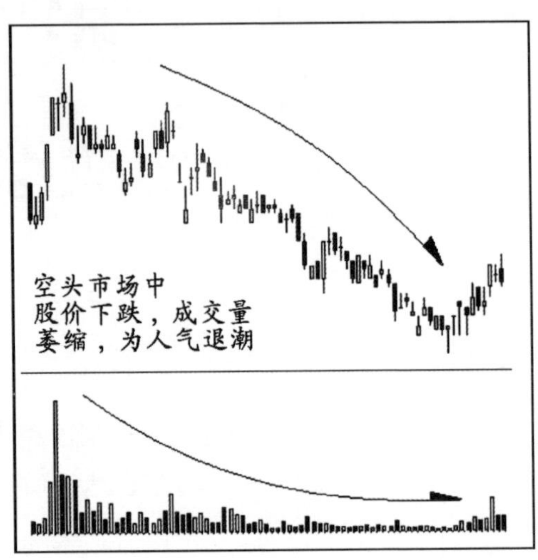

股价上涨后带动人气追价，所以价涨量增。如出现人气持续退潮的股票，成交量能持续温和增加，才有机会摆脱“人气退潮”与“股价低迷”的现象。

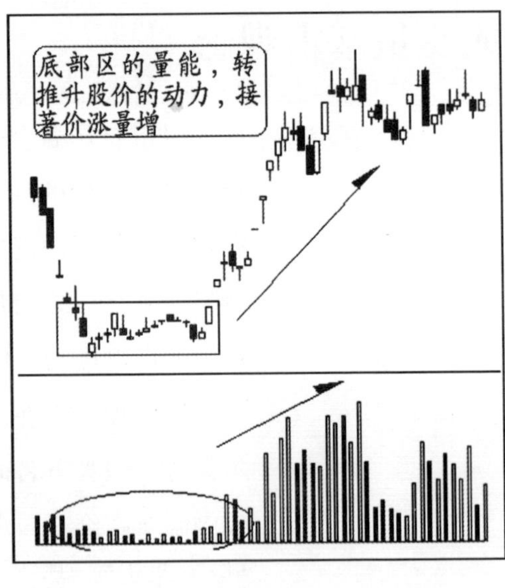

多头市场的特性是“价涨量增”，因为多头市场人气聚集，成交量不断放大，可以推升股价创新高价，所以量、价都出现一波比一波高，且持续不断创新高；又以“主升段”的走势时更为明显。所以在主升波中，创新大量后必有高价可期，如果股价累积涨幅已经相当大，处于多头市

场末期时，末升段往往创新大量后未必会出现新高价。因为股价趋势在末期一般都会出现涨势趋缓，攻坚力道转弱，获利调节的卖压相对增大，所以成交量有时反而率先萎缩回档，则有“量比价先做头”的现象。

当多头市场结束，开始出现“起跌段”（或称初跌段）走势。一般投资人应于股价回档初期，出现“价稳量缩”走势时，即刻介入，其实仅为初期回档结束，此价稳量缩应为短期“防守量”。随后股价开始出现反弹，但是追价意愿薄弱，反弹只有几天行情，随即反转下跌，跌破前波低点又创新低价；其后再度出现“量缩价稳”，如此重复循环，造成价量都呈现一波比一波低。所以下跌中贸然逢低承接，必然高档套牢，往下“平摊”，往往越陷越深。

空头行情中，底部浮现前，成交量应越低越好，代表追杀的力道减轻，卖方不再赔本求售，买方也出现少量买进动作，买卖双方出现均衡点，市场的供需才维持一个稳定状态，出现“底部窒息量”，才可确认股价止跌告一段落。

图 7-1，中环股价在经过约 70 天的横盘整理之后，股价于 2003 年 6 月 3 日开始发动。当上涨时将会逢不耐久盘的获利回吐与高档套牢者的卖压，所以股价要持续其涨势，需要有新的投资人不断的换手介入，所以需成交量温和量增才能使涨势持续。

涨势过程中符合“价涨量增、价跌量缩”的趋势原则，故为标准盘走势，在价涨量增、量能得以持续扩大的情形下，往往是波段行情。

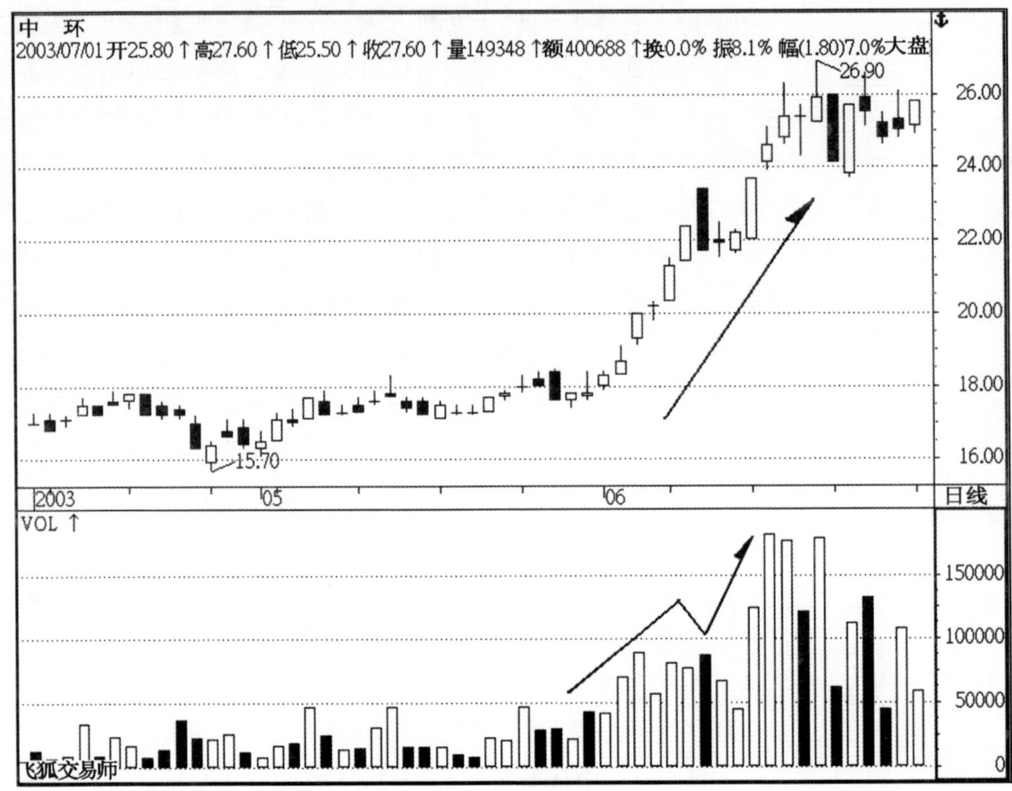

图 7-1　中环走势 K 线图

图 7-2，中环在 2002 年 4 月 4 日见到 31.6 元的高点，当时所处的背景是空头趋势中的“中级反弹”，反弹到此量能不继，在形态上更形成盘头的走势，因此在头部成立之后，形成急速下跌。在下跌的过程中，因低价认赔杀出的筹码较少或是承接意愿较低而呈现量缩的情形。

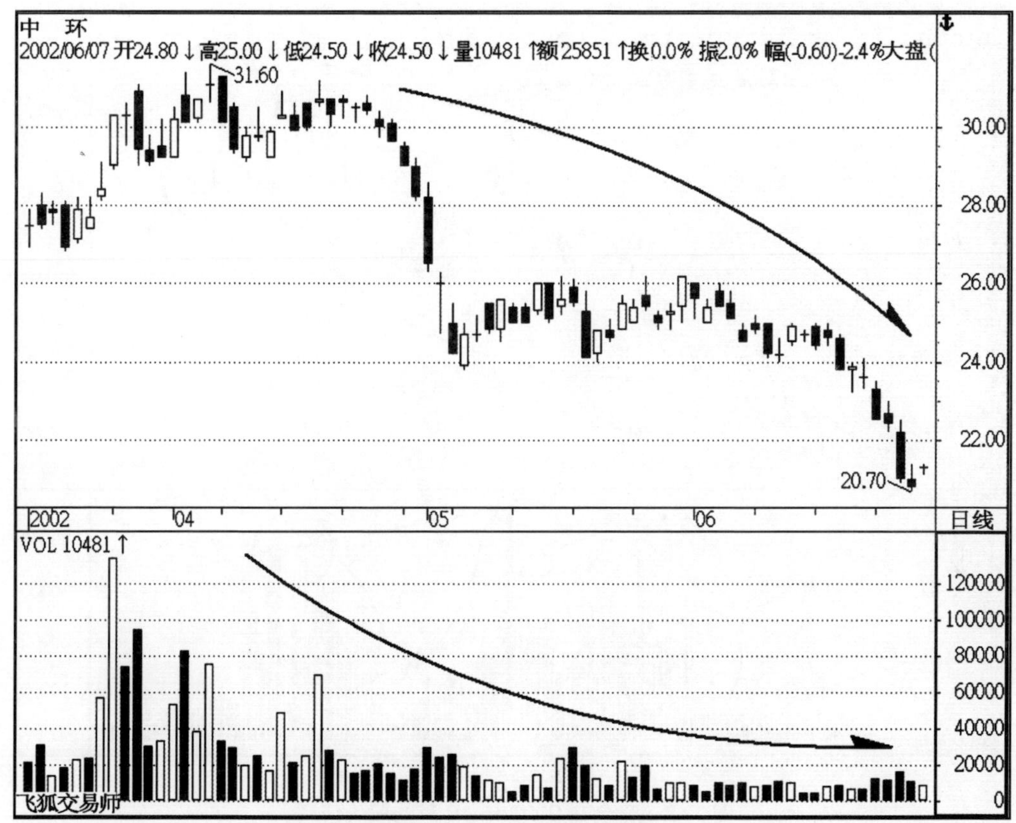

图 7-2 中环走势 K 线图

量价背离(上涨量缩，下跌量增)

在上涨的末期与轧空走势，通常会出现量价背离的情形，这是因为上涨量缩；在下跌的末期与杀多走势，也会出现量价背离的情形，此为下跌量增。

在底部刚刚形成时，通常以“量增轧空”的走势来表态，例如味全在 2002 年 10 月的股价线图(见图 7-3)，如果出现“量能急缩”，股价持续上涨的轧空行为，就是量价背离，虽然股价持续上涨，但是宜防出量之后，股价呈现震荡或是回档。

爆出大量后，股价压回，若形成“量缩价稳”的走势，

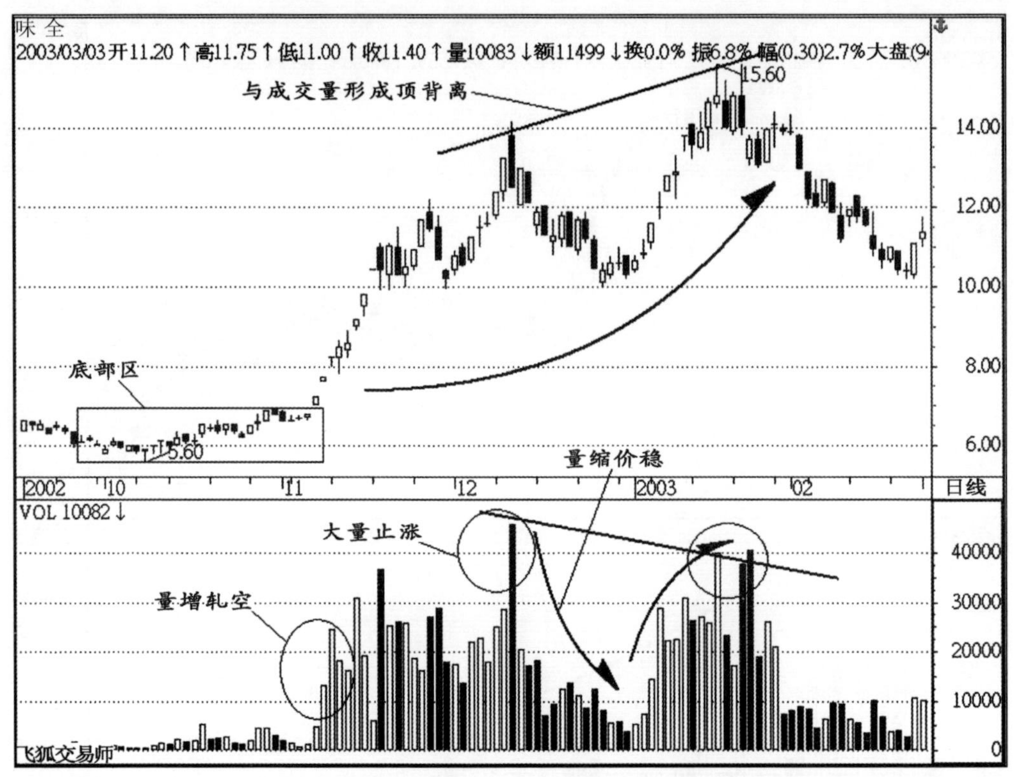

图 7-3　味全在 2002 年 10 月的股价线图

则不排除股价持续上涨，但是再上涨时，若形成量能与股价趋势背离的走势，则提防股价见顶，整个趋势呈现回跌的走势。

股价仍处于多头趋势时，进行压回的修正走势，此时应会出现“价稳量缩”的技术面现象，如图 7-4 中标示 A 之处，如果想要宣告结束回档修正走势已经结束，则需要“价涨量增”的表态模式。

在台泥 2002 年 12 月的走势图中(图 7-4)，股价显然于标示 A 之处呈现价稳量缩之后，在突破下降压力线时，以“价涨量增”的模式表态，股价迅速攻坚到 16.8 元，后续短波段上涨呈现量能不继，短期量能有量价背离的嫌疑，此处我们可以说是“量先做头”，股价头部才完成，此时股价的头部形态，将会因为量能的不继使回跌幅度较深。

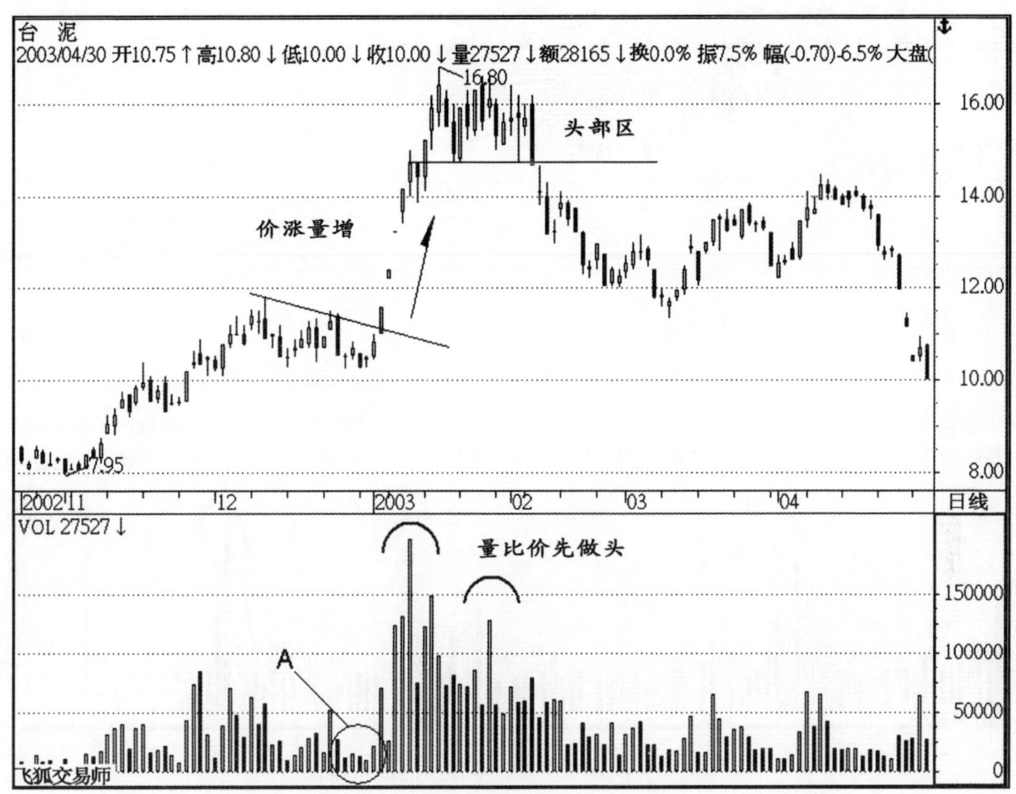

图 7-4 台泥在 2002 年 12 月的股价线图

特殊的量价关系

这是主力与公司派认赔的特殊现象，笔者的老师李老师，在 2002 年 11 月底时就曾以技术面讨论茂硅股，推测公司应该有严重问题，导致技术面线型的不佳，他判断的方法就是用成交量，在 2002 年 10 月 29 日当天几乎兵败如山倒的时候逃命。

后来下跌到 2003 年 1 月 10 日再暴大量，股价再跌（图 7-5 中标示 B 之处），跌到 2003 年 4 月 17 日当日再暴大量，当时就出现对公司不利的消息面，结果股价崩跌到 1.49 元后，在 2003 年 5 月 9 日终止上市，后再于 2003 年 7 月 30 日重新上市。

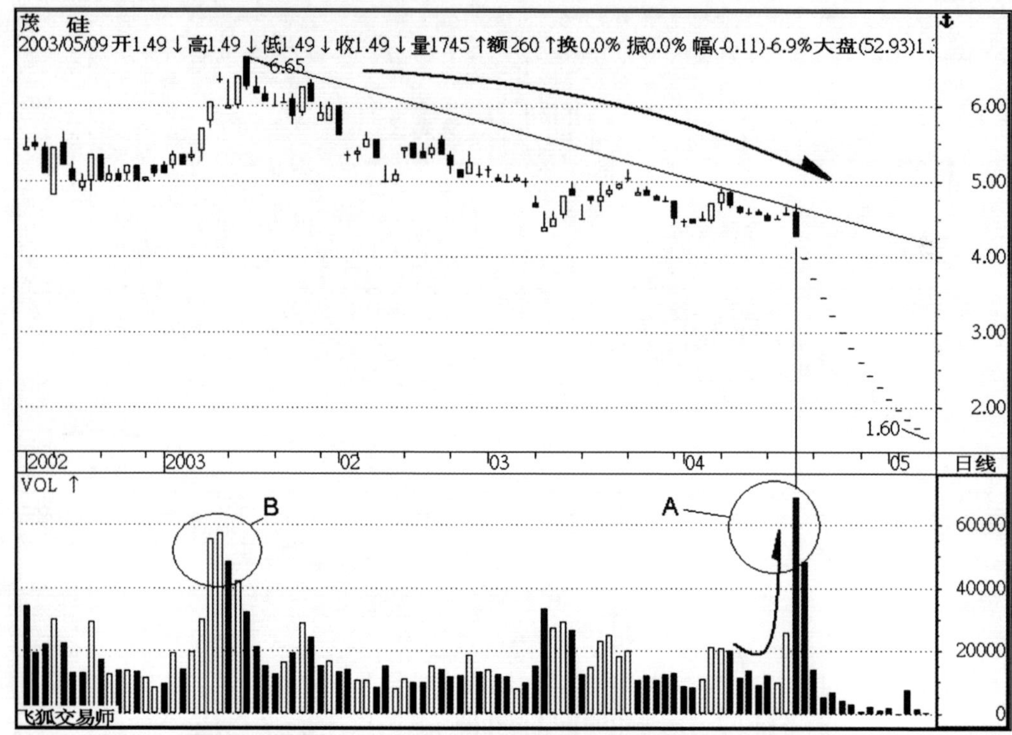

图 7-5 茂硅在 2003 年 2 月的股价线图

像这种下跌时不断暴量的股票，除非隔日立刻止跌拉涨停死锁，否则都是主力或公司派的逃命量，当时没有立刻出脱，等到形态完成往往缓不济急了。

如果主力被断头或套牢、出货不顺导致无量下跌，直到时空背景变佳，将急拉股价吸引短线多头进场，再急速抛空并不计成本出货而造成下跌，此现象常出现于股性投机的股票。

例如佳录这一档股票（见图 7-6），股价于 2002 年 12 月 16 日进行减资，所以见到编号 A 的高点 9.25 元，减资前显然有人进场布局，无奈拉抬失败造成股价下跌，下跌时因为此股认同度不高，加上投机色彩浓厚，所以呈现下跌时量能萎缩的情形，见图中标示 B 处。

后来因为大盘在 SARS 利空出尽之后呈现上涨，此股亦随之迅速拉抬，吸引短线投机客进场，并在到达涨幅满足之后到货给接手的投资人，随即出现无量跌停的走势。

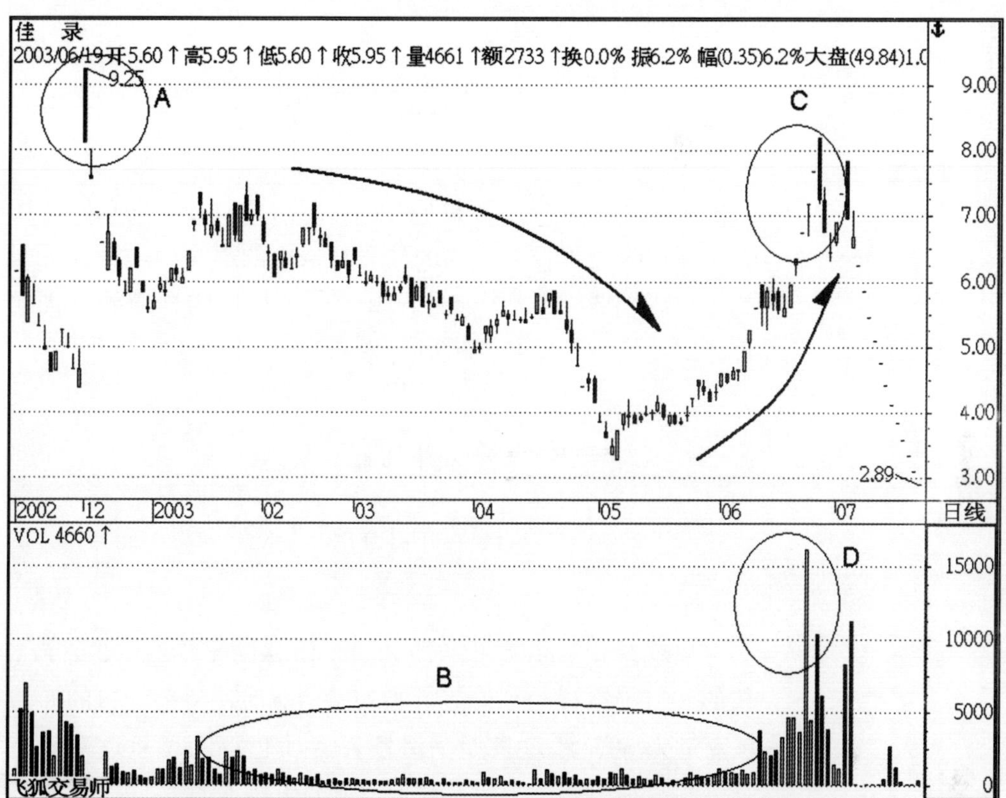

图 7–6 佳录在 2002 年 12 月的股价线图

KD 指针的基本观念

原 理

随机指针的理论基础，综合了动量、强弱指针与移动平均线的优点；KD 原名为随机指针(Stochastic)，为蓝恩博士所发明。比威廉指针 W%R 判断商品买卖超较准确，大家可以比较 RSV 值与 W%R 指针值的差异，准确的意义代表 KD 比威廉动速反应较慢，但相对安全。

一般以9日为周期，其计算公式如下述：

$$RSV=\frac{C-9L}{9H-9L}\times 100\%$$

其中RSV称为未成熟随机值(Row Stochastic Value)，代表第9日收盘价在9天内的波段行情中的最高价与最低价间的“位置值”，以百分示之，其值恰为威廉指针原始公式的百分比相反值，将两者相加则等于100。再计算：

$$K=\frac{2}{3}\text{昨日 K 值}+\frac{1}{3}RSV$$

$$D=\frac{2}{3}\text{昨日 D 值}+\frac{1}{3}K$$

也就是说K值为RSV的3日平滑移动平均线，D值为K值的3日平滑移动平均线。当初始运算时，将前一日的K与D皆定为50，经过长期平滑计算后，起点的误差逐渐修正后，与目前将趋于一致。其大致上的优缺点如下：

优点：KD比RSI、W%R稳定性高，反应较平稳，较能参考其买卖讯号。

缺点：K、D交叉过于敏感，为短线操作参考指针时，高低档容易产生“钝化”现象，此常为人称盲点。

基本研判技巧

(1)K值于低档由下向上突破D值做买。

(2)K值于高档由上向下跌破D值做卖。

(3)80以上属超买区，20以下属超卖区。

(4)股价创新高，而K值及D值没有同步创新高，为反转的重要前兆，称为“牛市背离”讯号。

(5)股价创新低，而K值及D值没有同步创新低，为反转的重要前兆，称为“熊市背离”讯号。

(6)高档二次交叉后市行情容易大跌。

(7)低档二次交叉后市行情容易大涨。

(8)指数和热门大型股准确性、稳定性极高。

(9)KD在50处上下交叉为盘局，此指针无明显的买卖讯号。

(10)K从低档20以下穿越D值，为买卖讯号，但宜防“杀多”续创新低，此时D值可提供趋势研判技巧。

(11)K从高档80以上穿越D值，为买卖讯号，但宜防“轧空”续创新高，此时D值可提供趋势研判技巧。

KD指针与阴阳线综合运用

以下利用简单的图，对KD指标的基本研判技巧来说明(图7-7～图7-16)。

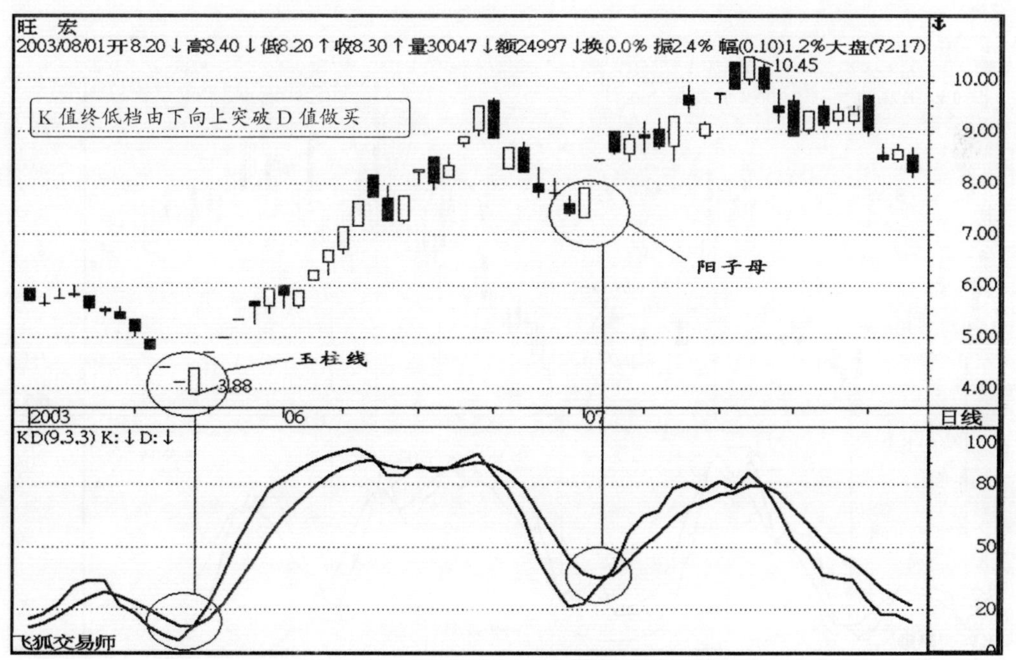

图7-7 旺宏K线图

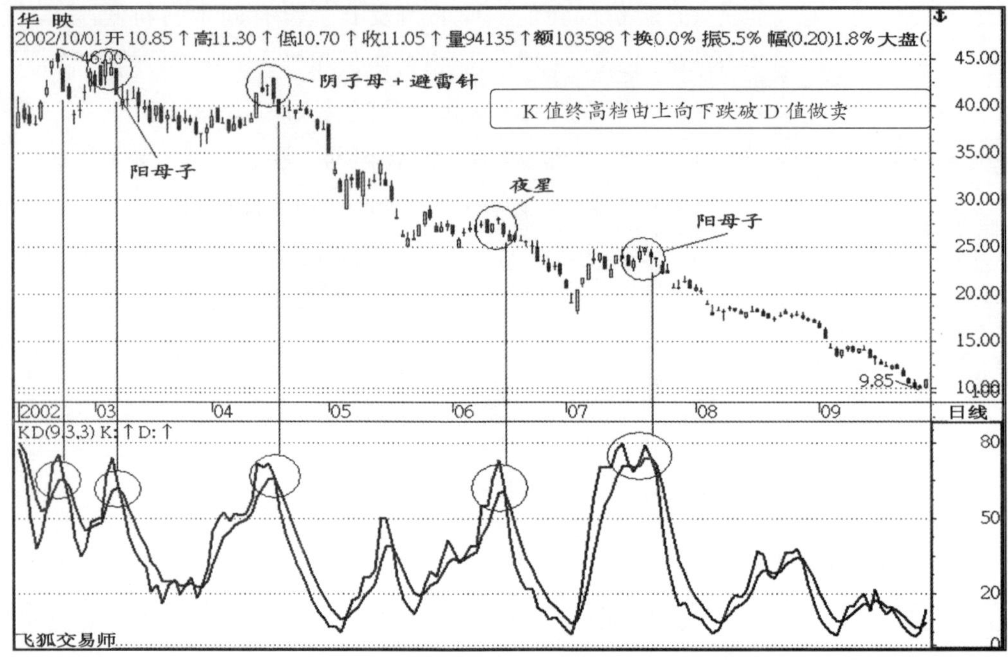

图 7–8 华映 K 线图

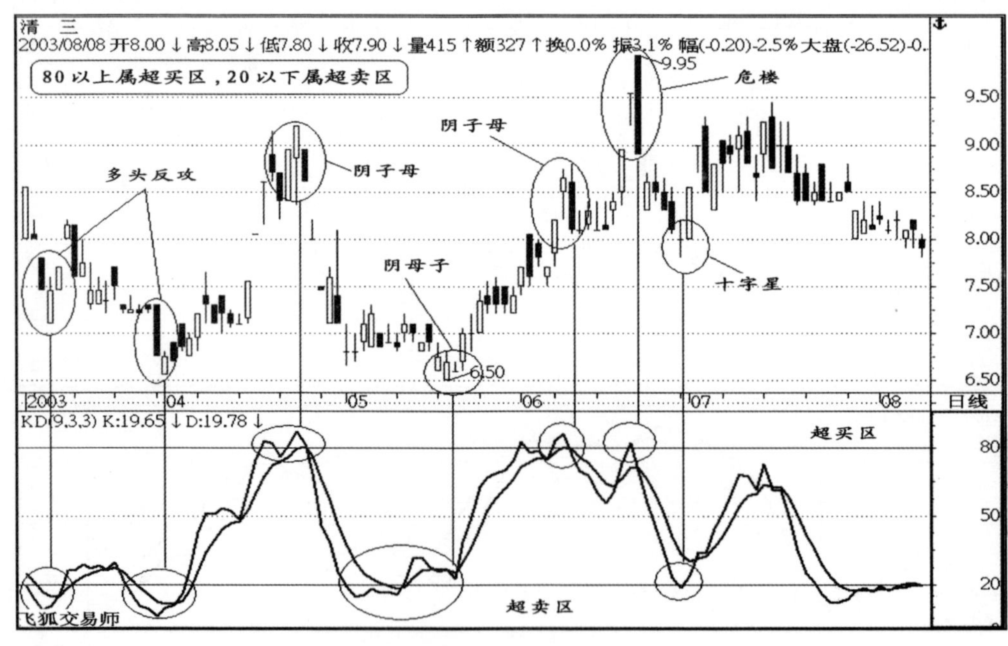

图 7–9 清三 K 线图

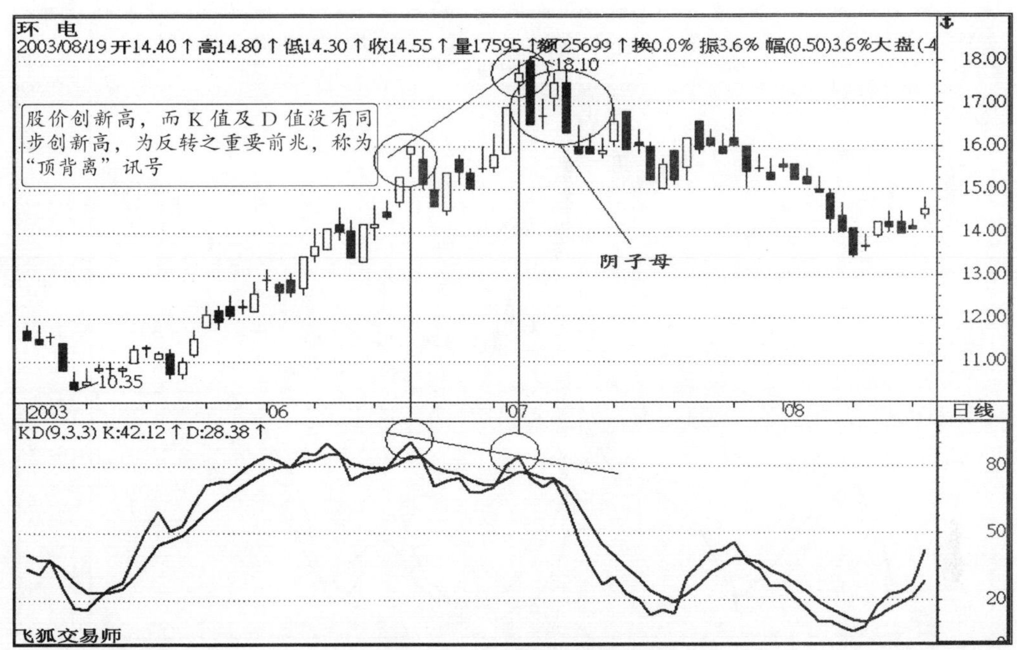

图 7–10 环电 K 线图

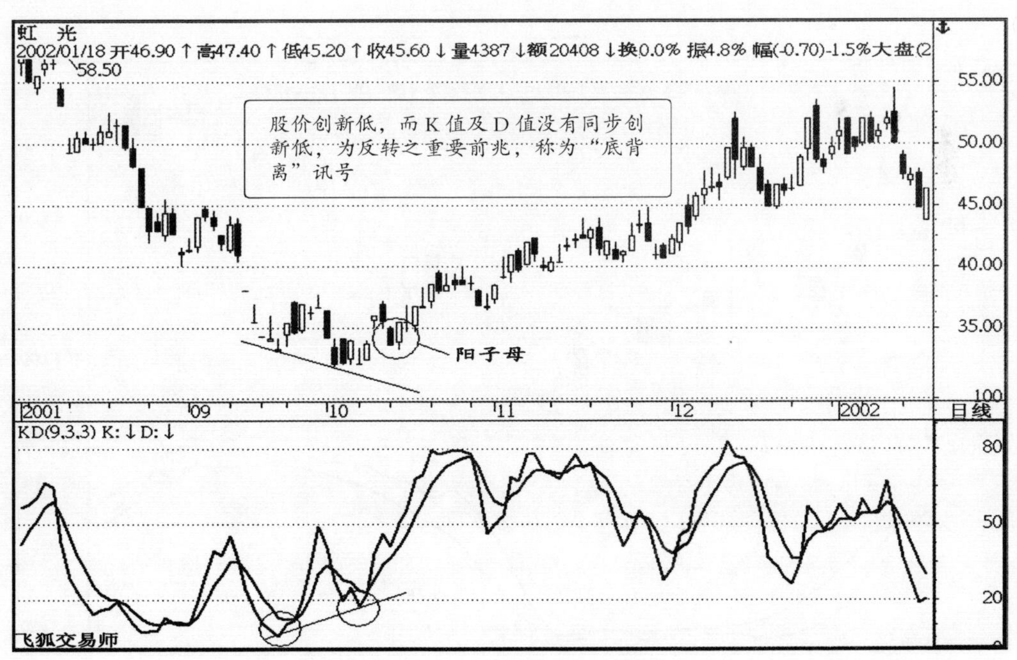

图 7–11 虹光 K 线图

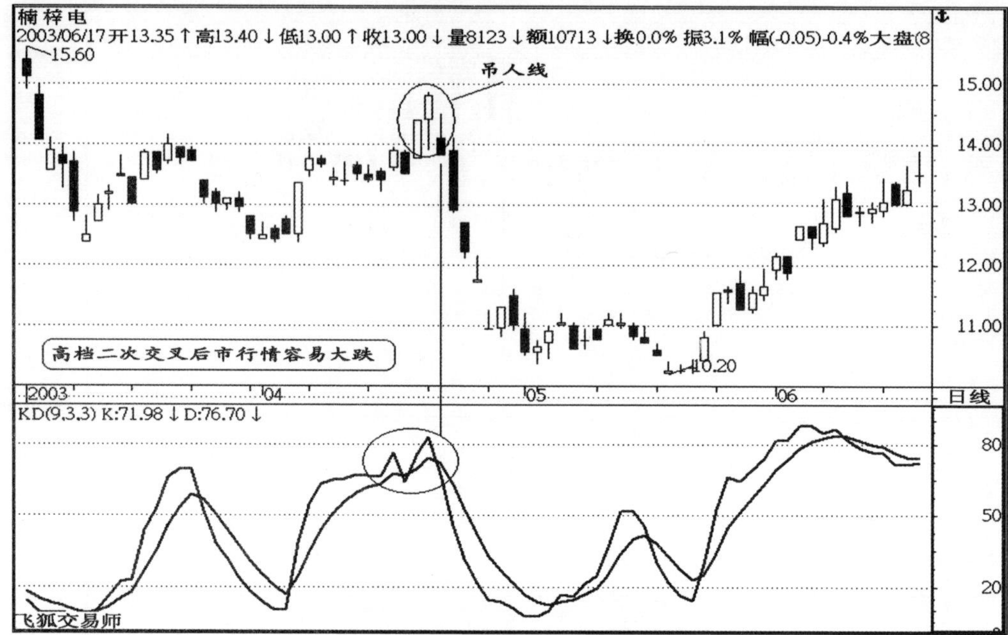

图 7–12 楠梓电 K 线图

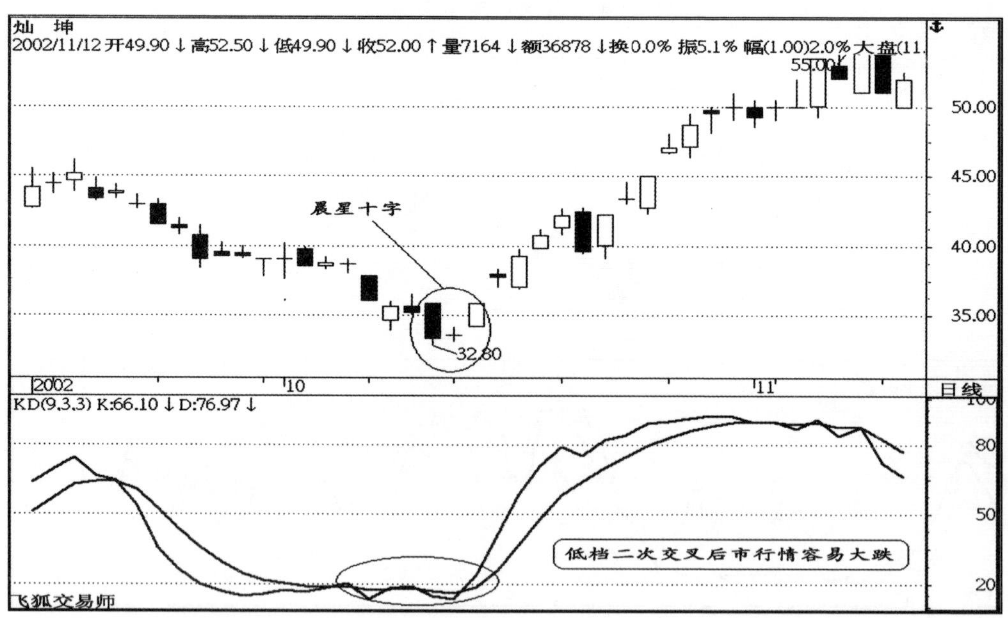

图 7–13 灿坤 K 线图

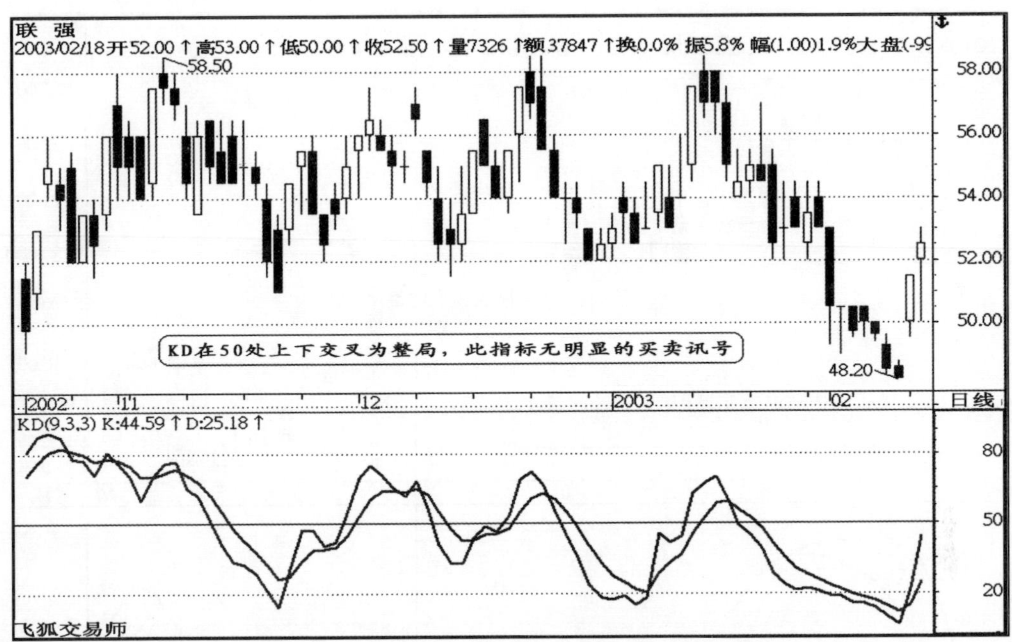

图 7–14 联强 K 线图

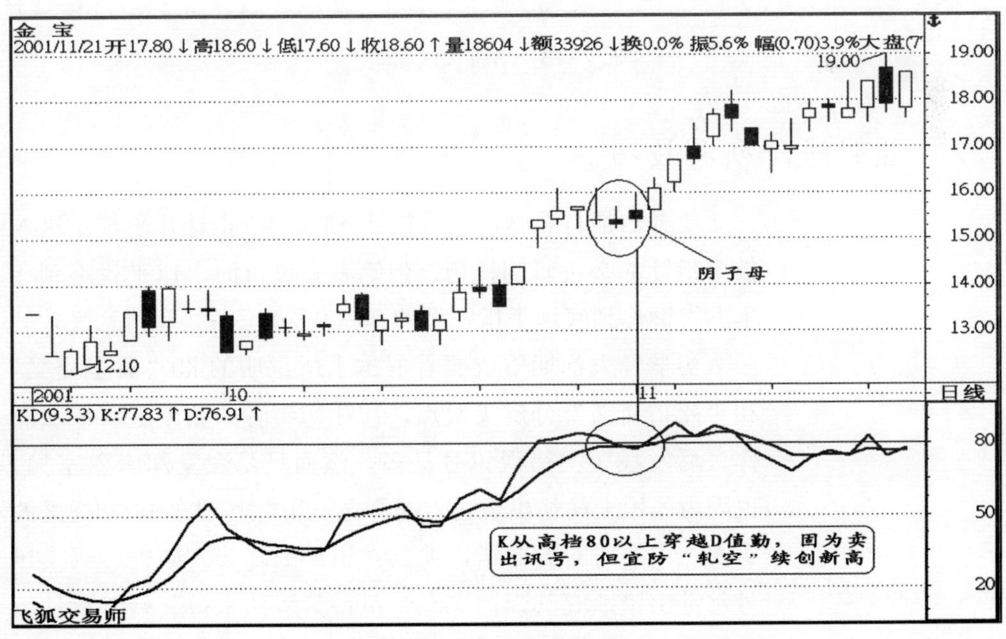

图 7–15 金宝 K 线图

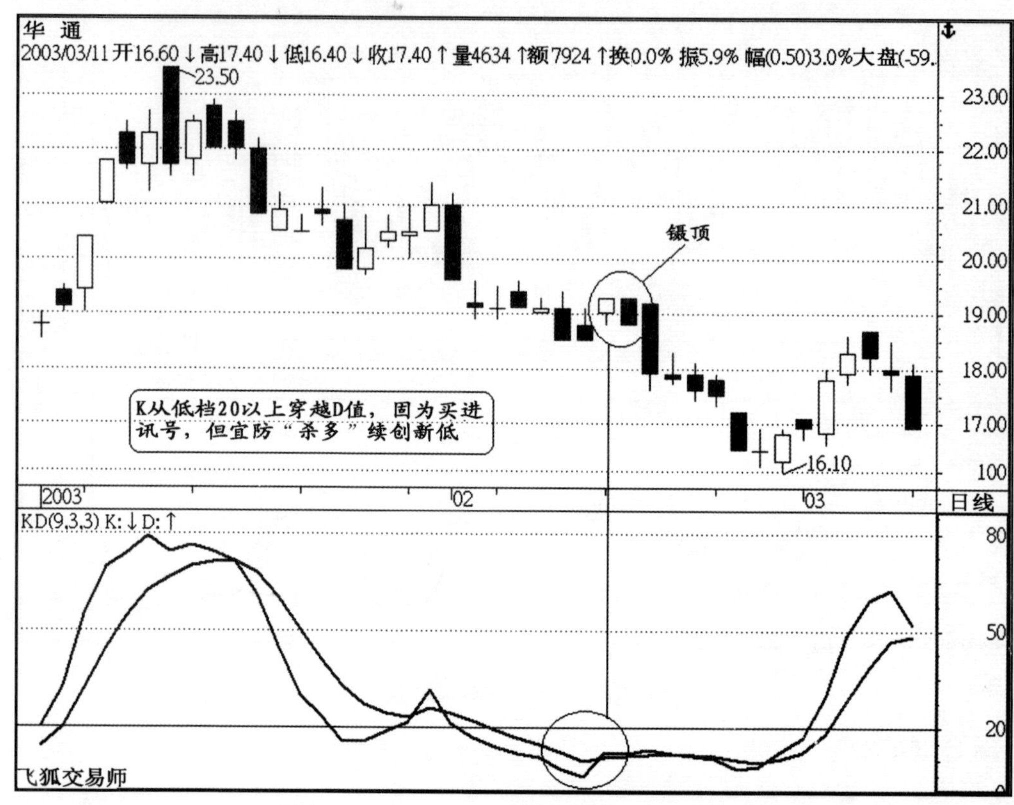

图 7-16 华通 K 线图

指针进阶研判技巧

读者们都有经验，在学指针入门，KD 指针几乎都是进入技术指针的必备研判技巧，但笔者看过市面上似乎找不到一本书告诉你到底这个指针上的 20-50-80 三条线有何意义？

初学者大都期望依照着书本上所说明的 KD“黄金交叉”和“死亡交叉”分辨买卖点，往往初学者如获至宝，依法操作之后发线买卖错误讯号甚多，然而只是登堂却未入室矣！也因为使用上往往出现盲点而弃之不用。其理在于 KD 交叉的买卖点中有时对有时错，尤其在错误的趋势方向中，买卖讯号常常出错，究其因，实在是虽得其解然未得其妙，致使虽然相生却也相克！

指针位阶定位

吾人可以留意：凡是指针被限制在 0～100 的 KD 其实并不是一个好的指针，理由是股价难道可以规定它一定不可以高于 100 元，或低于 0 元(下市)，所以才有必要先就“位阶”或称为指针区间做深入探讨。

首先，了解既然指针是因为股价产生的数学统计公式的结果，被限制的这个区间显然被划分三部分，此为“股价周期区间”。股价的周期不外乎几种“趋势”，区分为：

①多头趋势。

②空头趋势。

③整理趋势(中段、盘整期)。

④超强势(见回不回轧空盘)。

⑤超弱势(见撑未撑杀多盘)。

依据上述的趋势划分，我们就可以把指针区间做分类：

位阶 A：定位 80 以上为超强势。

位阶 B：定位多头趋势在指针区间 80～50 之间。

位阶 C：定位空头趋势在指针区间 50～20 之间。

位阶 D：定位在 20 以下为超弱势。

如此一来，指针的表现将会一目了然。当然在你掌握 K 值要领掌后，就可以应用 D 值的相对关系。

图 7-17 明显告诉我们几项指针所显示的规则：这是一个空头行情中的走势，我们留意到指针的观察点要反映到 K 线上，如果理解这个观念，指针的应用与研判将会得心应手。这里我们先定义：空头趋势看压力，留意次日之 K 线的表现。

也就是说趋势为空头时，当指针来到我们所称的位阶时，要留意“空头抵抗”的 K 线形态。上述图形已经很明确暗示：当空头走势时，指针来到 50 将会遭逢空头于当日或次日摆出重兵防守，理由很简单，如果空头不守，那么上述我们讲的“股价被限制在每个趋势位阶”将无意义，亦即位阶将

图 7-17　加权指数走势图

被突破，如果位阶被突破，自然趋势就会被扭转。这样的说明相信读者能体会。

趋势位阶

多头趋势时，当股价明确高于月均线 20MA，且 20MA 趋势向上，若出现 K 值＜50，因多头趋势必须做防守盘，所以次日往往出现“多头抵抗”K 线形态。买点理应在出现“日出线”时，逢低介入。

空头趋势时，当股价明确低于月均线 20MA，且 20MA 趋势向下，若出现 K 值＞50，因空头趋势必须做防守盘，所以次日往往出现“空头抵抗”K 线形态。卖点理应在出现“日落线”时，逢高出脱*。

马其诺最后防线

在第二次世界大战时，法国在与德国交界的边境上修筑了一条将近 400 公里长的“马其诺防线”，其坚固的程度足以抵御坦克和重型火炮进攻。当时英国和法国估算如果希特勒进攻法国，绕过瑞士入侵法国，以及直接突破德法边境的马其诺防线正面进攻，这两套方案在实施上都有困难，而剩下的唯一办法就是占领荷兰和比利时，从法国北面绕过防线。可知马其诺防线对保护法国的重要性。

图 7-18 长利证券盘势分析：台股 (2003 年 4 月 1 日)昨日在 SARS 威胁下贯破月线，这已正式宣告着最后多头的“马其诺防线”已告彻底摧毁，因此大盘后势将仍持续向下探底。如果以技术面来看，在过去两年内的长线分别低点 3441 与 3845 其所延连出的上升趋势线支撑 4000～4100 点，有其再测试的必要。

图中标示箭头之处为 2003 年 4 月 1 日当日，从大格局研判，站上“马其诺防线”后以长黑掼破，暗示的就是未来将会续探新低，反弹的行情过程中，只要没有出现“轧空盘”，股价在整理之后仍将会回归于原趋势，即下探 3441 与 3845 其所廷连出的上升趋势线支撑 4000～4100 点。

多头防守要塞两种常见走势：第一，盘坚格局；第二，空方发动奇袭！

在多头走势，如果不幸 K 跌破 50 不积极防守，最后的多头堡垒就剩下 20 的防守线，这道防守线一旦失守，未来

---

* 下跌趋势中，往往今日低点续破昨日低点，故当某日出现今日低点比昨日垫高，且今日高点突破昨日高点时，主控盘称“日出 K 线”。而在上涨趋势中，往往今日低点续过昨日低点，故当某日出现今日高点比昨日降低，且今日低点跌破昨日低点时，主控盘称“日落 K 线”。

图 7–18 加权指数走势图

多头将会使用较长时间换取弱势空间，亦即将进行长期的重新调整让多头失守成空方有力的格局，慢慢地扭转回多方优势的趋势！因此多方格局在K值跌破20势必做出孤注一掷、义无反顾的“防守盘”，一旦失守，将如丘吉尔所说：“将在更不利的情况下奋战，那就用时间换空间吧！”亦即让急杀盘变成盘跌盘，再想办法做多空调整，翻空为多。

另一方面来说，假设不幸是属于上述战役，在历史上，比利时在德国发动进攻前宣布中立，以为德国不会进攻比利时，结果正如原先英国所预测一般，德国在几乎毫无预警与毫无抵抗下轻易占领比利时。空头往往在多头得意忘形之际，突发奇袭，致使盘势直接“翻多为空”，而非经过“头部震荡”做出 M 或头尖顶头部形态才转多为空，即使如此，并未让法国马上失守，仍因马其诺防线之功。

有道是：“股法如兵法，不知彼无以为战。”图 7-19 是上述台北股市的后市连接图，但与 SARS 该段无关。聪明的读者应当发现，很少盘坚格局出现 K 值直接掼破 50 直达 20，如果有这种情况，“先买了再说”吧！您是否发现上图中指针在 50 的防守位出现过一次的上下震荡调整，只要确认盘坚也是买了再说。

空头防守要塞两种常见走势：第一，盘跌格局；第二，多方发动奇袭！

空头最后防守位阶：在空头走势，如果不幸 K 突破 50 空方不施以重兵防守，最后的空头防守线就剩下 80 的防守线，这道防守线一旦失守，未来空头将有机会被多头趋势取代。换句话说：空方一败涂地，完全为多方所掌控。故当 K>80 如果次日高点并未突破前波高点时，就趋势高低点研判法则，仍属空方掌控格局。

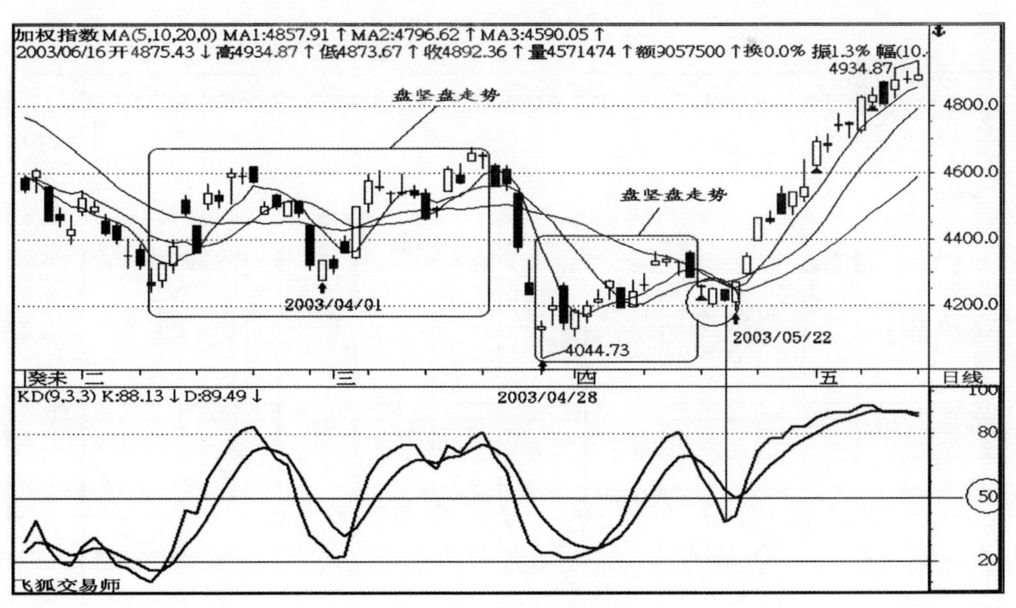

图 7-19 加权走势图

空方失守：如果K>80次日之高点已经突破前波高点，代表空头趋势已经出现转机。那么读者操作心态应当有所警惕，这时要留意K值再度拉回时，究竟是否形成“多头位阶”行为，亦即破50成为多头抵抗形态的K线（带较长的下影线，或次日直接开高，或开低走高等）。那么当空方防守位在三日或小波段震荡后被突破，表示趋势已扭转。

突破格局的强弱：弱势的空方格局反转成多方格局，有很多种走势：一盘坚盘，二轧空盘，三强轧空盘。下述读者可自行体会：联电的轧空盘与强轧空盘的不同。笔者只能提示：在重要的研判点上已经画出研判的颈线。

由图7-20～图7-21可见，指针要运用到相当熟练的程度，其基本形态、趋势、盘态观念仍不可偏废，亦即指针绝不可单独研判。甚至仅仅把一条指针研究的透彻，波段高低点转折要掌握并不是难事，比学了繁多的指针但没有一样精，显然对投资的能力要相对强的多。前篇多方马其诺防线因为恐怕读者尚不熟悉，仍未掌握转折的技巧，故本篇才加入趋势研判的方法。

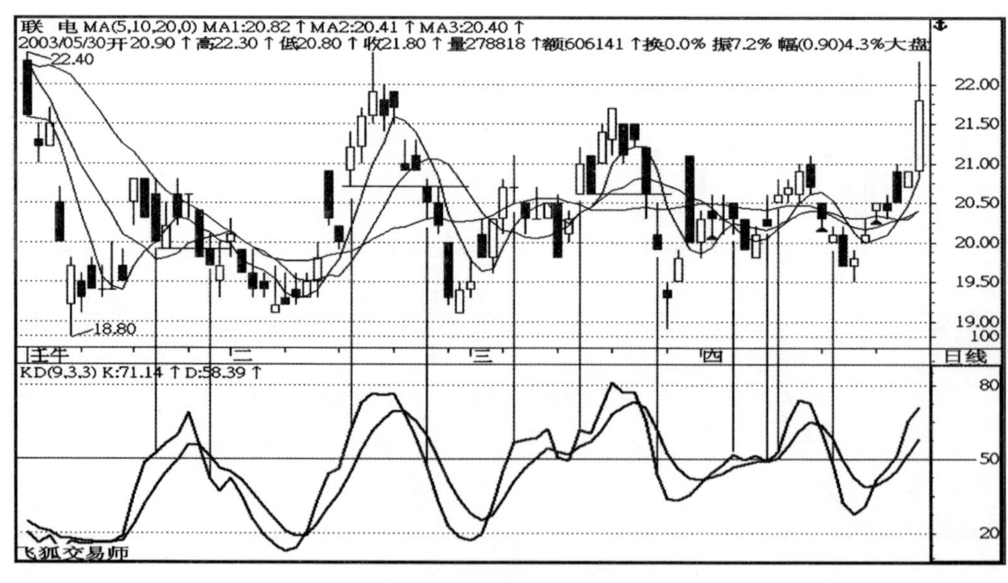

图7-20 联电K线图

联 电 MA(5,10,20,0) MA1:25.64↓MA2:26.13↑MA3:24.65
2003/07/17开25.50↑高25.50↓低24.70↓收24.70↓量129190↓额324883↓换0.0% 振3.1% 幅(-1.10)-4.3%
28.70
28.00
26.00
24.00
22.00
日出线攻击
20.00
19.50
癸未
五
六
日线
KD(9,3,3) K:31.94↓D:48.57↓
85.66
79.29
80
B
50
A
27.79
17.58
C
20
飞狐交易师

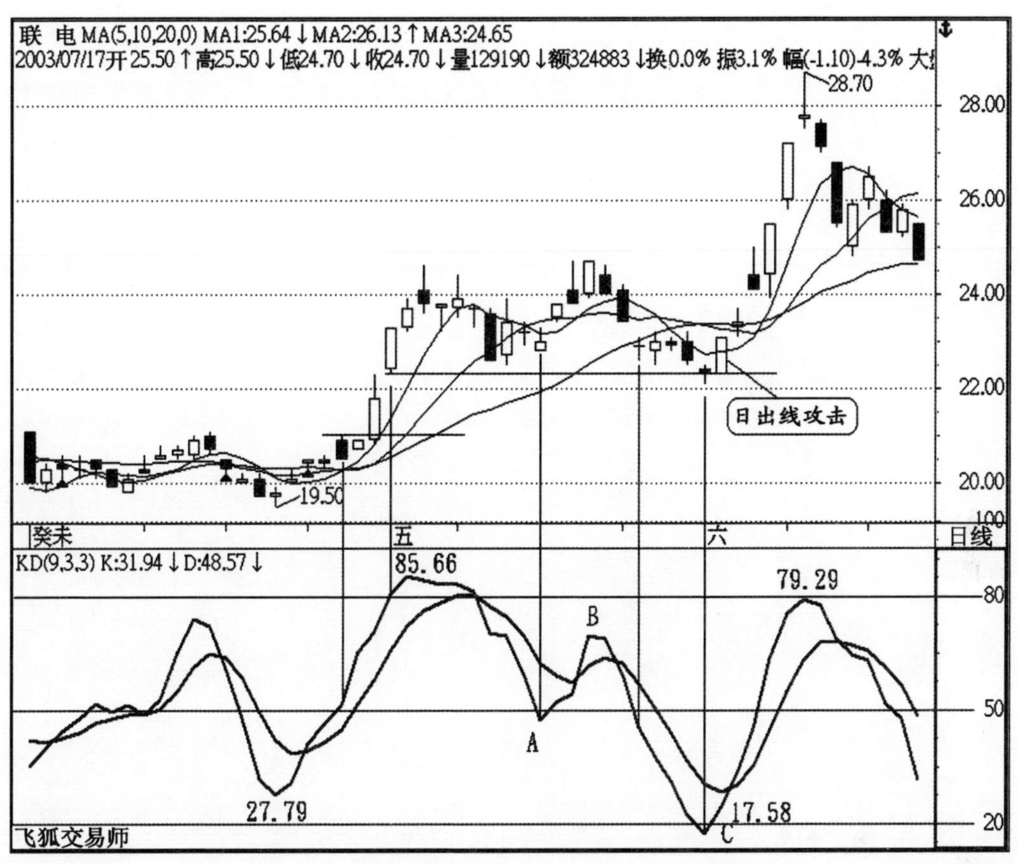

图 7-21　联电 K 线图

第八章

主控盘实战综合运用

本章讨论的技术层面对初学者而言会稍微涩晦，尤其提到“箱型理论”与一些浪潮的变化，而在同一个关键点上，会提出不同的技术参考条件。其实在该关键点上，只要一个条件成立就可以做决定，之所以会提出不同的研判方法，目的只是要告诉各位读者，重要的关键点会同时出现不同的技术讯号。

其中有一些名词需要向各位读者说明：

指针正背离：指针创新高。

指针负背离：指针创新低。

相对巨量：在成交量形成量丛时，出现相对的成交大量。

紧接着就让我们进入完全实战的思考逻辑里面吧。

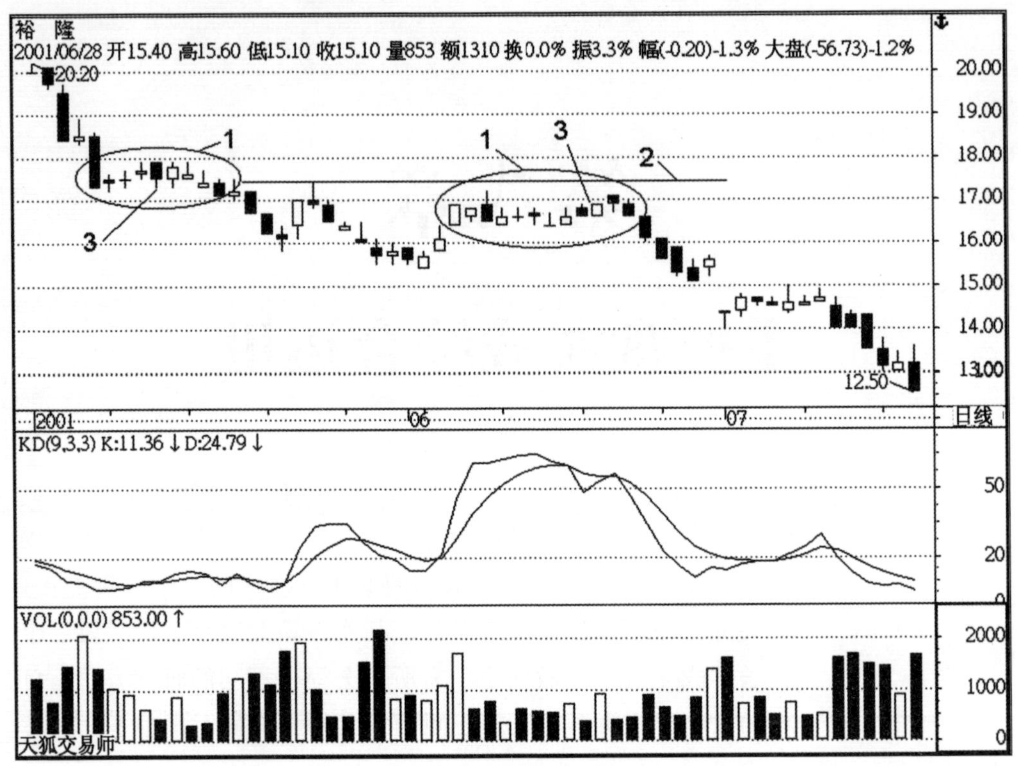

图 8-1 裕隆 K 线图

技术面现象(图 8-1)

(1) 出现三点挂多盘的原则本是逢低买，低点跌破就退出。

(2) 颈线高点为压力，反弹逢压注意短线卖点。

(3) K 线形态镊底跌破形成短线套牢，暗示三点挂多将失败。

这里出现三点挂多盘时应该要注意原始趋势的走向，未打底完成时，三点挂多盘容易失败形成中段整理的结束。

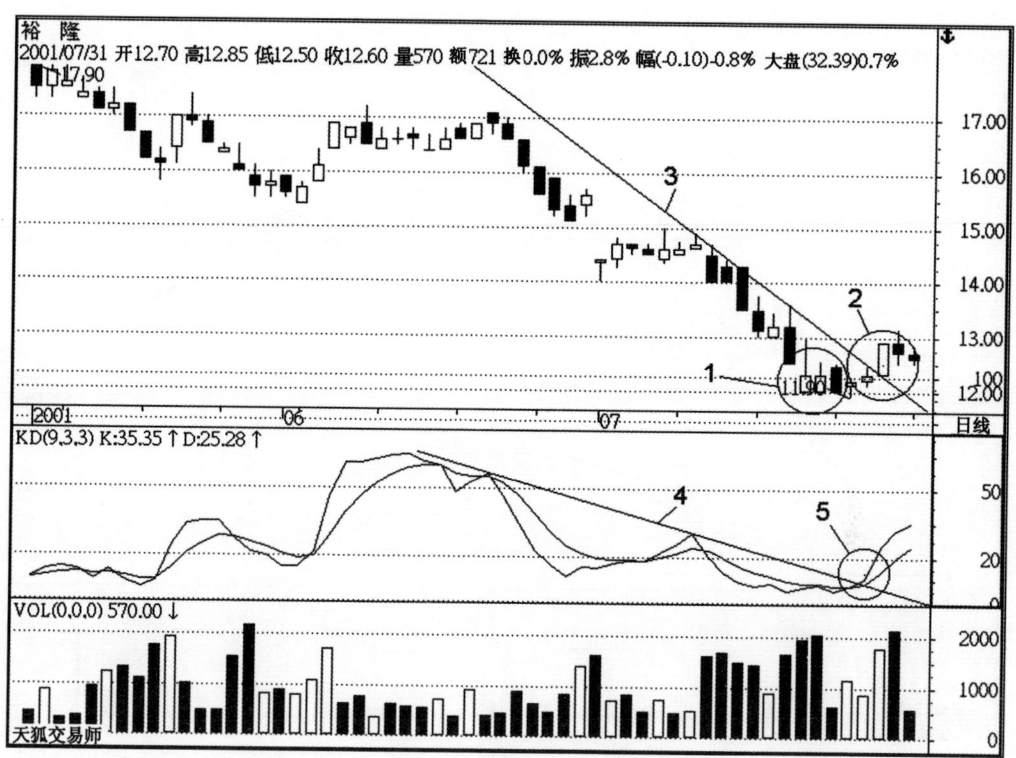

图 8-2 裕隆 K 线图

技术面现象(图 8-2)

(1)镊底暗示不破底将容易止跌。我们利用这一个波段下跌的起点 17.1 元以之字型计算，目标＝15＋14－17.1＝11.9，临近目标区出现连续的镊底形态宜多加注意。

(2) K 线在镊底之后，作“日出线”表态，暗示止跌。

(3)以“日出线”突破下降压力线。

(4)KD 指针的 K 值下降压力线突破。

(5)指针产生正背离与低档黄金交叉的现象。

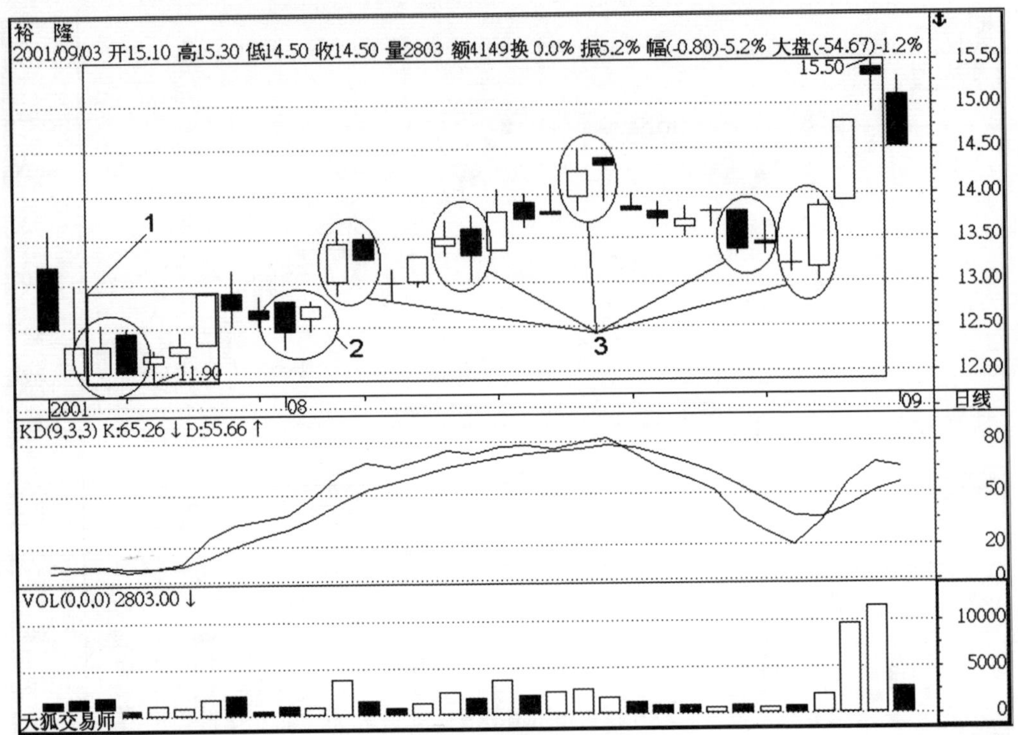

图 8-3 裕隆 K 线图

技术面现象(图 8-3)

(1) 取日出线到镊底为一个攻击幅度的小箱子，当小箱幅度扩大成大箱的幅度，暗示攻击力道已经发酵。

(2) 小箱之后出现“镊顶”突破为买点，不破镊顶高则逢低买，这里“镊顶”突破视为小箱转成大箱的发动关键点，所以是重要支撑。

(3) 母子与子母连续出现为制造多空支撑压力的转换。会出现连续的母子或是子母线，通常在相对高档或是相对低档的股价转换期，以这样的线形不断震荡，制造出许多相对支撑或压力，通常在低档是进货手法之一。

图 8-4 裕隆 K 线图

技术面现象(图 8-4)

(1) 出现相对巨量时，其 K 线涨过前波高点，其 K 线低点不破时可以逢低买进。

(2) 逢前波压力面前时，出现相对巨量就要注意卖出讯号。

(3) 形成趋势下跌的“离白战车”，通常是未来股价反弹的重要压力，股价反弹至此，宜注意卖出讯号。

(4) K 线突破后其虚拟低点不破，或是跳空缺口不补之前可以逢低注意买进讯号。

(5) 逢前波压力注意卖讯，卖出后又因 K 线突破，所以观察突破 K 线的虚拟低点不破之前，可以准备逢低买进。

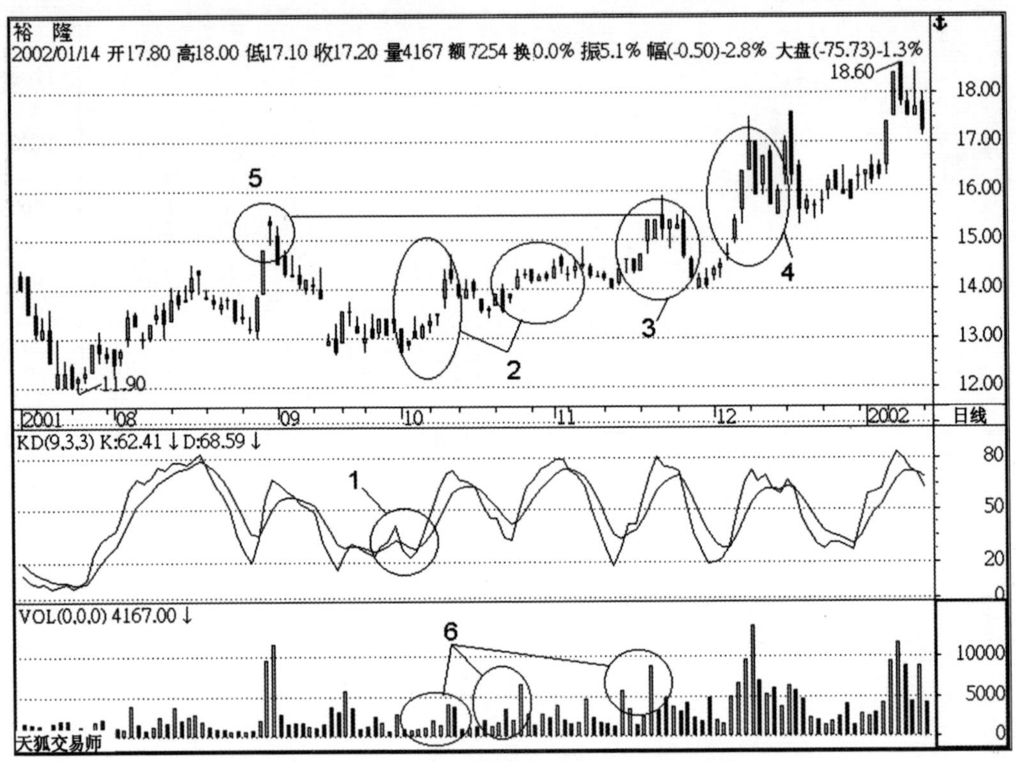

图 8-5 裕隆 K 线图

技术面现象(图 8-5)

(1)KD 指针出现正背离与黄金交叉，股价该回不回为买点。

(2) K 线突破只要其虚拟低点不破，或是缺口不补前逢低买进，逢前波压力出现相对巨量时逢高卖出。

(3) 凡是在重要压力面前出现相对巨量，就是要注意短线卖出讯号。

(4) 浪潮发动点为重要支撑，未来股价波段回档至此，宜注意买进讯号。

(5) 夜星形态组合为压力，反弹至此注意卖出讯号。

(6) 相对巨量逢前波压力宜注意卖出讯号。

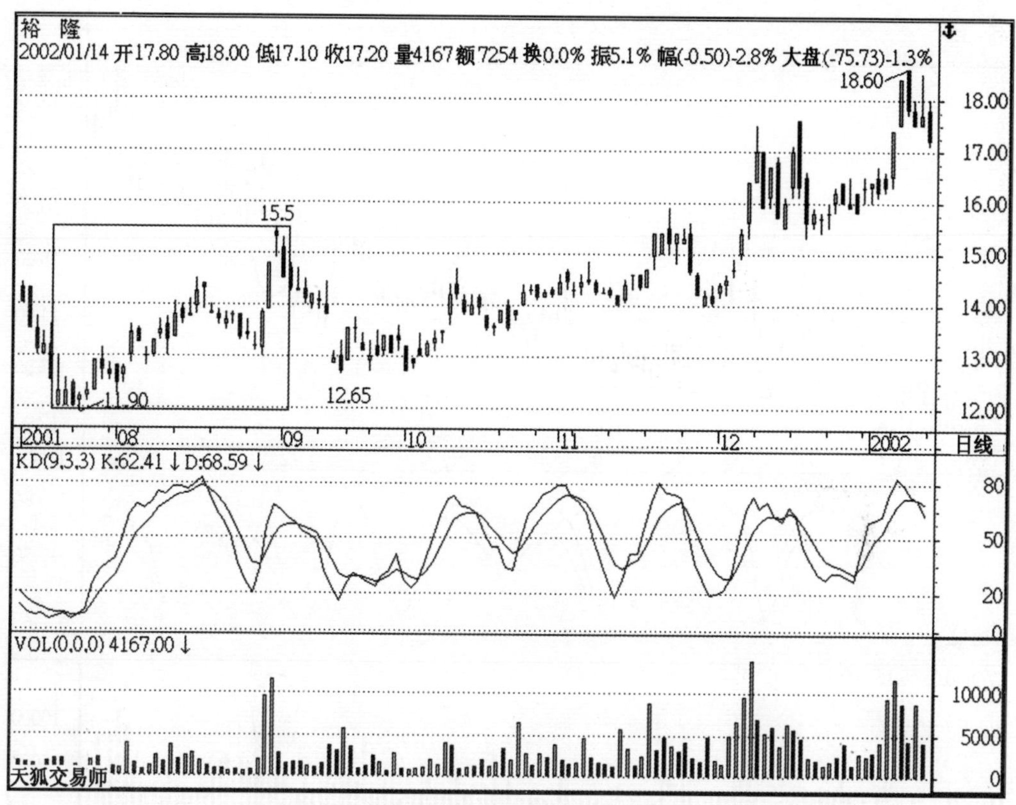

图 8-6 裕隆 K 线图

技术面现象(图 8-6)

(1) 从 11.9 元到 15.5 元为第一个大箱子，幅度是 3.6 元，回档 2.85 元到 12.65 元止跌尚属合理。

(2) 股价从 12.65 元开始反弹，因为箱子原本幅度只有 3.6 元，涨到超过 19.1 元为箱子扩大，属于强势行情，出现回档可以抢买，若反弹价位介于 19.1～16.25 元之间，属于正常行情，出现回档可以买，若反弹价位低于 16.25 元以下，代表基本箱幅没有满足，为弱势行情，拉回不宜买，反而逢高宜先注意卖点。

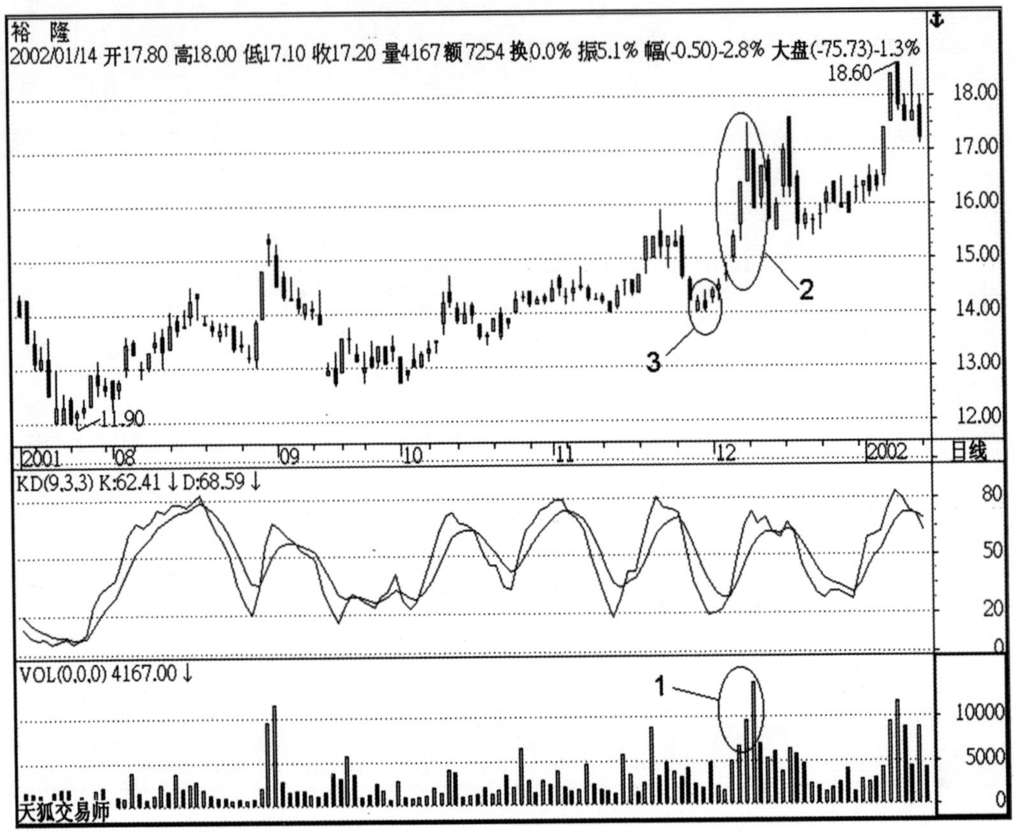

图 8–7 裕隆 K 线图

技术面现象(图 8–7)

(1)出现相对巨量且针对前波高点做过高突破的行为，其低点为重要支撑。

(2)连续攻击的白三兵，暗示将有机会转浪成功，关键K 线低点为重要支撑观察，亦为浪潮发动点。

(3)压回呈现镊底，与前波低点又等低点，形成一个更大的“镊底”组合，故理应出现支撑，当“镊底”突破，为原始发动点，亦为买进讯号。

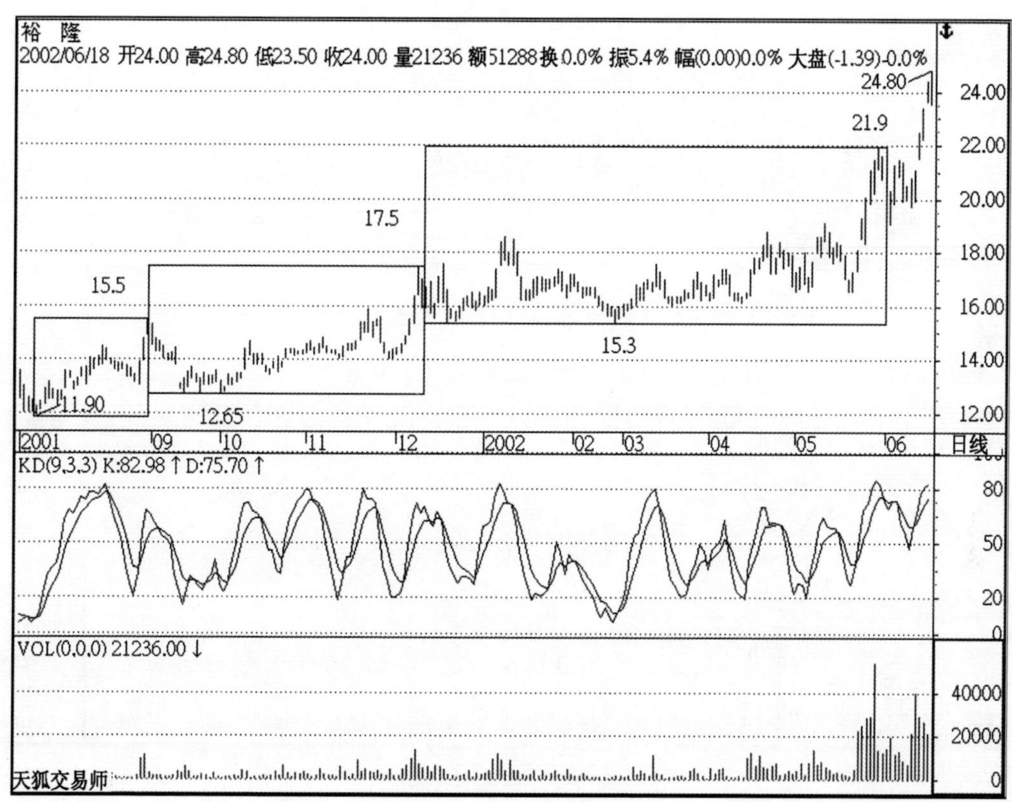

图 8–8 裕隆 K 线图

技术面现象(图 8–8)

(1) 第一个箱子从 11.90 元涨到 15.05 元，其幅度为 3.60 元，第二个箱子从 12.65 元涨到 17.50 元，其幅度为 4.85 元，第三个箱子从 15.30 元涨到 21.90 元，其幅度为 6.60 元，箱子的幅度扩大，也就是浪潮一个比一个还要大，代表多头走势越来越强。

(2) 每一个箱底就是重要的支撑观察点，也算是浪潮的起点。正常而言，当箱子结束之后，出现的回档会对箱子的幅度做修正，再依据修正的幅度大小研判其强弱程度。

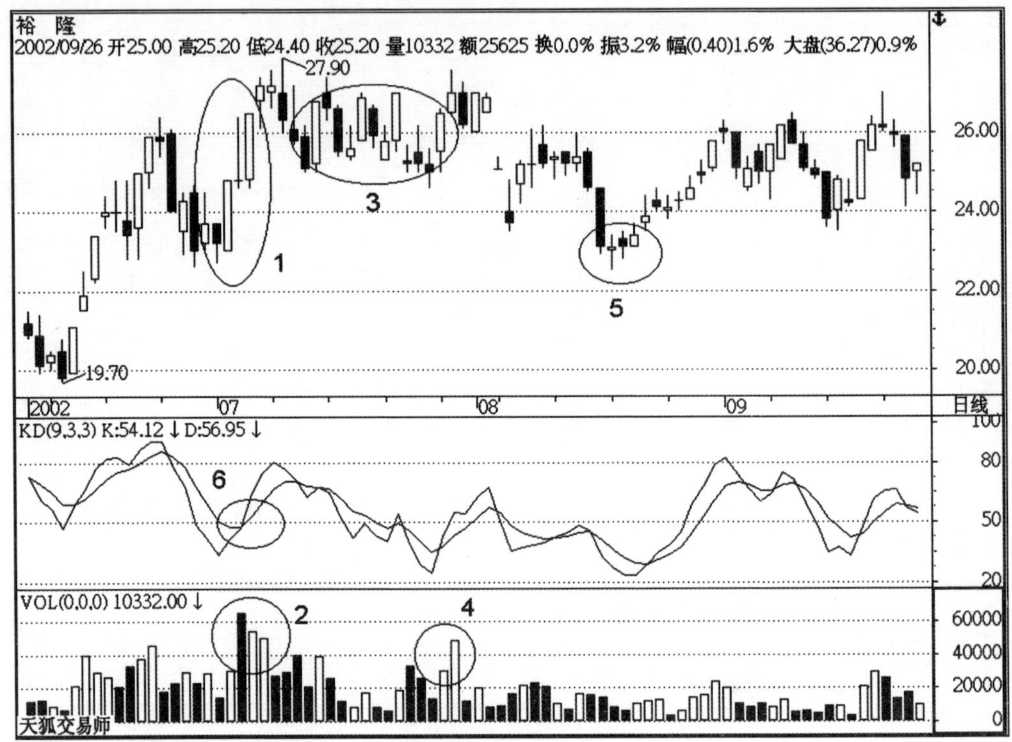

图 8-9　裕隆 K 线图

技术面现象(图 8-9)

(1)浪潮的发动点，为重要支撑，股价回档至此不破，应注意买进讯号。

(2)相对巨量的高点突破，低点不破前逢低买进，跌破退出。

(3)三点挂多为买进讯号，跌破宜逢高先行退出。

(4)出现相对巨量逢前波压力注意卖出讯号。

(5)回档至浪潮发动点出现买讯宜逢低买进。这里的买进讯号比较薄弱，所以定位为抢反弹，因此只要出现相对巨量又遭逢前波压力就要注意卖出讯号。

(6)指针呈现正反转讯号，又出现长红起涨，故宜进场做多。

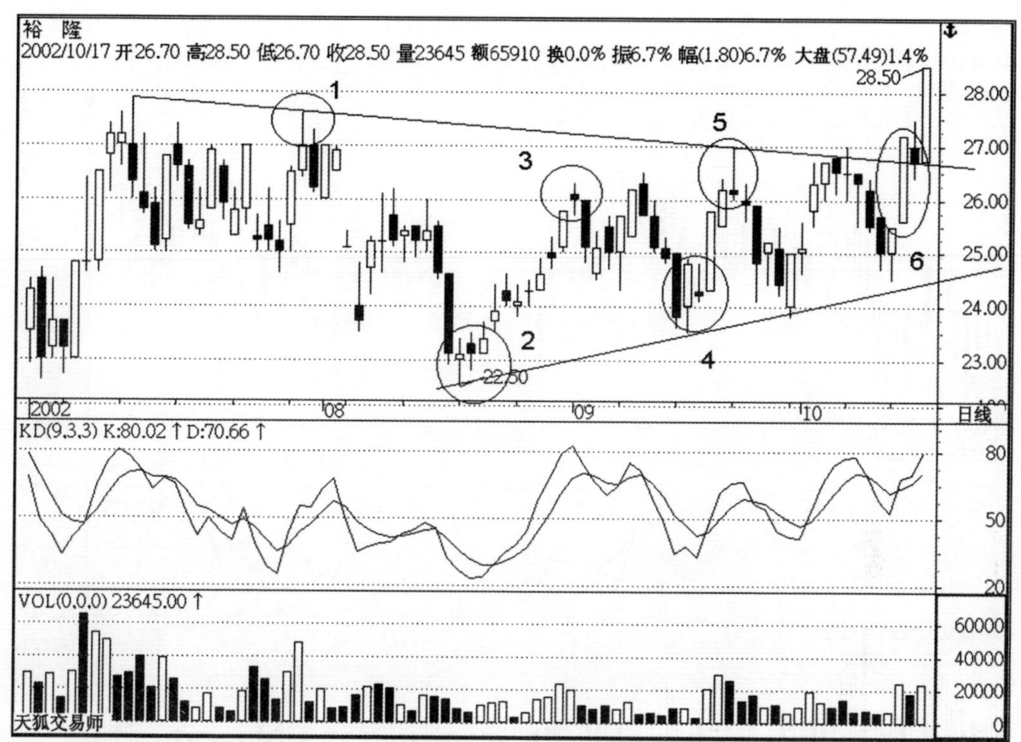

图 8-10 裕隆 K 线图

技术面现象(图 8-10)

(1) 反弹逢压又是相对巨量，呈现空头抵抗，逢高宜先退出。

(2) 压回多头抵抗出现“离黑战车”攻击可以逢低买，但是力道不足所以定位成介入抢反弹。

(3) 反弹逢前波压力出现“星”的形态 K 线组合且呈现相对巨量，故逢高先退出观望。

(4) 回档逢撑出现“阴母子”，突破为多头短线进场点。

(5) 反弹逢前波转折压力又出现“一炷清香”并出现相对巨量，逢高宜先退出观望。

(6) 长白跳空带量突破下降压力线，怀疑整理结束波段由此发动。

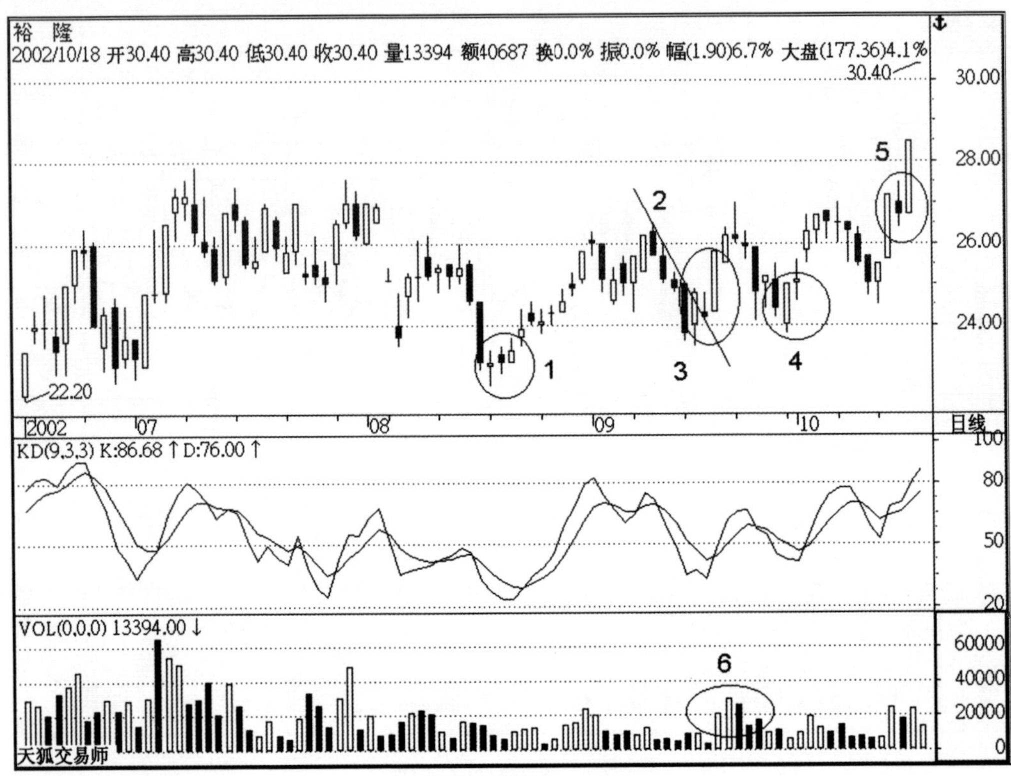

图 8-11　裕隆 K 线图

技术面现象(图 8-11)

(1) 离黑战车形成攻击，虽然弱势，但仍为将来回档重要支撑。

(2) 法人线突破且为阴母子突破，故为多头买进讯号。

(3) 回档至支撑形成“阴母子”突破为买进讯号，此亦为将来重要支撑。

(4) 回档逢撑，长白线止跌，且低点垫高，故可以逢低买。

(5) 过关后，压回收黑怀疑是洗盘，再长白攻击形成“离黑战车”确认行情发动。

(6) 出现相对巨量逢前压宜注意短线卖出讯号。

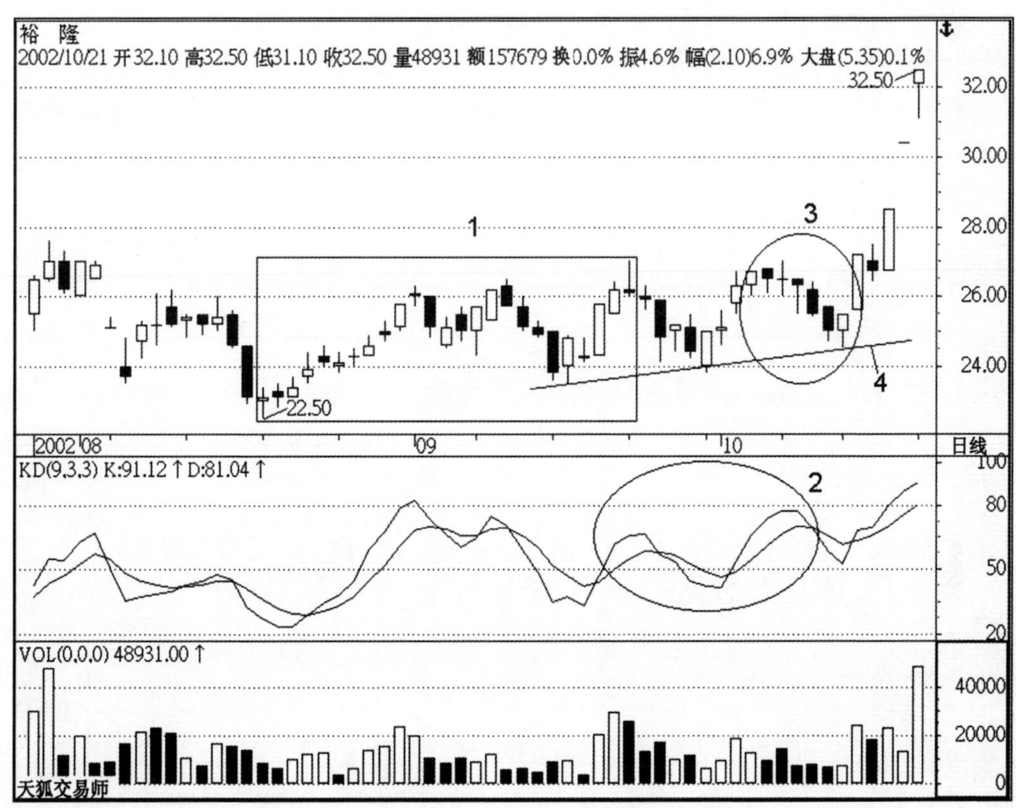

图 8-12 裕隆 K 线图

技术面现象(图 8-12)

(1)趋势形成离黑战车，此处为将来浪潮回档的重要支撑。

(2)KD 指针形成相对高档正背离，背离不轧空股价就是准备拉回。

(3)指针形成正背离时低点跌破，高点就形成压力，此时头部就形成。如果高点被突破，低点防守成功则盘势就会发展成为轧空。

(4)趋势线低点垫高，有利多头。

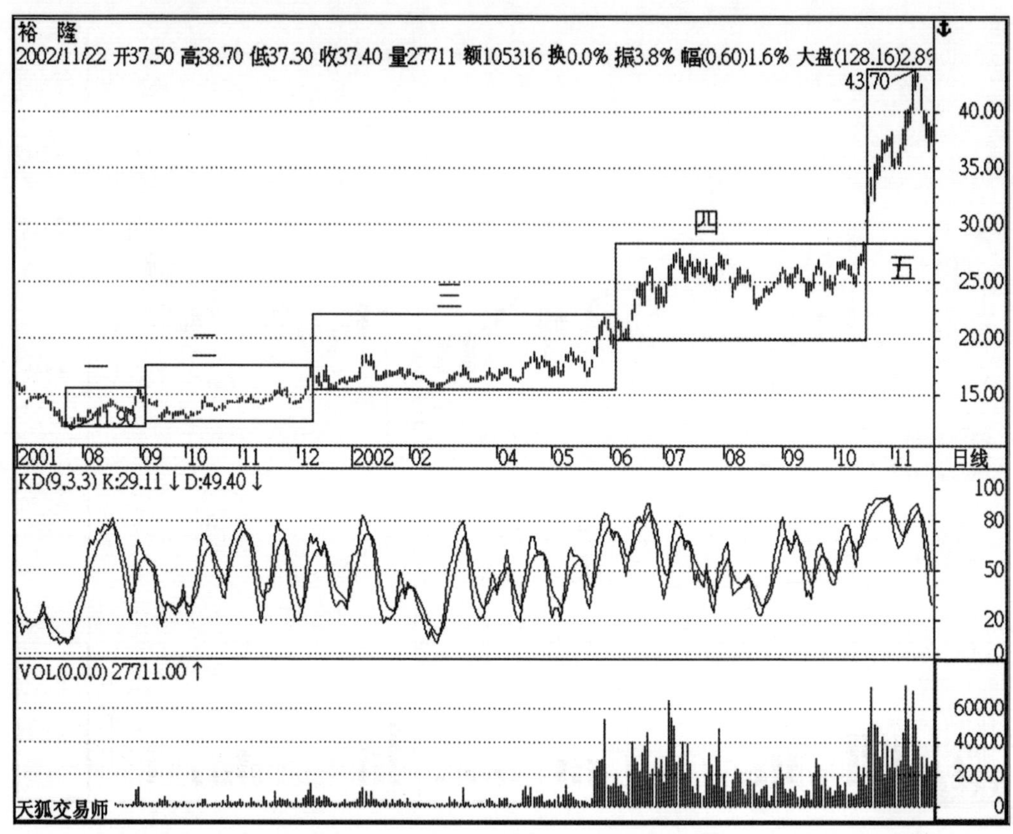

图 8-13 裕隆K线图

技术面现象(图 8-13)

(1) 第一个箱子从 11.90 元涨到 15.05 元，其幅度为 3.60 元；第二个箱子从 12.65 元涨到 17.50 元，其幅度为 4.85 元；第三个箱子从 15.30 元涨到 21.90 元，其幅度为 6.60 元；第四个箱子从 19.00 元涨到 28.90 元，其幅度是 8.90 元；第五个箱子从 26.70 元涨到 43.70 元，其幅度是 17.0 元。当箱子的幅度越来越大，是一种多头进攻的模式，所以带给我们的讯号是多头上涨力道越来越强。

(2) 当后续无法再形成箱子，或是箱子的幅度缩小，就是多头力道产生变化。

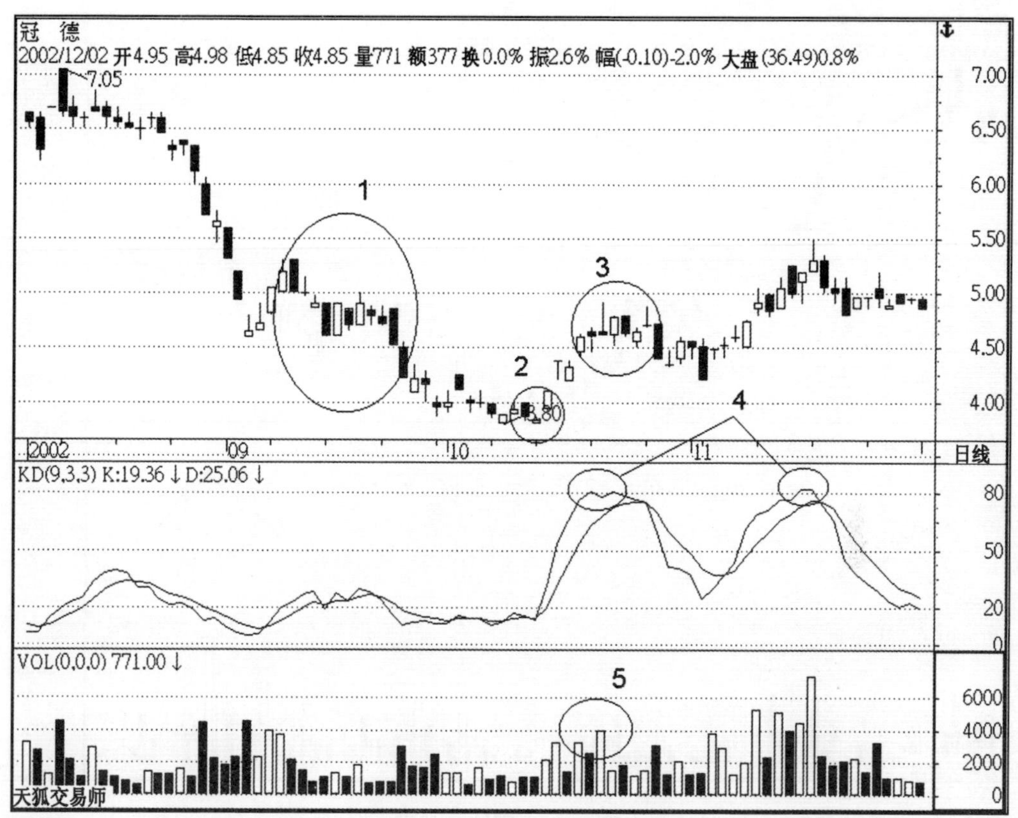

图 8-14 冠德 K 线图

技术面现象(图 8-14)

(1)趋势形成离白战车，未来这里形成压力。

(2)回档至低点形成短底，并出现晨星形态组合，所以短线出现买进讯号多头可以抢进。

(3)买进之后注意压力，压力面前出现避雷针，股价刚从低档上涨，故逢高宜卖。

(4)指针在高档，不轧空必定回档，回档注意支撑讯号，并观察是否呈现空转多讯号。

(5)出现相对巨量，又是低档初次反弹，在压力面前注意逢高找卖点。

图 8-15 冠德 K 线图

技术面现象(图 8-15)

(1)趋势形成更大的离白战车，未来这里形成压力。这里的压力更大，压力观察点在 5.3 元。

(2)反弹至前波趋势压力 5.3 元的地方，应该注意卖出讯号。

(3)股价回档出现阳母子，有机会形成转折，当“阳母子”形态被突破为短线买点。

(4)反弹至前波趋势压力 5.3 元的地方，原本就应该要注意卖出讯号，同时又出现相对巨量，更确定这里是短线卖点。

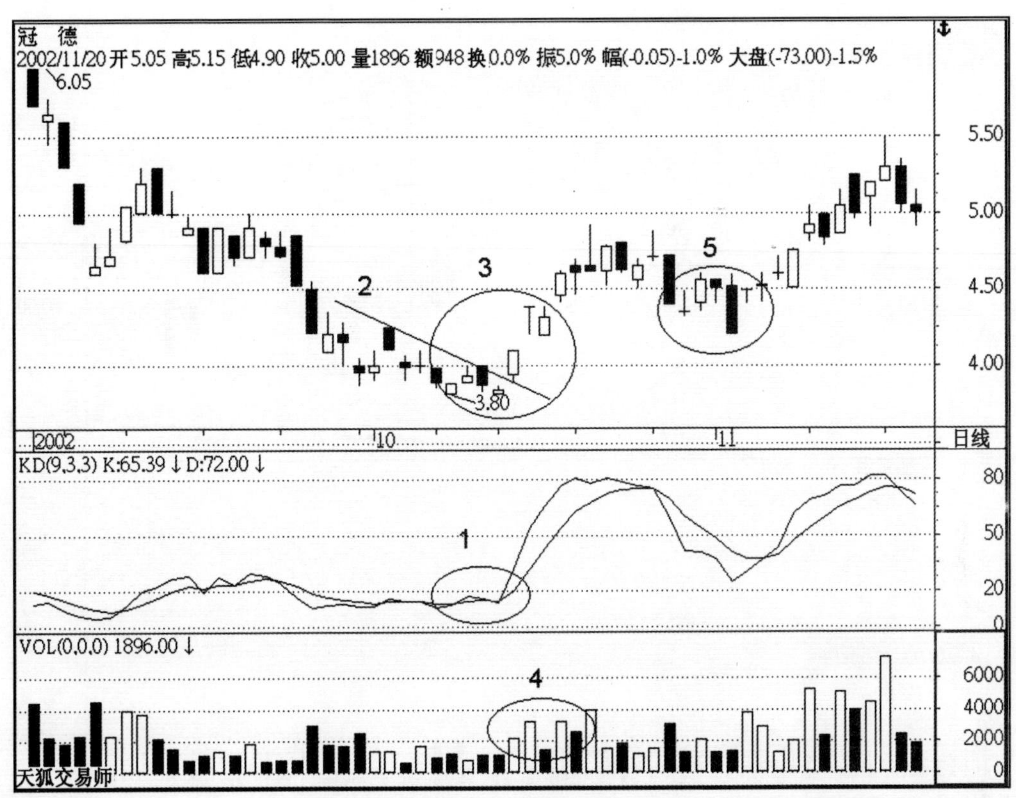

图 8-16 冠德 K 线图

技术面现象(图 8-16)

(1)指针呈现正背离，股价不回档就是涨，图形的走势称为该回不回。

(2)股价突破法人线，此线亦为下降压力线，在短底成立之后突破为第一买进讯号。

(3) K 线突破，并形成短线浪潮发动，为重要支撑，当股价回档至此时宜注意买进讯号。

(4)出现相对巨量的低点不破高点突破为买进讯号。

(5)回档至重要支撑并出现“阳母子”K 线形态，所以注意买进讯号。

图 8-17 光宝K线图

技术面现象(图 8-17)

(1) 小箱转成大箱，也就是下跌的加速度加快，暗示多头趋势转成空头趋势。

(2) 高文件反弹出现镊顶 K 线形态被跌破，暗示头部渐渐成形。

(3) 跌破头部颈线，股价反弹再度形成“镊顶”的形态，只要“镊顶”被跌破为逃命的行情已经结束，股价开始向下探低测试支撑。

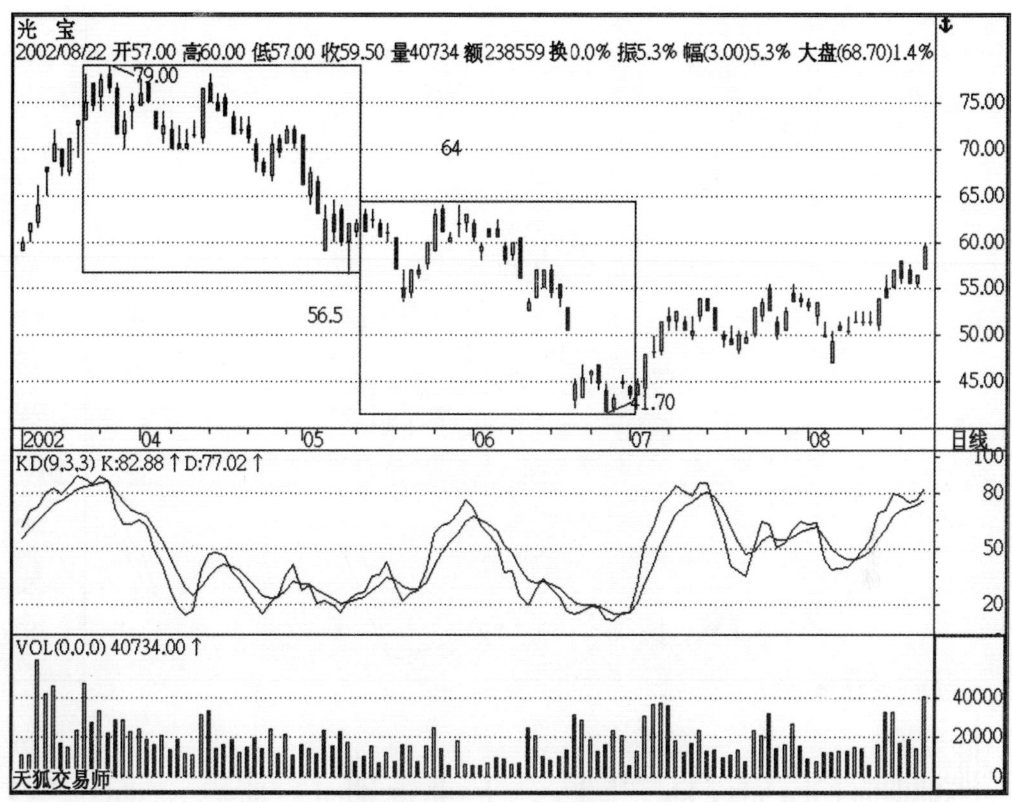

图 8-18 光宝 K 线图

技术面现象(图 8-18)

(1) 第一个箱子从 79.00 元跌到 56.50 元，其幅度为 22.5 元；第二个箱子从 64.00 元跌到 41.70 元，其幅度为 22.3 元，箱子幅度缩小显示空头力量在减弱，暗示多头只要在这里出现短期底部，就有机会进行反弹。

(2) 跌了两个箱子，箱幅缩小理应有机会反弹，但是出现两个箱子已经是进行大幅的修正行为，所以反弹行情应该视为空头中的中级反弹行情，如果无法出现强势多头，宜防反弹整理结束之后持续探低。

图 8-19 光宝 K 线图

技术面现象(图 8-19)

(1) 出现三点挂多盘如果出现突破为多头买进讯号，买进不轧空反而盘头，形成“三点挂多盘”轧空失败确认头部成型，跌破支撑则“三点挂多盘”低点成颈线压力。

(2) 趋势成空头，第一个箱幅结束之后形成三点挂空盘，注意逢高找卖点，“三点挂空盘”成立之后，形成另外一个箱子下跌的起点。

(3) 第二个箱子缩小，跌破轨道下缘，暗示最后下跌杀盘可能已经满足，只待多头表态确认。

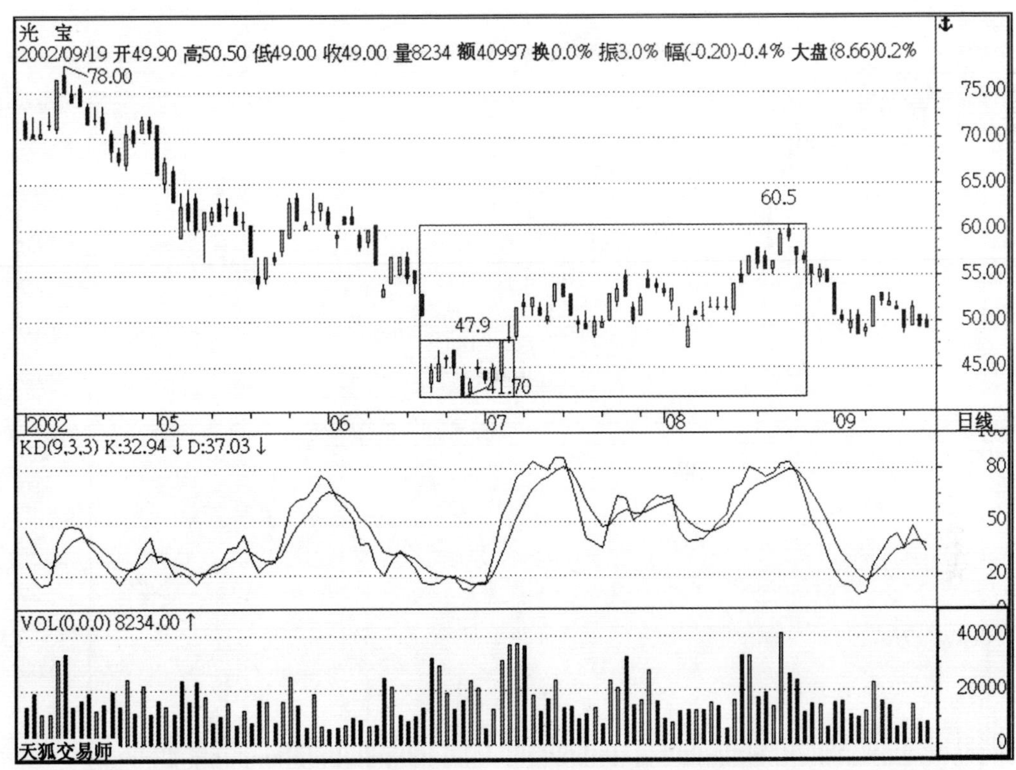

图 8-20 光宝 K 线图

技术面现象(图 8-20)

多头在低档有机会满足时做出第一个小箱子，当小箱成立在下跌箱子幅度变小之后，所以是短线买点。小箱子从 41.7 元涨到 47.9 元，幅度是 6.2 元。这一个小箱子因为多头力道发挥，小箱转换成大箱，大箱从 41.7 元涨到 60.5 元，幅度是 18.8 元。转完大箱之后股价原本就要进入休息，而箱顶高点却没有突破之前的“三点挂空盘”箱子就结束，怀疑已经完成反弹整理，持股要逢高卖。

图 8-21 光宝 K 线图

技术面现象(图 8-21)

(1)趋势形成离白战车下跌，此处为未来反弹压力，股价反弹到此附近注意卖出讯号。

(2)指针在高档不轧空，就是暗示股价将进行回档。

(3)出现相对巨量之后，指针在高档，反弹又面临前波压力，逢高注意卖点。

(4)满足箱子幅度，小箱幅度 6.2 元变成大箱幅度 18.8 元，已经增加三倍，属于相对高档。当面临前波压力，宜逢高出脱手中持股退出观望。

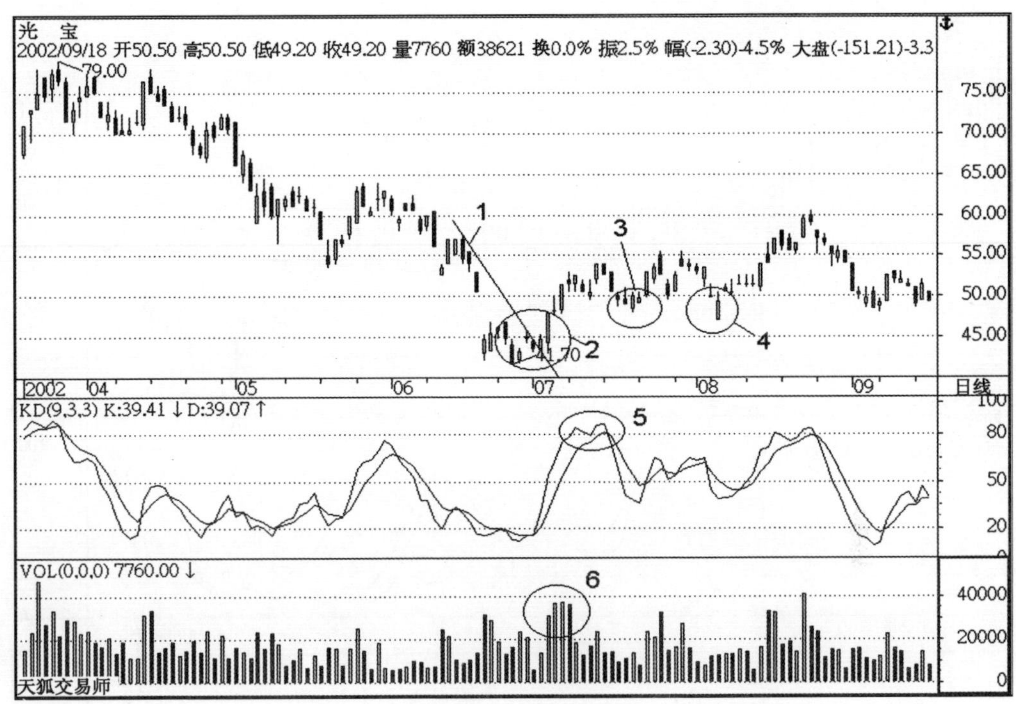

图 8-22 光宝 K 线图

技术面现象(图 8-22)

(1) 突破法人线，K 线也同步做趋势突破，在下跌箱幅缩小情形下，形成短线买进讯号。

(2) 短期底部成型，并形成阳子母的 K 线形态突破，此处为反弹浪潮的发动点。

(3) 回档到支撑区即长白线附近的位置，注意短线买进讯号。

(4) 回档到支撑区即长白线附近的位置，注意短线买进讯号。

(5) 指针在高档不轧空，就是暗示股价要回档。

(6) 相对巨量低点不破，就代表这里是一个支撑区域，压回到此处注意短线买进讯号。

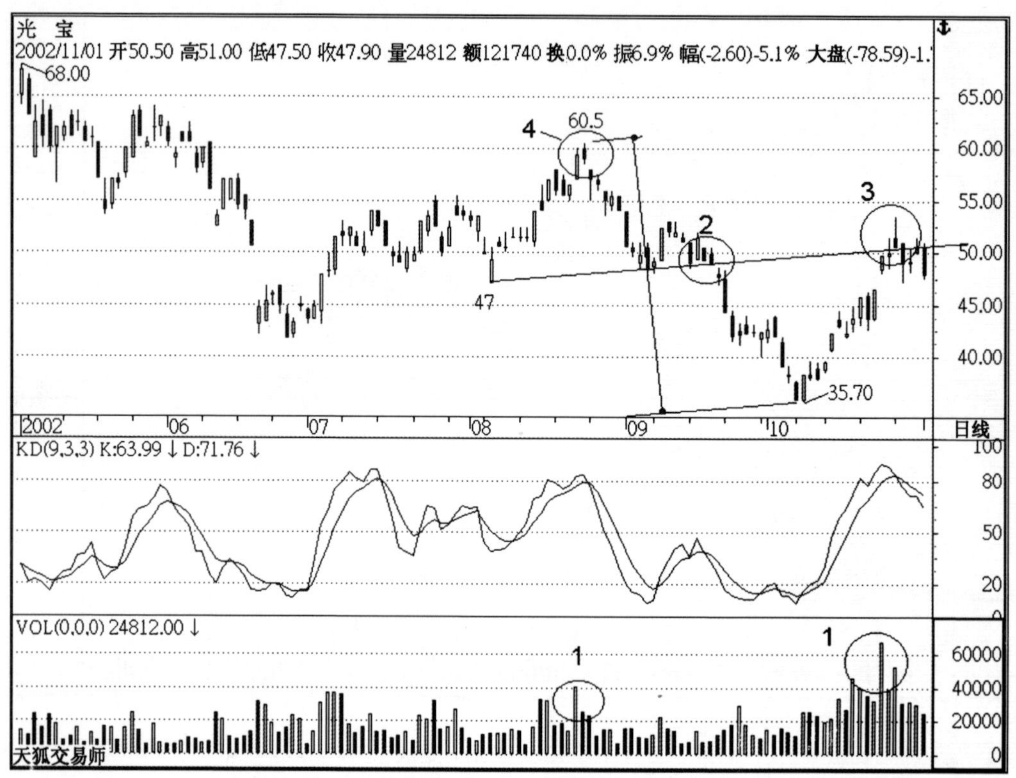

图 8-23　光宝 K 线图

技术面现象(图 8-23)

(1)相对巨量又逢前波压力面前，注意短线卖出讯号。

(2)回跌时重要支撑被跌破，其下跌幅度就会形成跷跷板作用，所以会再往下跌一段。

(3)颈线高点为压力，反弹至此注意卖出讯号。

(4)跷跷板的支点是 48.4 元，起跌点是 60.5 元，应此计算目标区有机会跌到：48.4×2－60.5＝36.3(元)，股价最后跌到 35.7 元，显然满足下跌目标区。

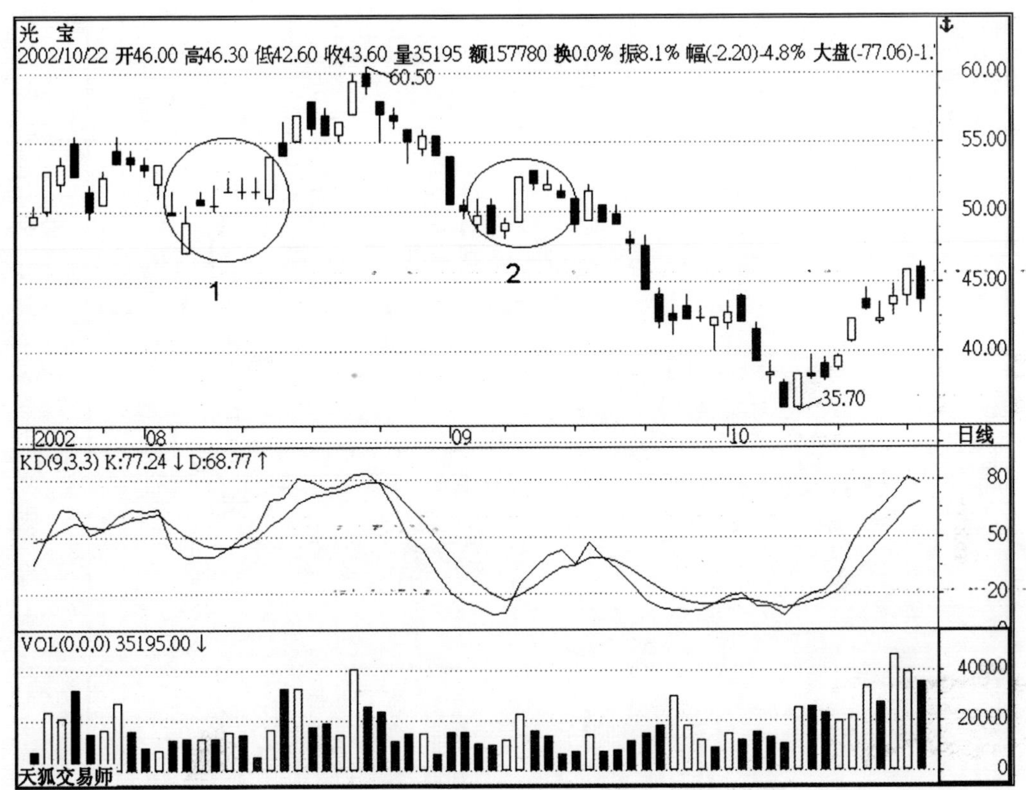

图 8-24 光宝 K 线图

技术面现象(图 8-24)

(1) 短线浪潮发动点为重要观察位置，亦为重要支撑区。

(2) 跌破浪潮发动点，股价进行反弹却呈现反弹无力，反弹无力就是逃命的现象，如果再创短线新低点，就是暗示要去创波段新低。

反弹要呈现有力，多头必须做出明确的攻击模式，多头出现攻击反弹都不一定会成功了，更何况不出现攻击？因此没有多头攻击的行为反弹必定无力。

图 8-25 光宝 K 线图

技术面现象(图 8-25)

(1) 出现相对巨量又逢前波离白战车的压力，且小箱子转成大箱子完成，为多头力道用尽，故出现卖出讯号为绝对卖出点。

(2) 指针正背离，低点跌破，波段高点成为压力。指针在高档不轧空就是要回档。

(3) 复合夜星的 K 线形态完成，下杀力道开始发酵。

(4) 跌破原始上升趋势线，暗示头部成型。

(5) 反弹不出现该回不回再下跌，此处就是多头为逃命。

图 8–26 光宝 K 线图

技术面现象(图 8–26)

当反弹怀疑结束之后，出现空方趋势的小箱子，小箱子的箱底被跌破，暗示空方力道转强，小箱将转变成为大箱，故小箱成立时为趋势确认的卖点。小箱子从 60.5 元跌到 53.5 元，幅度是 7 元。这一个小箱子因为空头力道发挥，小箱转换成大箱，大箱从 60.5 元跌到 35.7 元，幅度是 24.8 元，箱幅扩大就是空头力道发挥。而箱子从小箱的 7 元变成大箱的 24.8 元，增加了 3.5 倍，所以当跌到 35.7 元时，可以说短线多头有机会进行反弹。

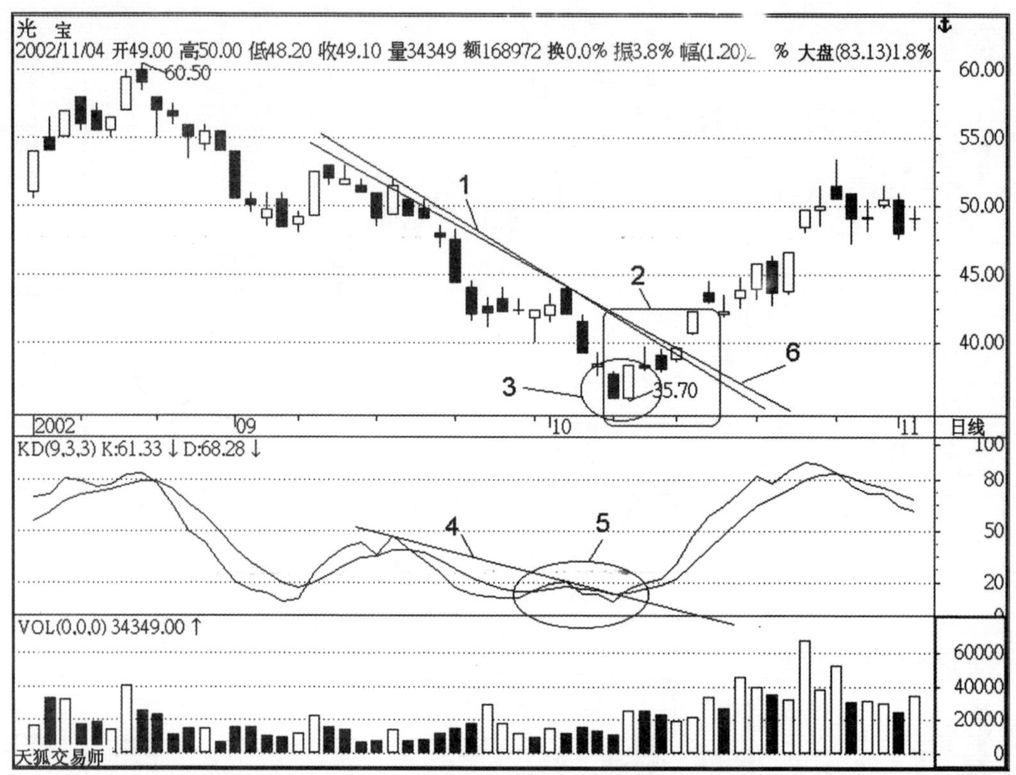

图 8-27 光宝 K 线图

技术面现象(图 8-27)

(1)当箱幅力道用完之后，出现下降趋势线突破，为短线买进讯号。

(2) K 线趋势形态做突破，突破的 K 线低点不破为买进讯号。

(3)呈现阳子母的 K 线形态，在低文件有机会止跌，并形成低文件转折形态。

(4)KD 指针下降趋势线突破，回归到 K 线观察，K 线也呈现突破，所以是短线买进讯号。

(5)KD 指针呈现正背离，低点不破为短线买进讯号。

(6)法人线突破，亦为短线买进讯号。

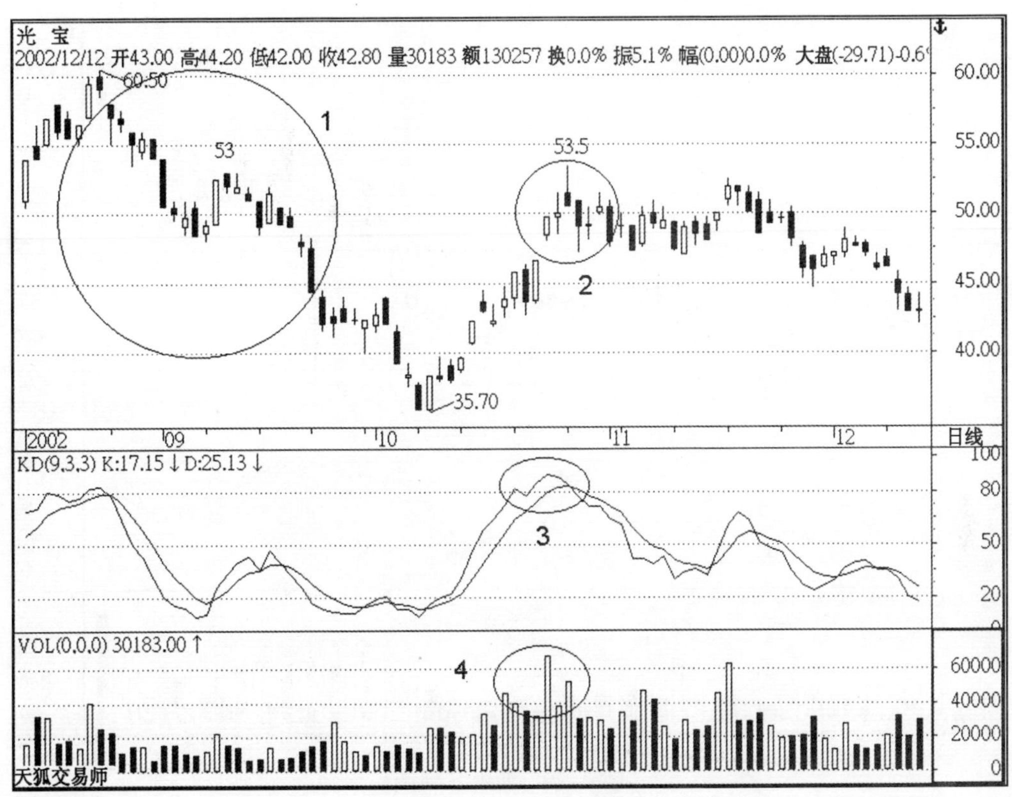

图 8-28　光宝 K 线图

技术面现象(图 8-28)

(1)趋势形成离白战车，故此处为趋势压力，反弹至此正常情形会出现解套卖压。

(2)反弹到前波压力面前注意短线卖出讯号。

(3)指针在高档不轧空就是暗示股价要回档，且正巧逢前波“离白战车”的趋势压力，所以通常成为绝对卖出点。

(4)满足第 2 和第 3 点的条件，同时又出现相对巨量，往往就是有散户追价，大户解套的情形发生，故识者宜于此卖出，而非追价买进。

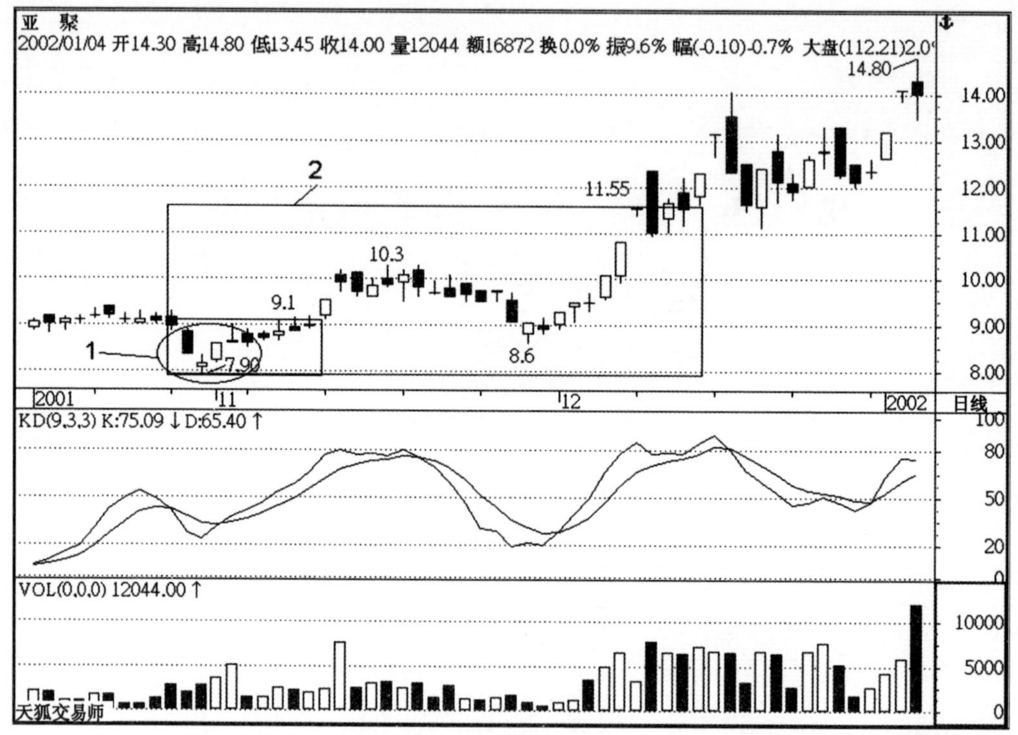

图 8-29 亚聚 K 线图

技术面现象(图 8-29)

(1) 出现晨星的 K 形态组合，并且突破，暗示股价有机会在这里出现止跌。

(2) 止跌做出一个小箱子，小箱子从 7.9 元涨到 9.1 元，幅度是 1.2 元，后来小箱子的多头力道发挥，让小箱子变成大箱子，大箱子从 7.9 元涨到 11.55 元，幅度是 3.65 元，增加的幅度是三倍。当小箱子成立时为买点，当大箱子完成时为一个波段。

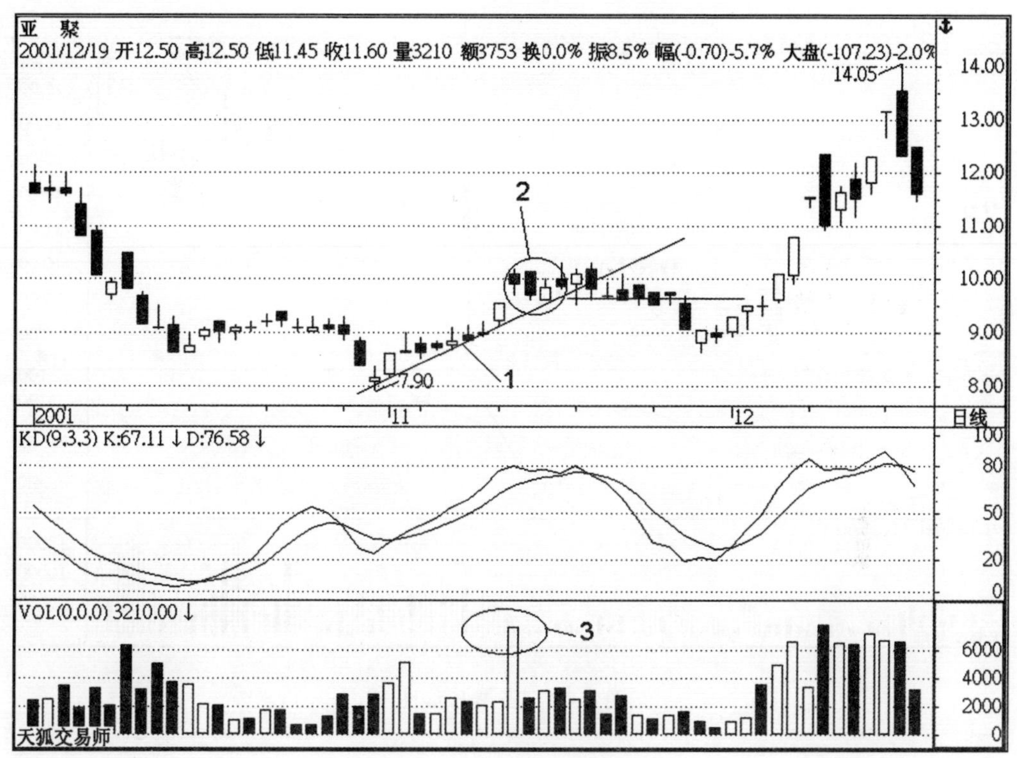

图 8-30 亚聚 K 线图

技术面现象(图 8-30)

(1)法人线跌破，代表一个段落已经结束。

(2)出现镊顶的 K 线形态低点被跌破，进行回档修正。

(3)出现相对巨量时，股价若无法持续上涨，就要注意卖出讯号，当相对巨量的低点被跌破时，其高点就会形成压力。

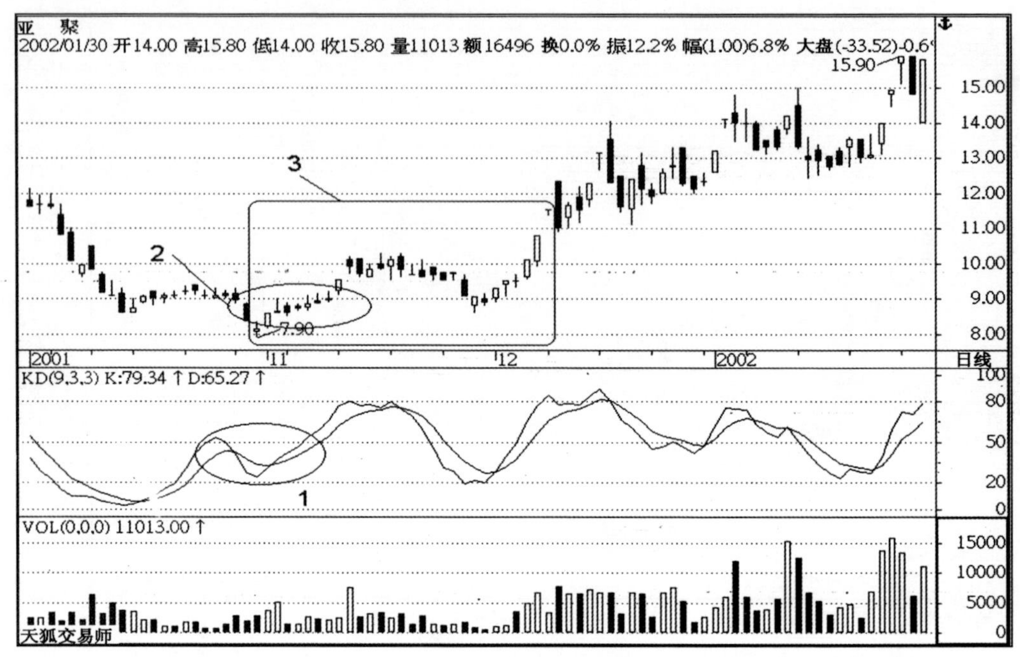

图 8-31 亚聚 K 线图

技术面现象(图 8-31)

(1)指针出现正背离，股价如果不压回，暗示后市仍有高点可期。

(2) K 线呈现晨星突破，同时也呈现趋势突破，故为低档发动讯号，宜进场短线做多。

(3)趋势形成离黑战车，其关键低点为重要支撑，往后股价回档至此，应注意是否出现止跌讯号与买进讯号。

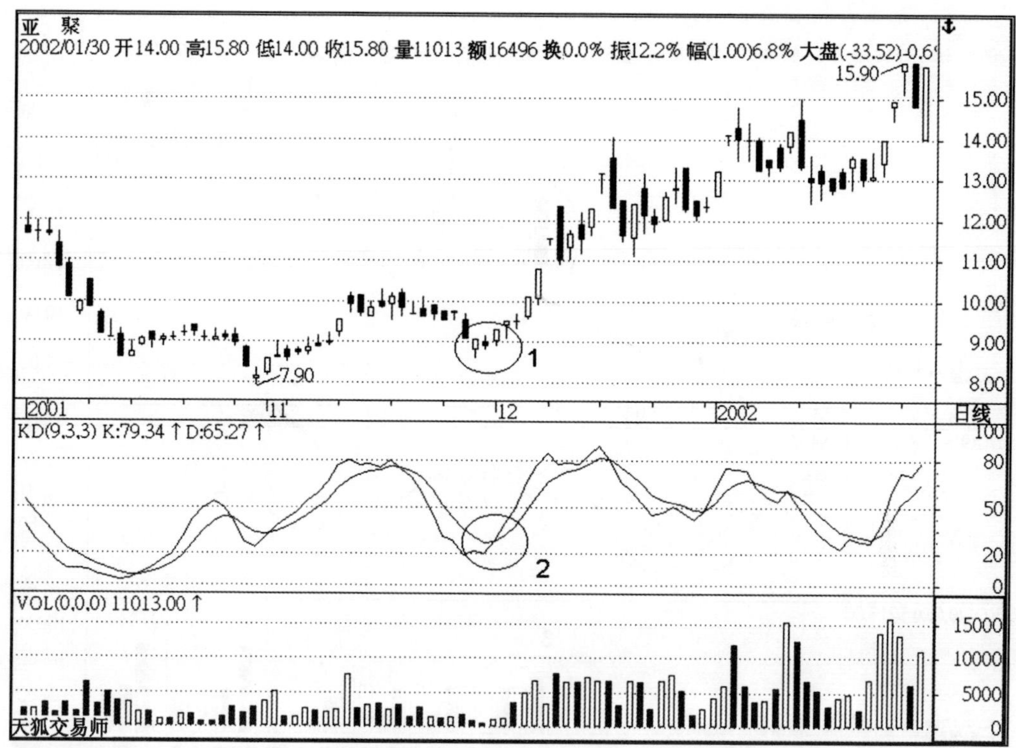

图 8-32 亚聚 K 线图

技术面现象(图 8--32)

(1) K 线在回档逢撑之后出现离黑战车的 K 线形态，为 K 线突破讯号，也是短线买进讯号。

(2)KD 指针中呈现 K 由下往上穿越 D 值，隔笔理应出现空头抵抗，空头抵抗失败就是多头攻击讯号，又在回档逢撑的区域，所以是短线买点。

图 8-33 亚聚 K 线图

技术面现象(图 8-33)

(1) K 线出现复合母子的形态，母低为重要观察点，未跌破前不宜看坏。

(2) KD 指针呈现负反转，隔笔理应出现多头抵抗，多头抵抗成功代表 K 线“复合母子”的形态具有支撑力道。

(3) 出现相对巨量观察对应低点，当其低点不跌破时，就表示这里有实际买单介入，此处也为重要支撑观察点。

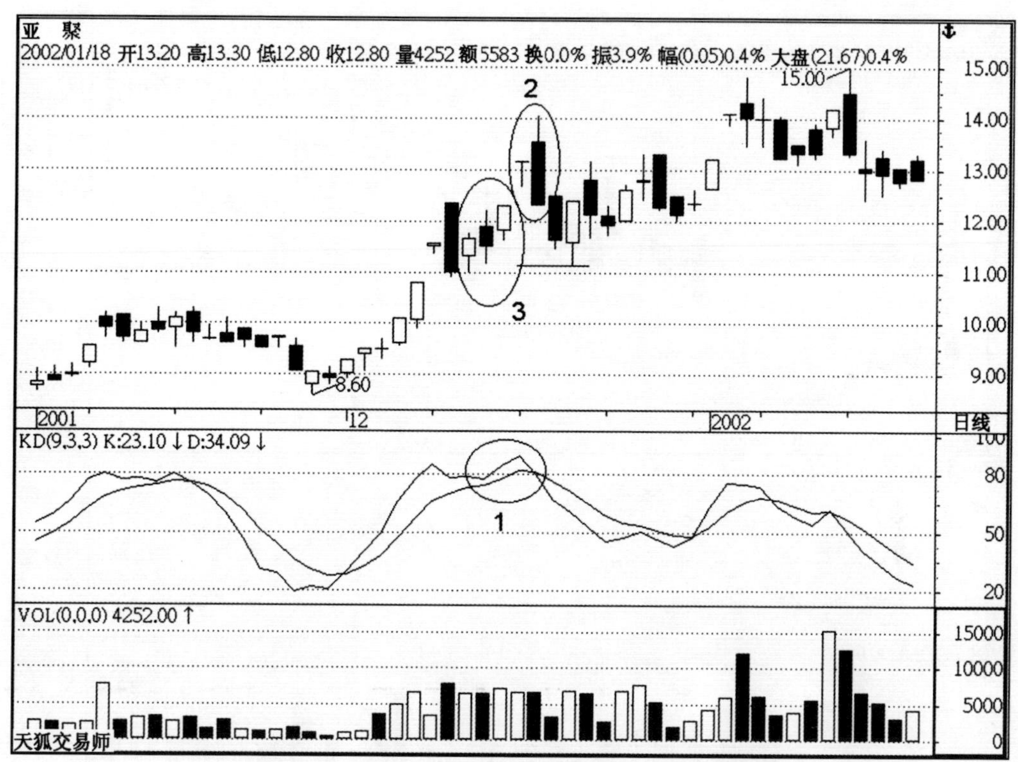

图 8–34 亚聚 K 线图

技术面现象(图 8–34)

(1) 指针出现正背离之后，如果 K 线低点被跌破，多方宜转为保守。而指针在高档如果不轧空就是暗示要出现回档。

(2) 出现阴子母的 K 线形态跌破，所以股价进行回档，回档观察是否出现支撑而止跌。

(3) 这里曾经产生离黑战车的 K 线重要形态，因此股价回档到这里，理应出现支撑，支撑如果成立宜注意短线买进讯号。

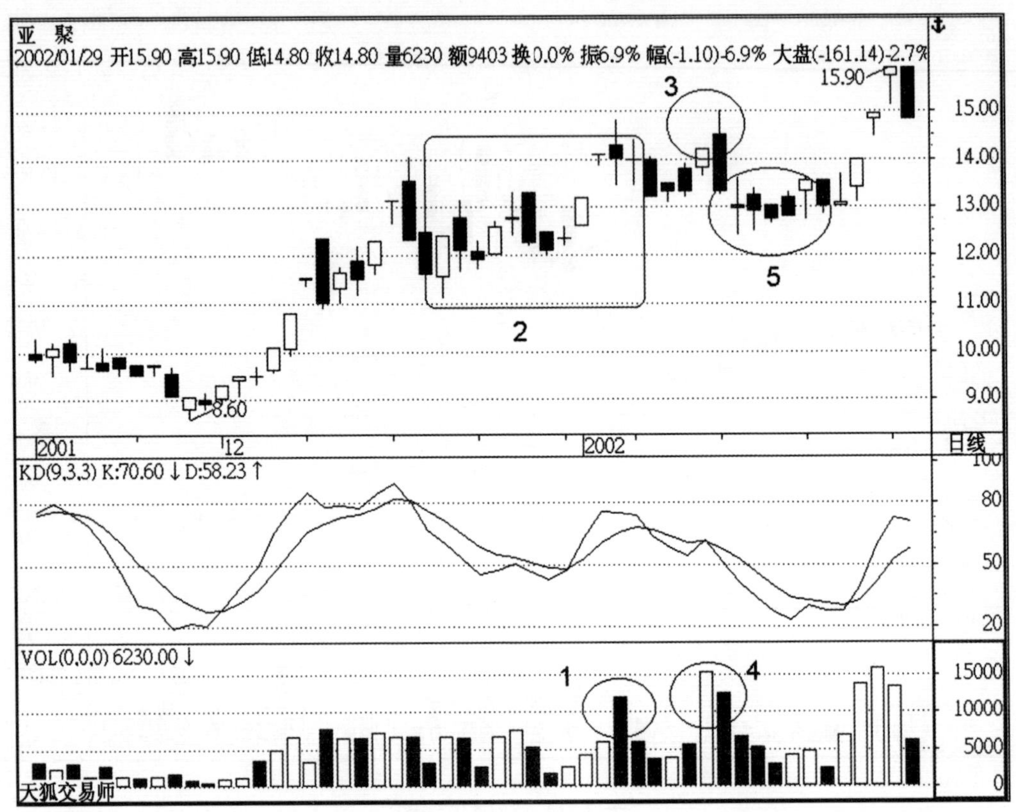

图 8-35 亚聚 K 线图

技术面现象(图 8-35)

(1)出现相对巨量低点其 K 线低点被跌破，造成短线单被套牢，故其对应 K 线的高点成为压力。

(2)趋势形成离黑战车，此处为回档的重要支撑观察点。

(3)反弹到压力面前宜逢高卖出，等到回档有撑出现买进讯号再买进。

(4)出现相对巨量在压力面前逢高注意卖出讯号。

(5)回档到支撑区域，注意是否出现止跌与买进讯号。

图 8-36 亚聚 K 线图

技术面现象(图 8-36)

(1)形成颈线低点，其低点为关键重要支撑。

(2)发动趋势攻击，K 线突破，故此处为浪潮发动点。

(3)KD 指针形成正背离，低点跌破，此高点成为压力，股价进行回档，回档未破发动与颈线低点，故趋势并未被破坏。

图 8-37 亚聚 K 线图

技术面现象(图 8-37)

(1)浪潮既然发动为何还会拉回？原来是出现相对巨量其对应 K 线低点被跌破，使其高点成压力。

(2)再出现相对巨量，反弹逢前波压力，逢高先注意卖出讯号。

(3)股价压回到浪潮发动点的位置出现支撑，那么注意短线买进讯号。

图 8-38 亚聚 K 线图

技术面现象(图 8-38)

(1) K 线形成趋势突破，为短线发动点。

(2) 出现相对巨量，其虚拟低点为关键回档支撑观察点。

(3) 指针在高档不轧空，就是暗示股价要回档。

(4) 股价回档到虚拟低点之处，宜注意买进讯号。

(5) 指针形成正背离后低点跌破，高点成压力，股价暗示进行回档。

图 8-39 亚聚 K 线图

技术面现象(图 8-39)

(1) 压力面前出现相对巨量，理应逢高注意短线卖出讯号。

(2) 相对巨量面前呈现多空大交战，成者王败者寇，高点突破之后低点形成重要支撑。

图 8-40 亚聚 K 线图

技术面现象(图 8-40)

第一个箱子从 7.90 元涨到 11.55 元，其幅度为 3.65 元；第二个箱子从 10.90 元涨到 18.60 元，其幅度为 7.70 元；第三个箱子从 17.20 元涨到 23.10 元，其幅度为 5.90 元；箱子幅度由小变大，代表上涨力道增加，再由大缩小所给的讯息是上涨力道减弱。上涨力道减弱之后注意短线卖出讯号。

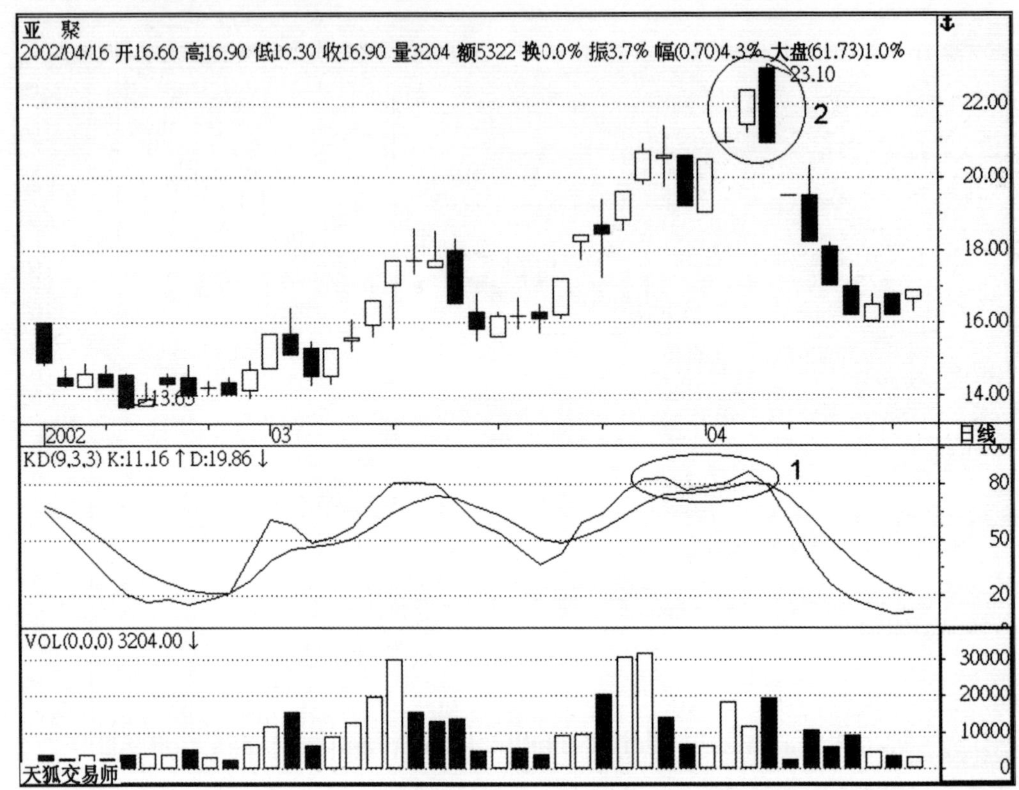

图 8-41 亚聚 K 线图

技术面现象(图 8-41)

(1)指针出现正背离，股价不创新高注意卖出讯号。又指针处于高档，想要维持股价强势唯一途径就是要轧空，不轧空只好将股价压回。

(2)指针出现疑虑，K 线形态出现阴子母，暗示股价将要进行反转，当隔笔出现跳空下跌又形成复合夜星的反转形态，故下跌力道较重。

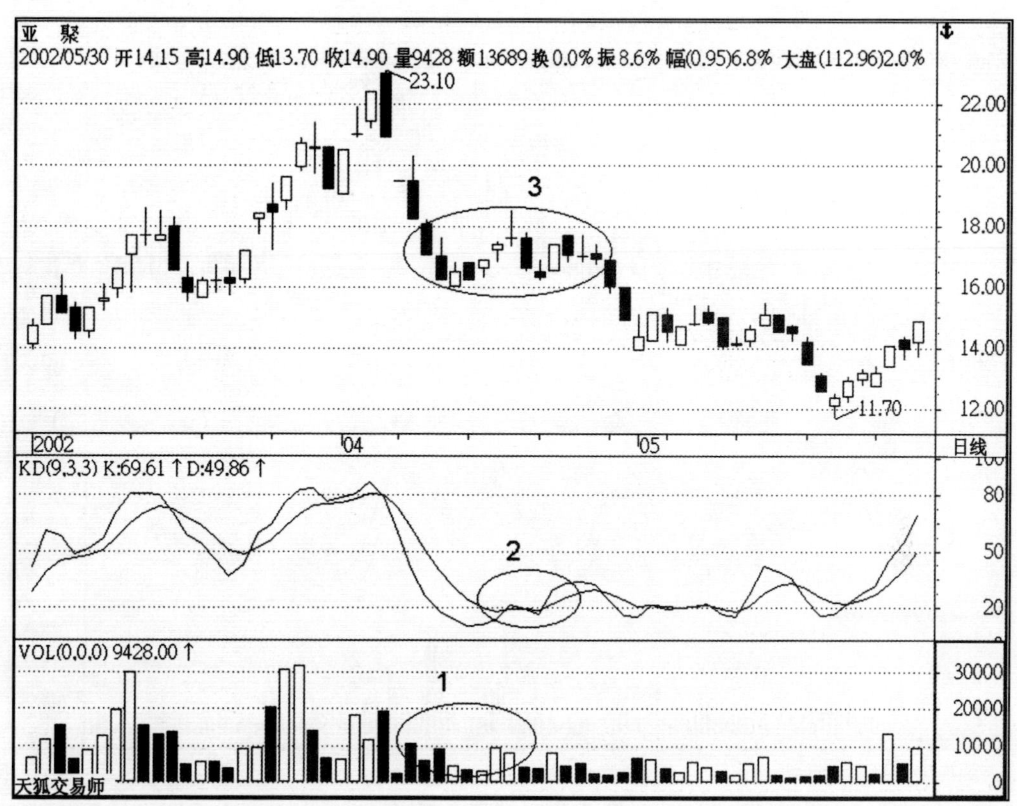

图 8-42 亚聚 K 线图

技术面现象(图 8-42)

(1)股价刚刚下跌后反弹出现相对巨量，压力面前逢高先出，避免追进正好买在主力逃命的高点。

(2)指针在反弹过程中出现指针正背离，其低点跌破时，此波反弹高点形成压力。

(3)反弹形态形成颈线高点，为未来股价反弹的重要压力区。

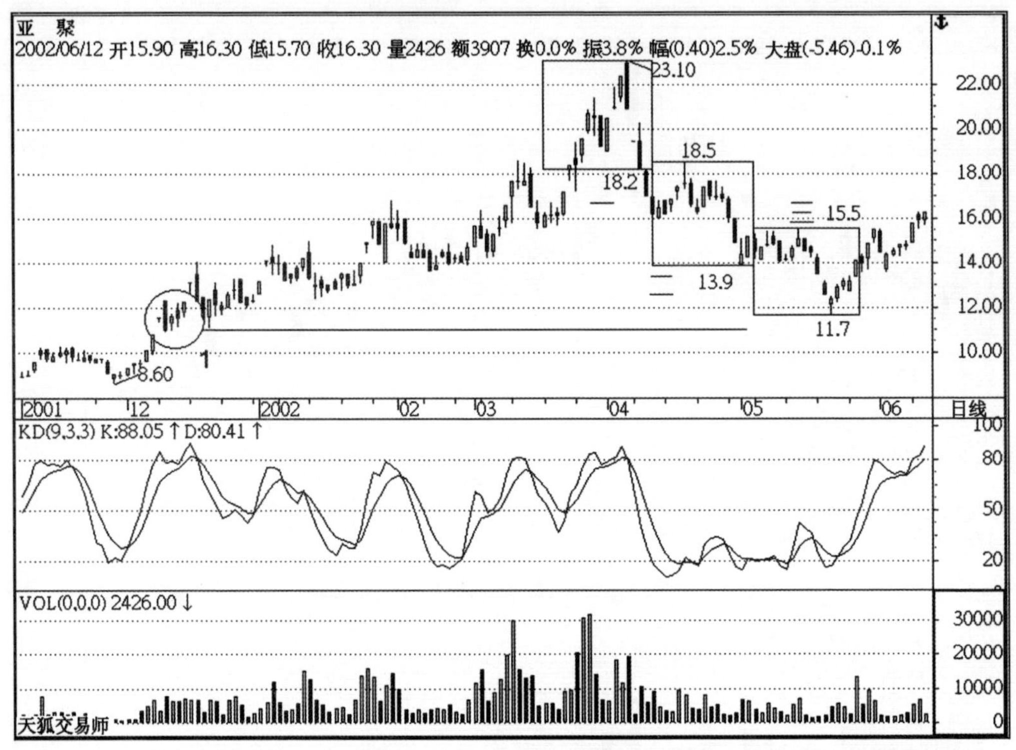

图 8-43 亚聚 K 线图

技术面现象(图 8-43)

(1) 出现复合母子突破，此处为 K 线重要的形态支撑。

(2) 第一个箱子从 23.10 元跌到 18.20 元，其幅度为 4.90 元；第二个箱子从 18.50 元跌到 13.90 元，其幅度为 4.60 元；第三个箱子从 15.50 元跌到 11.70 元，其幅度为 3.80 元。箱子的幅度越来越小，所给的讯息是空头下杀的力道在减弱当中，如果又逢前波重要支撑，宜注意短线买进讯号。

图 8-44 亚聚 K 线图

技术面现象(图 8-44)

(1)当箱幅缩小，而且完成三个箱子，代表下跌趋势完成一个段落，所以注意出现多头止跌或是多头攻击讯号，当出现 K 线的攻击趋势，即为短线买进讯号。

(2)股价有机会落底，而 KD 指针形成正背离，当其虚拟低点不破前逢低买进。

(3)股价有机会落底，出现相对巨量视为低档发动，也可以说是有大户进场布局，因此其对应低点不破前，宜注意逢低买进讯号。

图 8–45　亚聚 K 线图

技术面现象(图 8–45)

(1)底部出现股价发动之后，K 线形态又出现离黑战车，因此“离黑战车”形成支撑，当股价回档不破支撑时，注意短线买进讯号。

(2)在 K 线形成“离黑战车”之后，趋势也跟着形成“离黑战车”，趋势的“离黑战车”为波段回档重要支撑。当出现支撑时注意买进讯号。

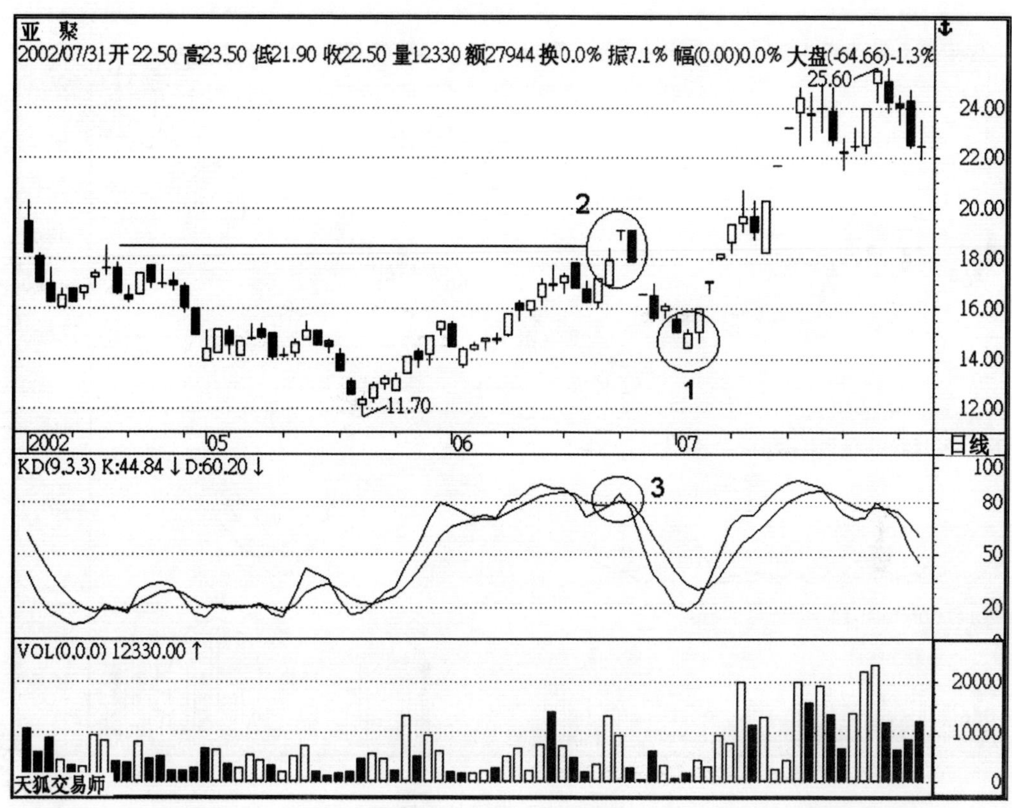

图 8-46 亚聚 K 线图

技术面现象(图 8-46)

(1) 突破压力之后股价进行回档，回档时逢前波趋势离黑战车的支撑，应注意买进讯号。

(2) 突破前波压力之后立刻填补缺口，代表多头攻击力道已经用尽，因此股价会立刻进行回档。

(3) 指针在高档不轧空，就是暗示股价要回头。

图 8-47 亚聚K线图

技术面现象(图 8-47)

(1)突破前波压力，注意是否出现短线压回。前波的压力因为没有出现相对巨量，所以没有主力，或是大户套牢，这一次股价上涨的突破，如果压回不深，就有机会进行轧空。

(2)出现相对巨量在压力面前注意卖出讯号，此巨量为突破前波压力，是量大做解套，还是量大做攻击，就看出现卖出讯号之后股价是否呈现回档？如果“该回不回”就是要进行轧空。

图 8-48 亚聚 K 线图

技术面现象(图 8-48)

(1)KD 指针在高档不回头就是轧空，因为没有回头，加上相对巨量之后该回不回，所以出现轧空为正常的行为。

(2)KD 指针在高档不轧空就是暗示股价要回档。前一小段涨势刚刚轧完空头，所以接着出现指针在高档不轧空，很容易出现短线获利回吐卖压。

(3)出现相对巨量低点跌破，高点就形成压力，如此容易造成后续的行情不容易轧空。

(4)出现相对巨量，逢前波高点压力注意卖出讯号。

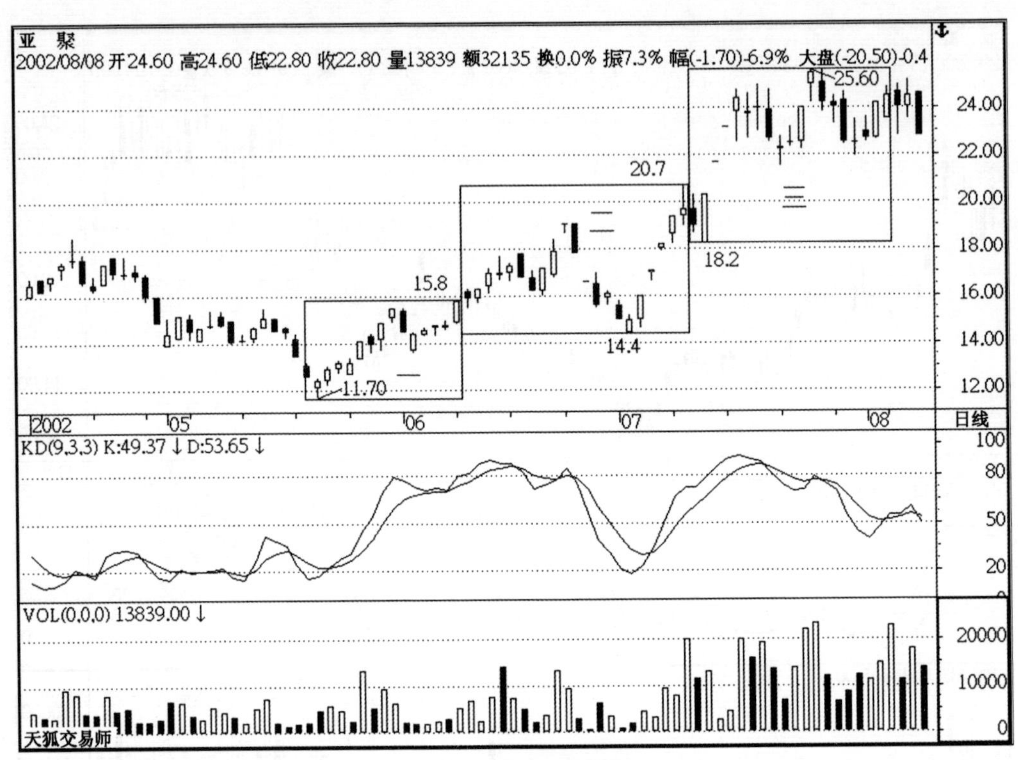

图 8–49 亚聚 K 线图

技术面现象(图 8–49)

第一个箱子从 11.70 元涨到 15.80 元，其幅度为 4.10 元；第二个箱子从 14.40 元涨到 20.70 元，其幅度为 6.30 元；第三个箱子从 18.20 元涨到 25.00 元，其幅度为 7.40 元。发现箱子的幅度越来越大，所暗示的讯息是多头上涨的力道越来越强劲。三个箱子完成，暗示的是未来有机会进行大幅度的修正。

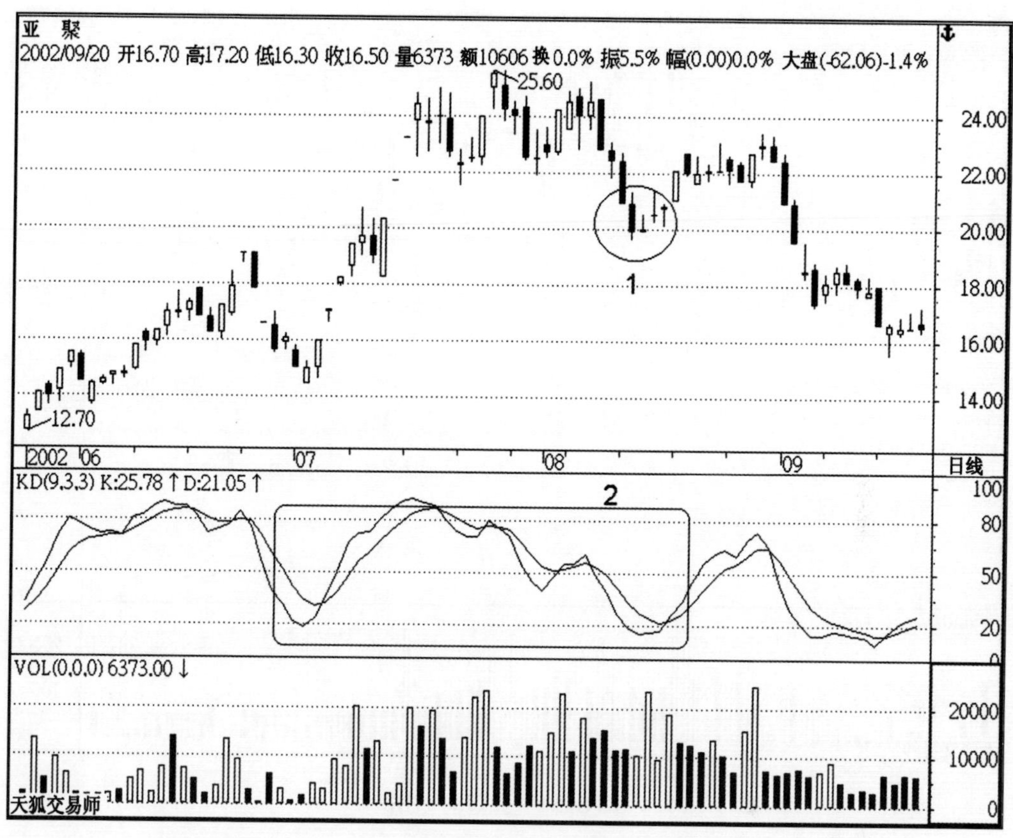

图 8–50 亚聚 K 线图

技术面现象(图 8–50)

(1)完成三个上涨箱子之后，股价进行回档，回档跌破关键点时准备抢短，关键点在于发动点或是向上跳空缺口。当股价回档时补掉向上跳空缺口，以及压回到开始轧空的低点附近时如果出现支撑，宜注意买进讯号。

(2)KD 指针与股价走势形成牛市背离，暗示股价将进行回档。

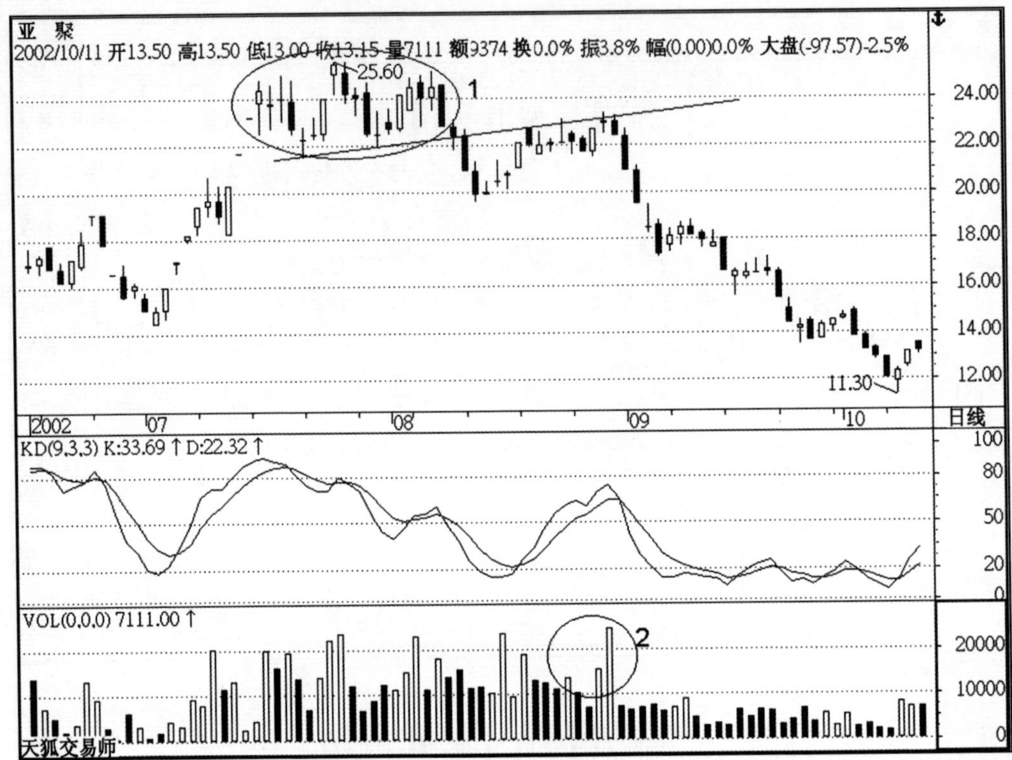

图 8–51 亚聚 K 线图

技术面现象(图 8–51)

(1) 形成短期的头肩顶形态，当颈线被跌破，就是头部完成，因此颈线支撑变成压力，股价反弹至此宜注意卖出讯号。假使股价反弹到颈线压力就呈现弱势，并且回跌，这一个短线反弹就是所谓的逃命波。

(2) 反弹过程中出现相对巨量，又正好反弹到颈线压力，所以应注意卖出讯号，只要出现止涨或是反转的 K 线形态，宜先退出。这里的相对巨量就容易变成为主力的出货量或是逃命量。

图 8-52 亚聚 K 线图

技术面现象(图 8-52)

小箱子从 25.6 元跌到 20.9 元之后宣告成立，如果小箱子箱底续跌破将会转变成大箱子。小箱子的幅度＝25.6 元－20.9 元＝4.7 元，大箱子从 25.6 元跌到 11.3 元，其箱子的幅度＝25.6 元－11.3 元＝14.3 元，等于小箱子扩大成三倍，这样通常代表一个浪潮已经结束，因此注意低点附近是否有止跌讯号。

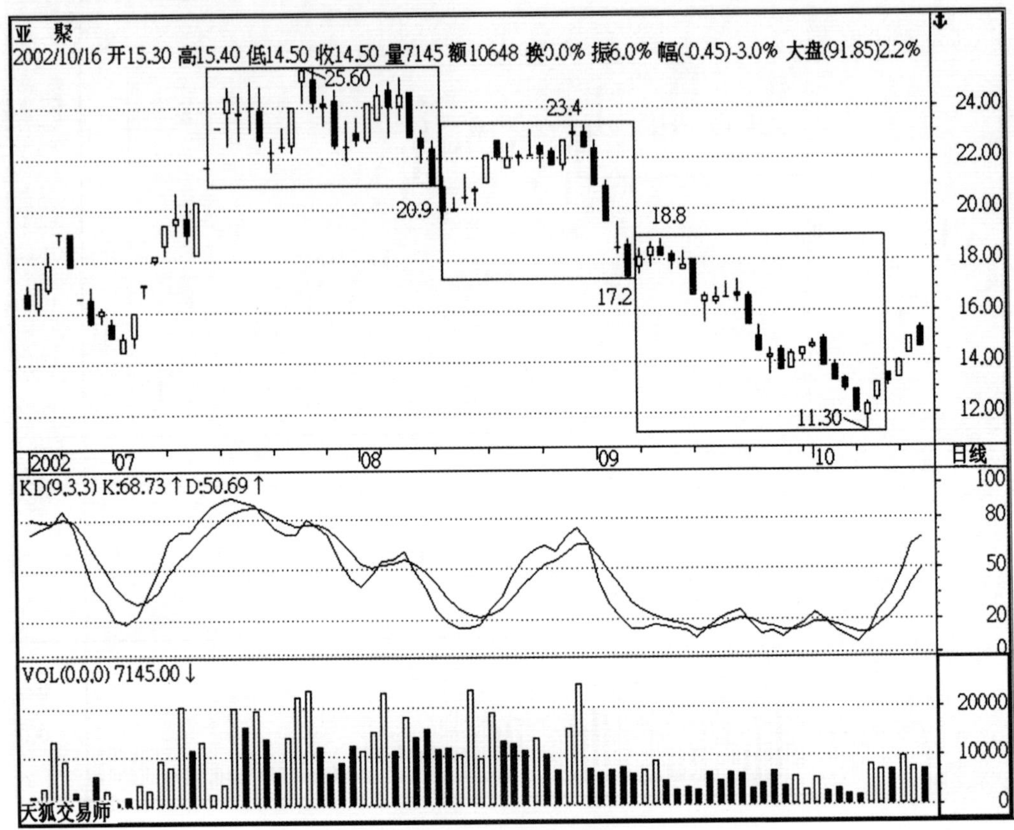

图 8-53 亚聚 K 线图

技术面现象(图 8-53)

第一个箱子从 25.60 元跌到 20.90 元，其幅度为 4.70 元；第二个箱子从 23.40 元跌到 17.20 元，其幅度为 6.20 元；第三个箱子从 18.80 元跌到 11.30 元，其幅度为 7.50 元。其中箱子的幅度从 4.7 元变成 6.2 元，再变成 7.5 元，箱子的幅度越来越大，所给的讯息是空头下跌的力道强劲。

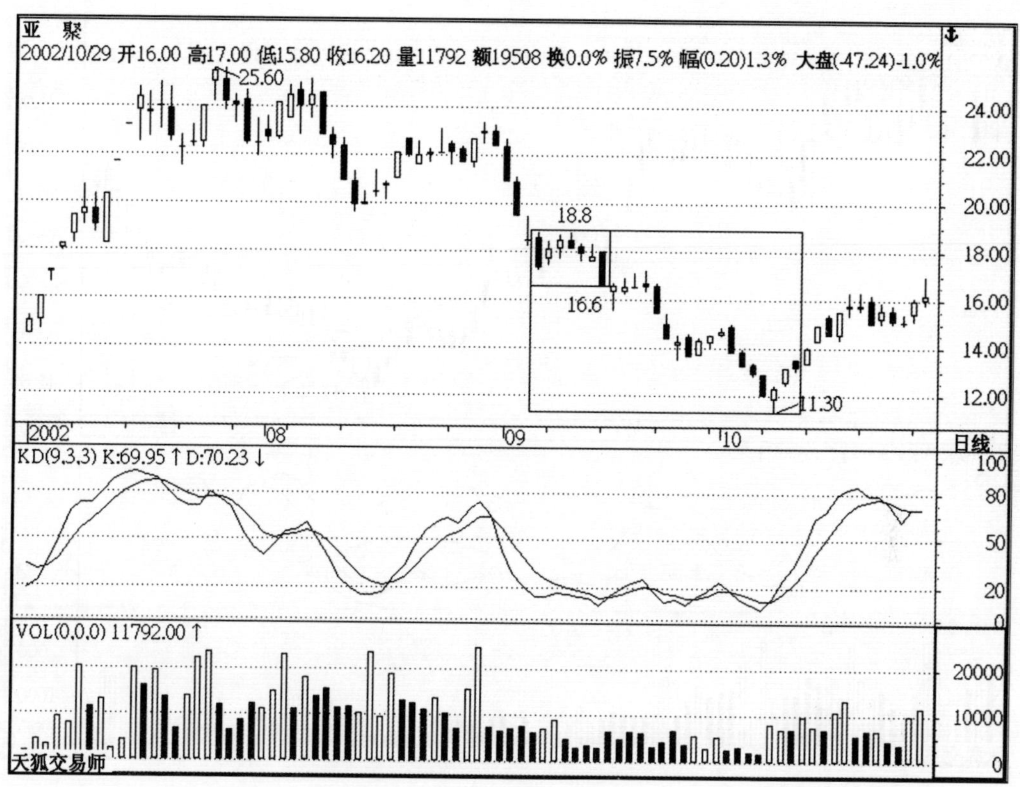

图 8-54 亚聚 K 线图

技术面现象(图 8-54)

小箱子从 18.8 元跌到 16.6 元之后宣告成立，如果小箱子箱底续跌破将会转变成大箱子。小箱子的幅度＝18.8 元－16.6 元＝2.2 元，大箱子从 18.8 元跌到 11.3 元，其箱子的幅度＝18.8 元－11.3 元＝7.5 元，等于小箱子扩大成三四倍，这样通常代表一个浪潮已经结束，因此注意低点附近是否有止跌讯号。

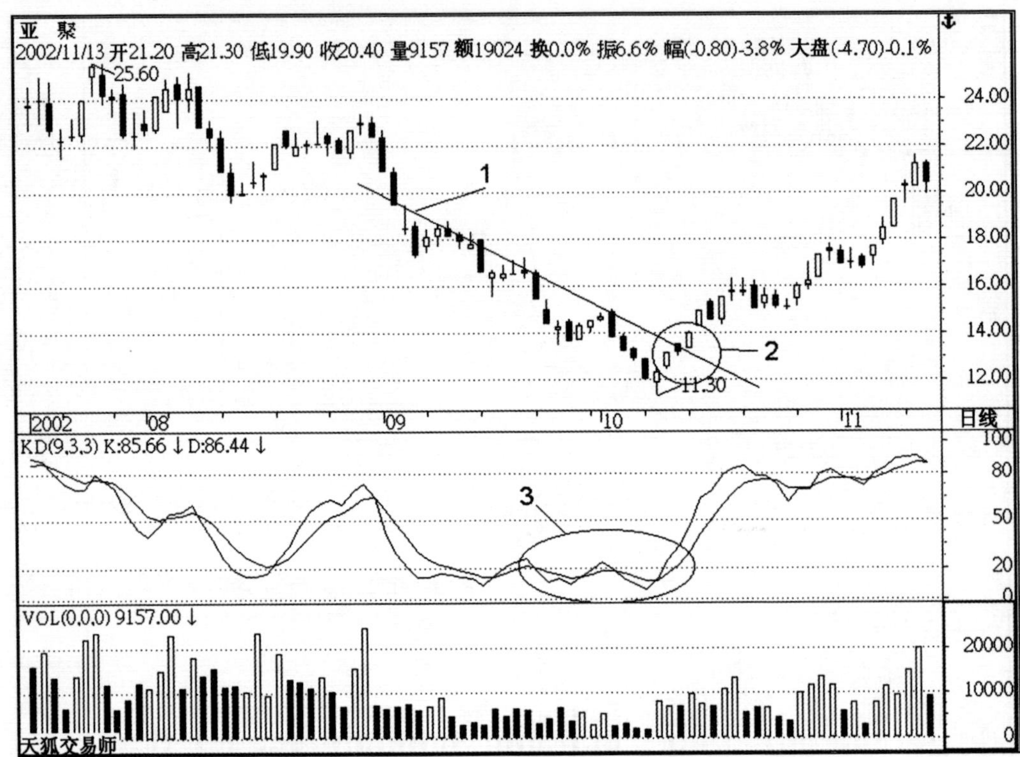

图 8-55 亚聚K线图

技术面现象(图 8-55)

(1) 当股价经过两次小箱转大箱，以及三个箱子的观察之后，研判股价有机会在 11.3 元落底，因此注意止跌讯号和买进讯号。当股价突破法人线，代表股价转强，将进行止跌反弹的动作。

(2) K 线形态在突破法人线时出现离黑战车，为攻击 K 线的形态组合。

(3) KD 指针形成负背离，其对应 K 线高点被突破之后暗示股价止跌，当股价回档出现支撑时宜注意逢低买进讯号。

图 8–56　亚聚 K 线图

技术面现象(图 8–56)

(1) K 线形态连续出现三点挂多盘，其低点未破之前应注意买进讯号。

(2) 指针在高档不轧空，注意出现回档。

(3) 出现相对巨量在压力面前注意卖出讯号，尤其是股价刚创低之后，呈现反弹，到了相对高点的位置。

图 8-57 亚聚 K 线图

技术面现象(图 8-57)

(1)浪潮的另一个发动处，其发动点为一个重要支撑，当股价回档至此应注意买进讯号。

(2)KD 指针在高档股价不回档，就是暗示股价要进行轧空。

(3)出现相对巨量，其低点不破高点突破，注意股价回档到此处时出现的买进讯号。

图 8-58 亚聚 K 线图

技术面现象(图 8-58)

(1) 相对巨量低点被跌破，此处高点形成压力，未来逢此压力宜注意短线卖出讯号。

(2) 出现相对巨量，逢前波负反转的转折压力，注意短线卖出讯号。

(3) 出现相对巨量，逢前波相对巨量被跌破之后的高点压力，注意短线卖出讯号。

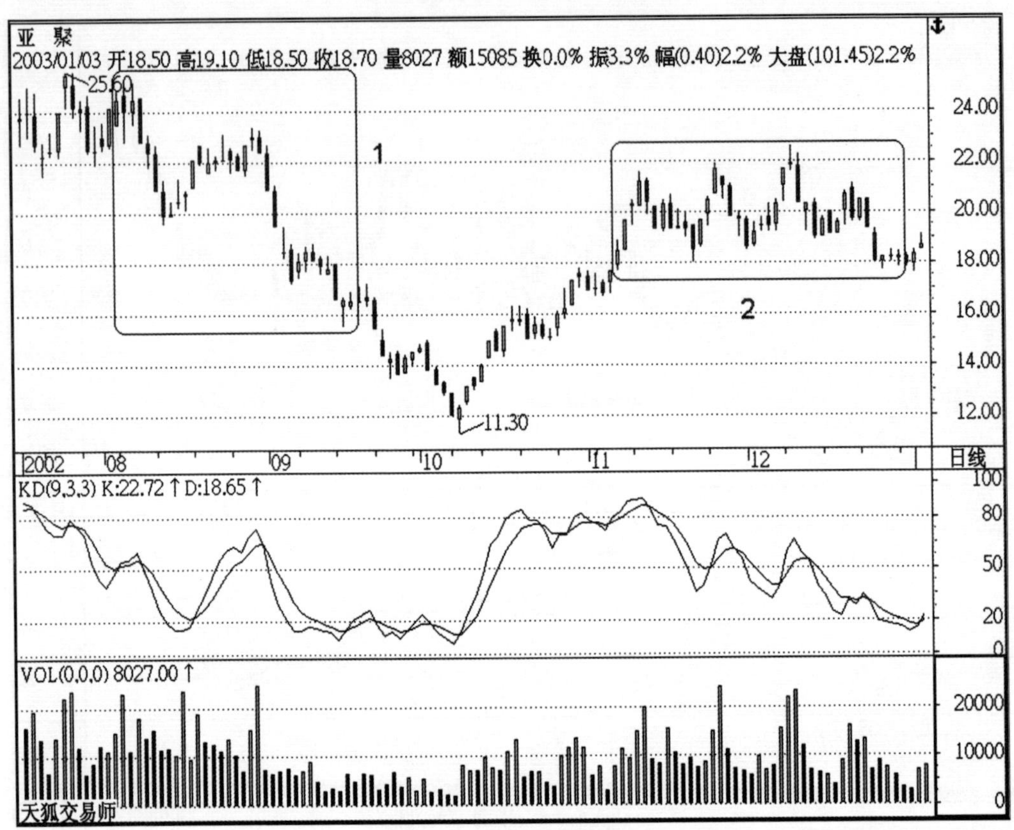

图 8-59 亚聚K线图

技术面现象(图 8-59)

(1)趋势形成离白战车，下跌又有箱子完成，所以此处为重要压力，亦为空方重兵防守区，故股价反弹接近此处容易出现压力。

(2)股价反弹接近趋势离白战车的转折处，容易出现多空交战，因此股价呈现剧烈震荡。

结 语

胡适先生曾说过："要怎么收获，先怎么栽。"世界上任何事绝对无法只靠运气，必须先具有相当的实力后，突然出现的运气才能助我们一臂之力。

在股海翻腾的过程中，刚刚开始接触技术分析研究时，不免也保持着追寻"圣杯"的心态，希望能够找到所谓的武功秘籍，学完之后就可以天下无敌，在这一种快餐的心态下，笔者曾经忘情于自定指针的撰写，希望自创出一个可以多空通吃的神奇指针。

后来幡然省悟，发觉这些不是正道，任何学问应该都从最基本的观念与逻辑着手，将根基扎得越深、基础打得越稳固，观念就会更清楚，而这样的基础功夫，一切都要从 K 线先开始。

"研究技术分析没有秘籍"，这是笔者最常挂在嘴边的一句话，只有下苦功，才能一点一滴累积自己的实力，因为一开始研究技术分析的路走偏了，所以对这样的过程体验很深。笔者也常说："如果技术分析有什么速成秘籍，我愿意重金取得，也不要花这么多宝贵的时间。"实际上，研究技术分析没有所谓秘籍，只能一步一脚印的累积自己的实力。

所以笔者非常羡慕那些拥有秘籍的人。个人往往要焚膏继晷才能推得与验证一个定律或是经验法则，这样的过程真的非常辛苦，如果没有正确的学习方向，会浪费许多无谓的光阴。

当然不是说不能自修取得知识和经验，只是这样的过程相当漫长，笔者自己也经历了这样的光阴，那一段时间就是自行摸索，虽然有所突破，但是进度相当缓慢。

因此笔者才有想出书的念头，希望将一些经验与心得披露，减少对技术分析有兴趣的朋友自行摸索的时间。如果摸索的方向正确，当然是很值得，就怕与笔者以前开始学习技术分析一样，走错了方向，白白浪费光阴。

其实在本书当中能够阐述有关K线的观念，只有自己所学的极少部分，因为要在一本书的容量内将有关的内容讲清楚是一项不可能的任务，但是这些内容已经足以敲开技术分析的大门。尤其是本书披露不少主力操盘的关键，这些操盘关键说是不传之密也不为过。

而在撰写本书的过程中亦竭力详细明白，利用最简单的方法来说明K线的基本观念与逻辑思考。由于本书是入门的书籍，各位读者应该可以很容易进入这一本书的核心。

笔者建议，以这一本书作为研究技术分析的入门，循序渐进地学习技术分析的技巧，相信不久之后，自己就可以轻松地研判行情与拿捏股价的进出场点，为了让这一本书产生延续性的学习效果，读者可以驾临笔者所架设的网站来讨论有关的疑问，网站将会为各位读者开辟一个关于本书的专有讨论区，请各位读者到敝网站免费登录成为网站会员之后，申请进入读者讨论区，这样就可以互相交流讨论有关K线形态的种种变化了。

另外，笔者也将在这一本书之后，再撰写一本更深入的实战书籍，书籍名称暂定为《主控战略开盘法》，谈的内容大致为开盘法与一些较深入的K线形态研判，当然也包含了K线形态主力操作模式，更会搭配一些基本的技术分析指针运用关键诀窍在内，欢迎各位读者继续捧场，并不吝指教。

在未来，笔者将会定期举办有关本书主题的座谈会，与有兴趣深入研究的读者一起交流关于K线的种种变化，届时欢迎大家参加，活动的讯息请参考网站上的公告事项。

主控战略中心：http://h870500.ez-88.com
阿民欢迎大家的光临。

附　录

阴阳线形态速览

长白线

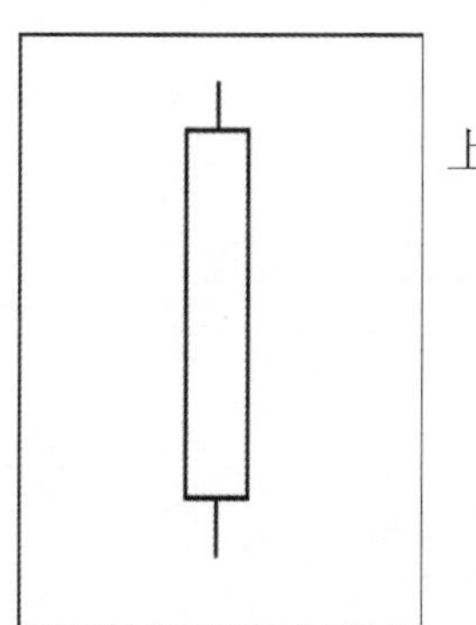

⑴收盘>开盘，且相差幅度颇大，至少在5日均振幅以上，相较于最近10日内的棒线有相当明显的幅度。

⑵可以略带有上下影线，但是极短。

长黑线

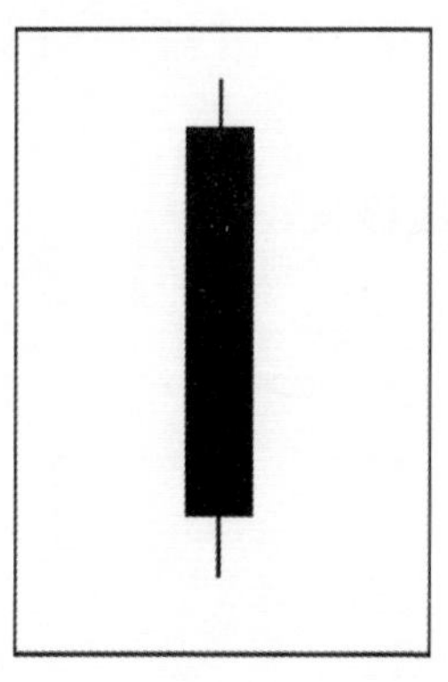

⑴收盘<开盘，且相差幅度颇大，至少在5日平均振幅以上，相较于最近10日内的棒线有相当明显的幅度。

⑵可以略带有上下影线，但是极短。

纺　锤

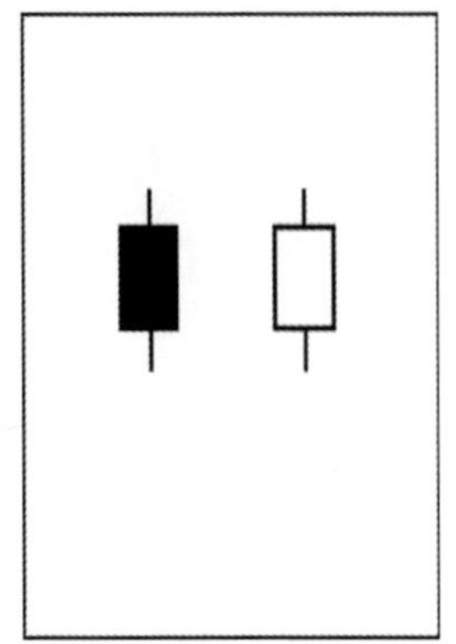

(1)留有上或下影线，且实体较小的棒线。

(2)实体不论白黑，也不必介意影线的长度。

(3)大概在5日平均振幅以下，相较于最近10日内的棒线为较小的幅度。

長腳十字

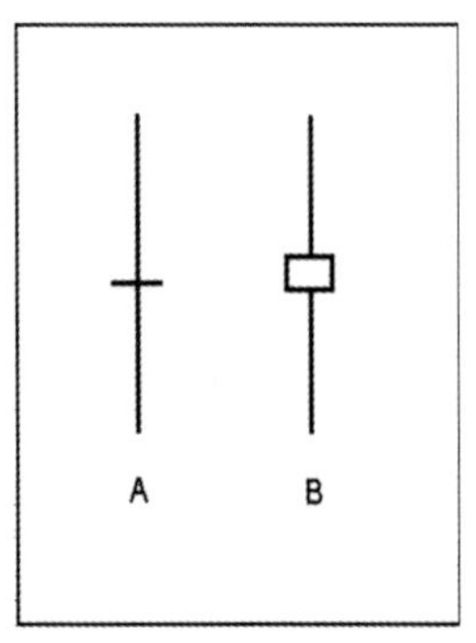

(1)收盘＝开盘，或是实体极小。

(2)实体不论白黑，同时有上下影线，而且极长。

(3)标准形态为收盘在今日(高＋低)÷2的位置。

蜻　蜓

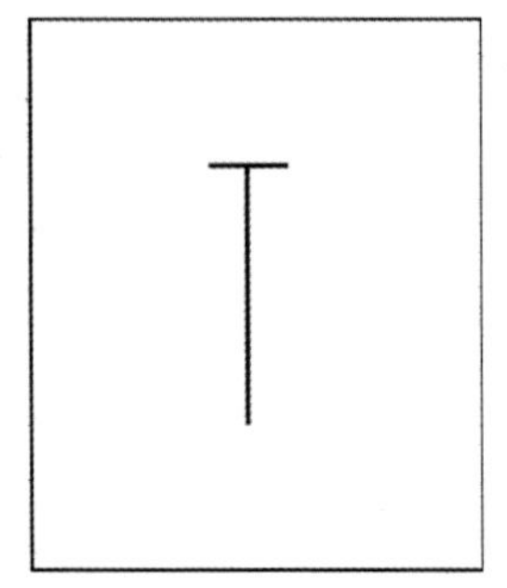

(1)收盘＝开盘＝最高价，且下影线极长。

(2)如果有一点点的上影线亦可以接受。

墓　碑

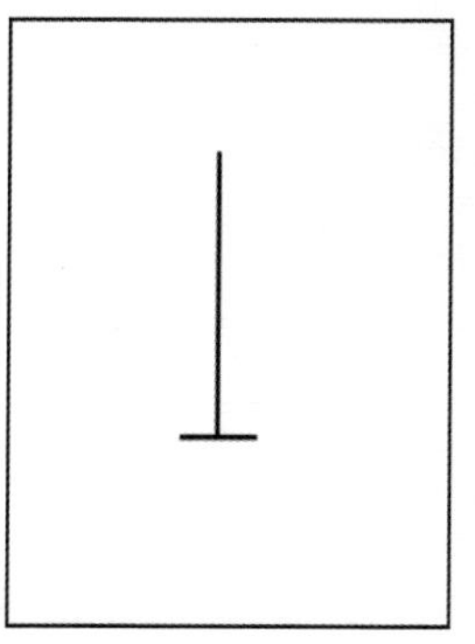

(1)收盘＝开盘＝最低价，且上影线极长。

(2)如果有一点点的下影线亦可以接受。

纸　伞

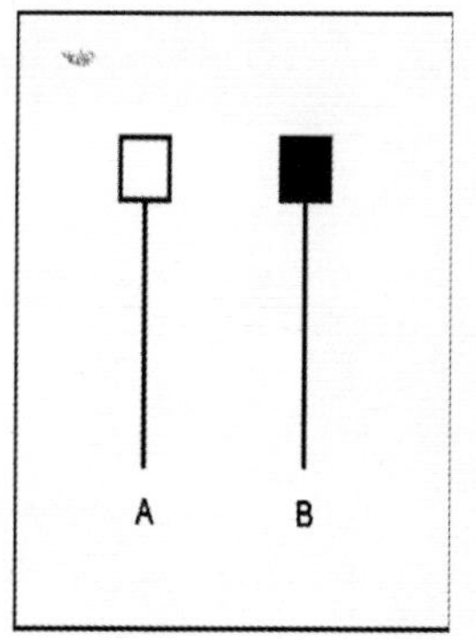

(1)下影线极长，实体极短。

(2)实体小 K 线在今日高价位置。

(3)实体不论白黑。

(4)标准形态没有上影线。

(5)变化形态可以容许有一点点的上影线。

吊高线

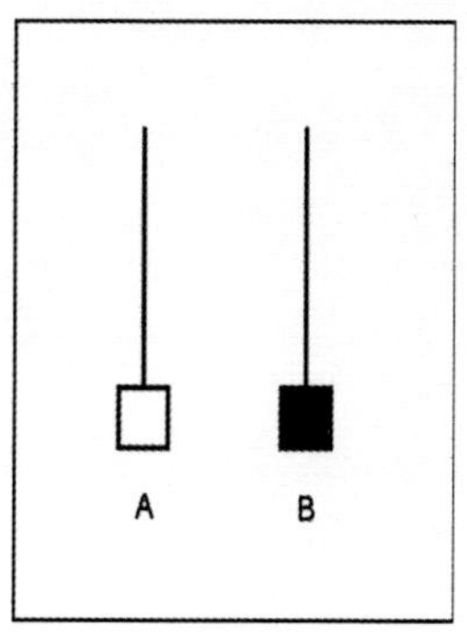

(1)上影线极长，实体极短。

(2)实体小 K 线在今日低价位置。

(3)实体不论白黑。

(4)标准形态没有下影线。

(5)变化形态可以容许有一点点的下影线。

蜡　烛

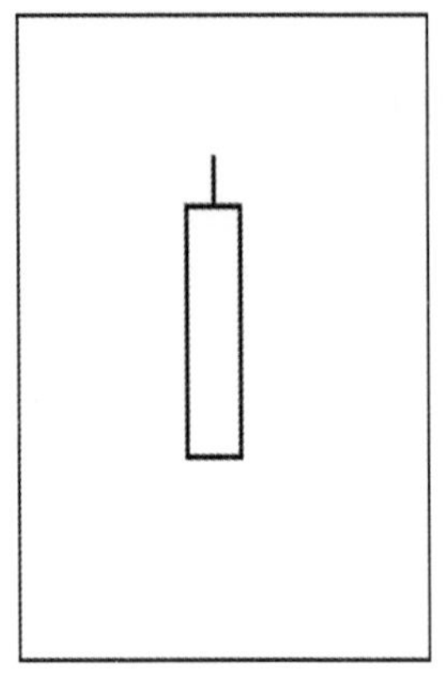

(1)开盘价＝最低价。
(2)白线实体极长，上影线极短。
(3)为长白线中的特殊形态。

冰　棒

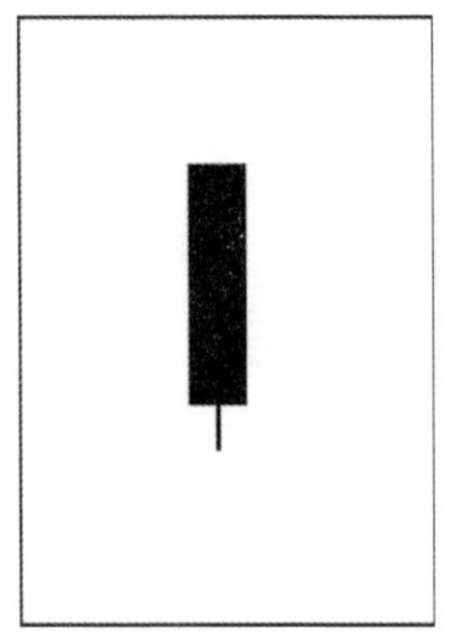

(1)开盘价＝最高价。
(2)黑线实体极长，下影线极短。
(3)为长黑线中的特殊形态。

镊　顶

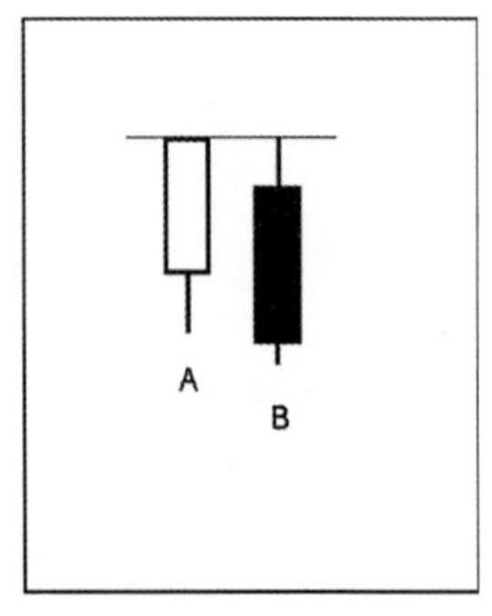

(1)两根棒线的最高点一致。
(2)K棒的红黑不论。

镊　底

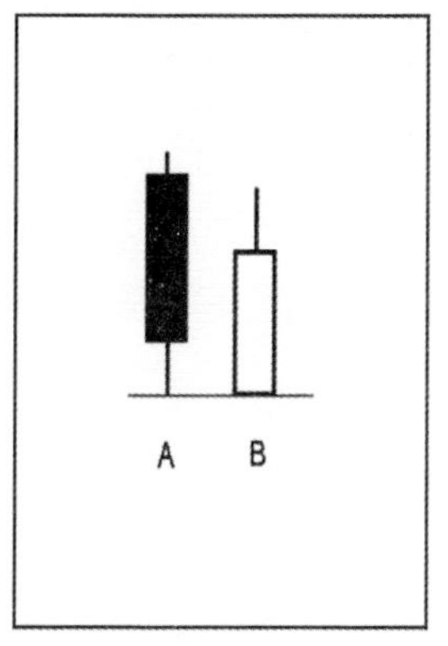

(1)两根棒线的最低点一致。

(2)K 棒的红黑不论。

阳子母

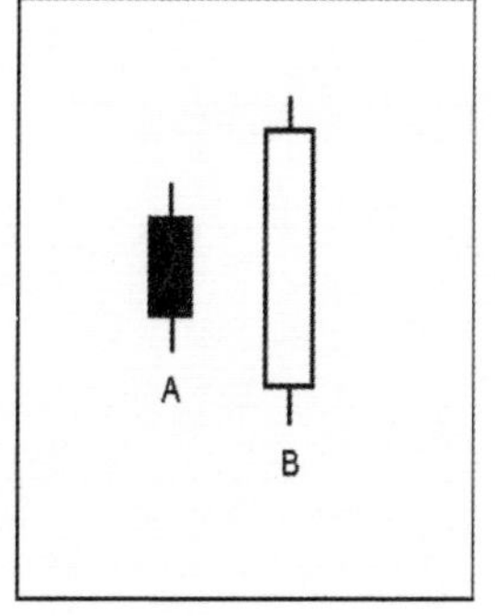

(1)编号 A 棒线的高点＜编号 B 棒线的高点。

(2)编号 A 棒线的低点＞编号 B 棒线的低点。

(3)编号 B 棒线必为白线。

(4)编号 A 棒线的颜色不限。

阴子母

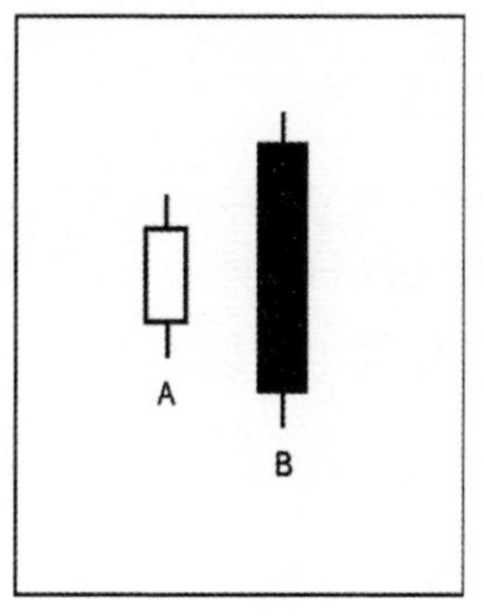

(1)编号 A 棒线的高点＜编号 B 棒线的高点。

(2)编号 A 棒线的低点＞编号 B 棒线的低点。

(3)编号 B 棒线必为黑线。

(4)编号 A 棒线的颜色不限。

阴母子

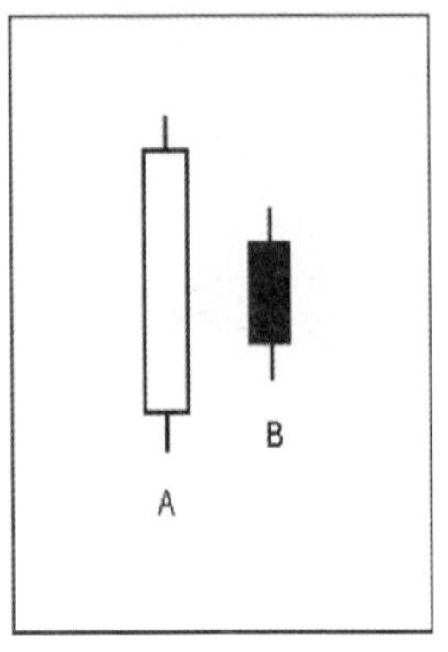

(1)编号 A 棒线的高点＞编号 B 棒线的高点。

(2)编号 A 棒线的低点＜编号 B 棒线的低点。

(3)编号 B 棒线必为黑线。

(4)编号 A 棒线的颜色不限。

阳母子

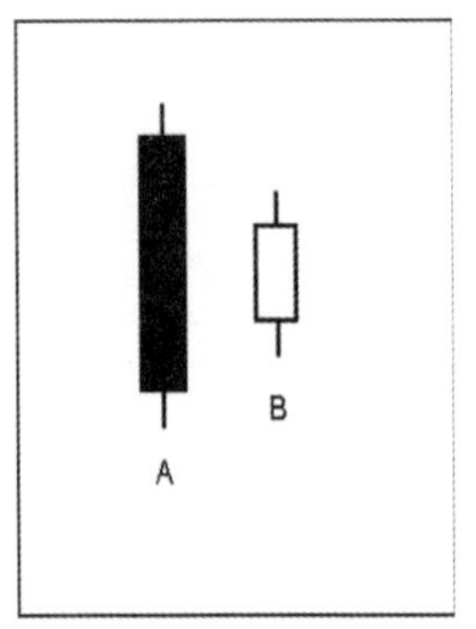

(1)编号 A 棒线的高点＞编号 B 棒线的高点。

(2)编号 A 棒线的低点＜编号 B 棒线的低点。

(3)编号 A 棒线必为白线。

(4)编号 A 棒线的颜色不限。

乌云罩顶

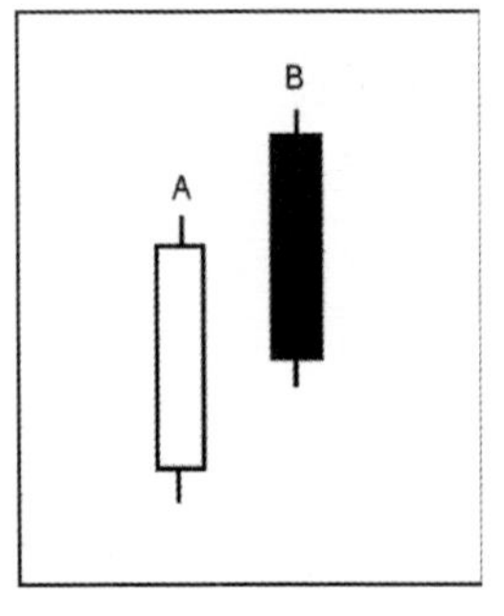

(1)编号 A 为白线，编号 B 为黑线。

(2)编号 B 的高低点＞编号 A 的高低点。

(3)编号 B 的开盘价＞编号 A 的最高价。

(4)编号 B 的收盘价＜编号 A 实体的 1/2 以下。

曙光初现

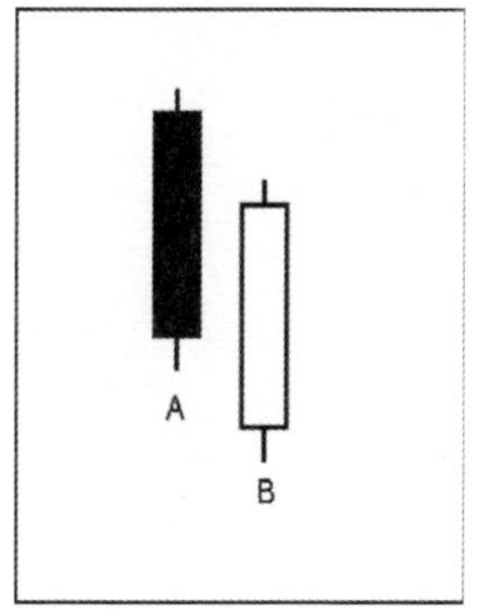

(1)编号 A 为黑线，编号 B 为白线。

(2)编号 B 的高低点＜编号 A 的高低点。

(3)编号 B 的开盘价＜编号 A 的最低价。

(4)编号 B 的收盘价＞编号 A 实体的 1/2以上。

空戳多

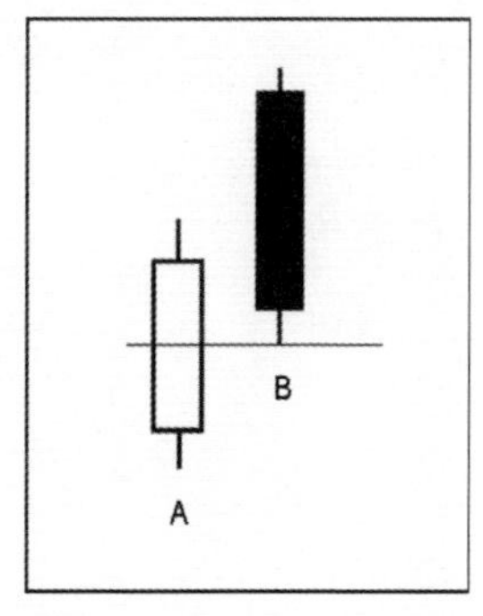

(1)编号 A 为白线，编号 B 为黑线。

(2)编号 B 的高低点＞编号 A 的高低点。

(3)编号 B 的开盘价＞编号 A 的最高价。

(4)编号 B 的收盘价＞编号 A 实体的 1/2 以上，但价跌。

多戳空

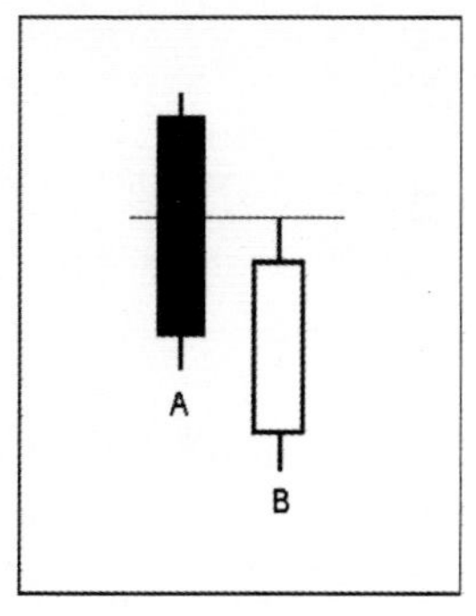

(1)编号 A 为黑线，编号 B 为白线。

(2)编号 B 的高低点＜编号 A 的高低点。

(3)编号 B 的开盘价＜编号 A 的最低价。

(4)编号 B 的收盘价＜编号 A 实体的 1/2以下，但价涨。

多头反攻

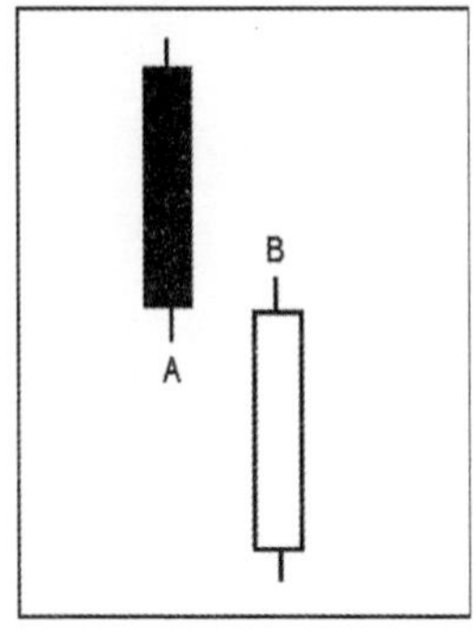

(1)编号 A 为黑线，编号 B 为白线。

(2)编号 B 的高低点＜编号 A 的高低点。

(3)编号 B 的开盘价＜编号 A 的最低价。

(4)编号 B 的收盘价＝编号 A 的收盘价。

空头反攻

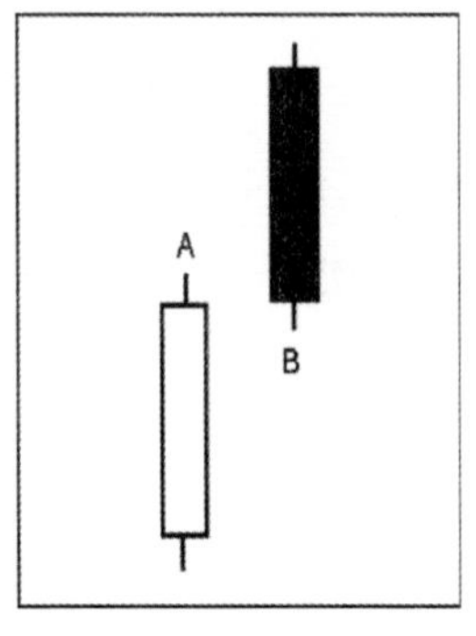

(1)编号 A 为白线，编号 B 为黑线。

(2)编号 B 的高低点＞编号 A 的高低点。

(3)编号 B 的开盘价＞编号 A 的最高价。

(4)编号 B 的收盘价＝编号 A 的收盘价。

玉　柱

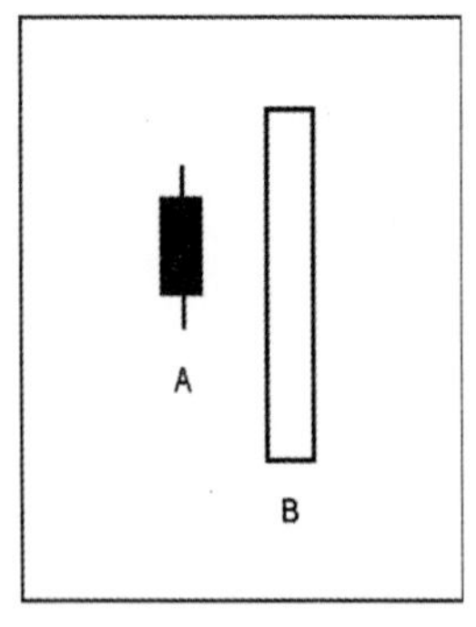

(1)为阳子母之特殊形态。

(2)强烈多头讯号。

(3)基本形态为编号 B 开最低收最高。

(4)编号 B 需注意比例问题。

危　楼

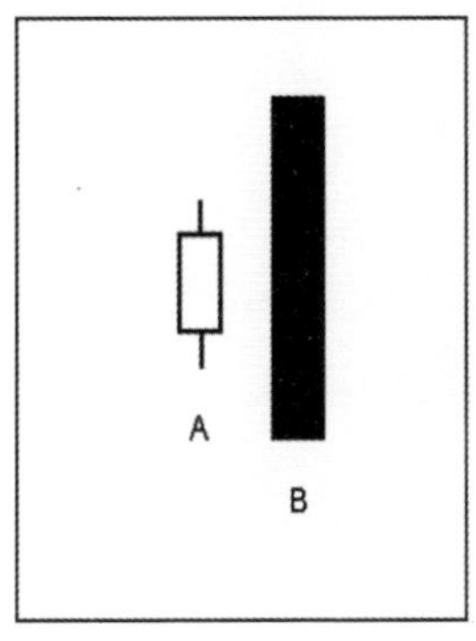

(1)为阴子母的特殊形态。
(2)强烈空头讯号。
(3)基本形态为编号 B 开最高收最低。
(4)编号 B 需注意比例问题。

白三兵

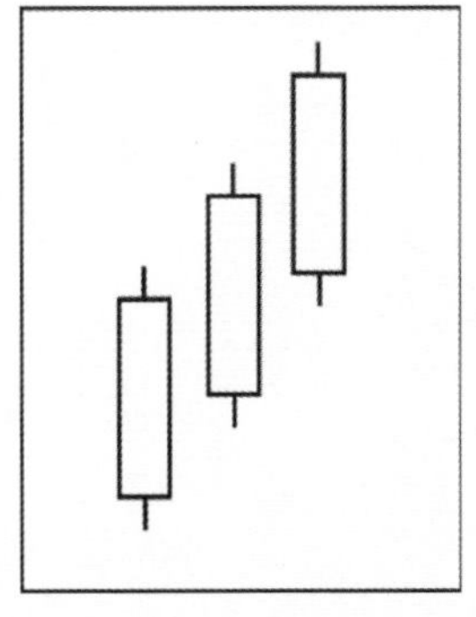

(1)连续三根长白线，幅度相当。
(2)每日收盘价均较前一日为高。
(3)每日最高价均较前一日为高。
(4)每日开盘价可以在前一日实体之内。
(5)每日收盘价位于最高价附近。
(6)每日最低价均较前一日为高。

黑三兵

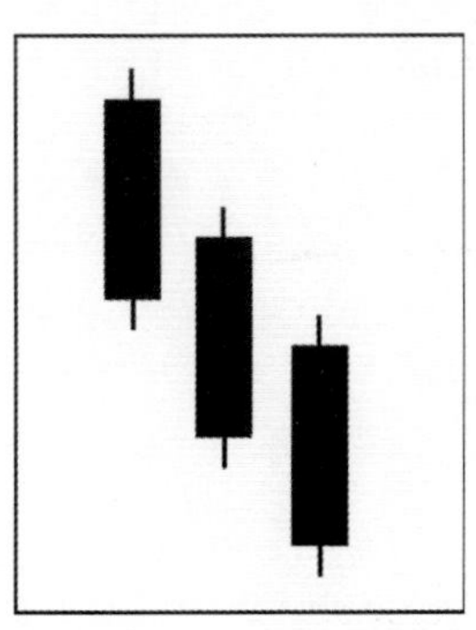

(1)连续三根长黑线，幅度相当。
(2)每日收盘价均较前一日为低。
(3)每日最高价均较前一日为低。
(4)每日开盘价可以在前一日实体之内。
(5)每日收盘价位于最低价附近。
(6)每日最低价均较前一日为低。

大敌当前

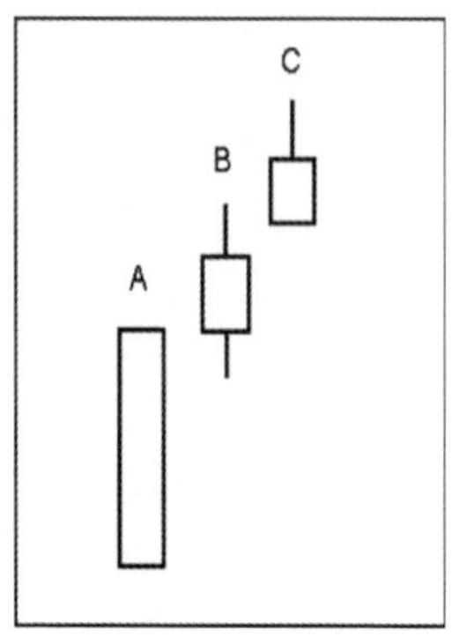

(1)编号A为一根长白线。
(2)编号B、C为实体较小的棒线。
(3)棒线高低点均渐渐垫高。
(4)棒线的收盘都是呈现价涨。
(5)编号B、C都留有较长的上影线。

步步为营

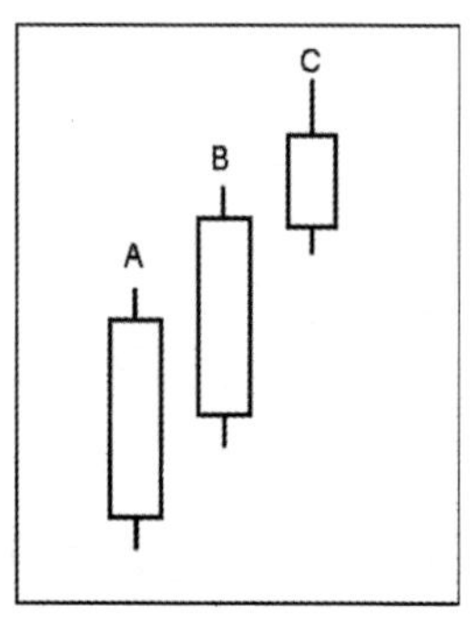

(1)编号A、B为一根长白线。
(2)编号C为实体较小的棒线。
(3)棒线高低点均渐渐垫高。
(4)棒线的收盘都是呈现价涨。
(5)编号C留有较长的上影线。

离黑战车

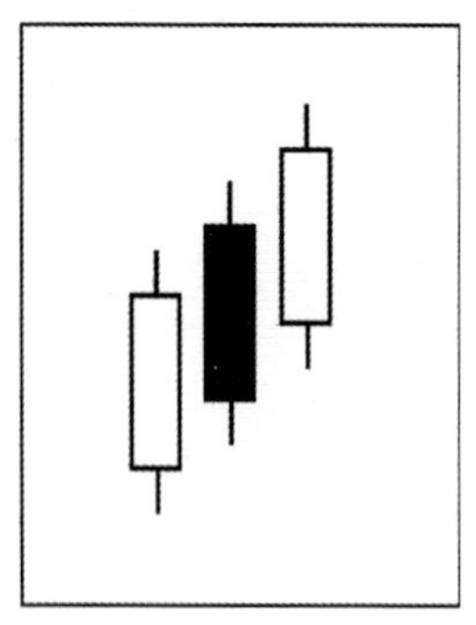

(1)棒线排列方式与白三兵相同。
(2)中间的棒线必定为黑色。
(3)第三根棒线需创新高。

离白战车

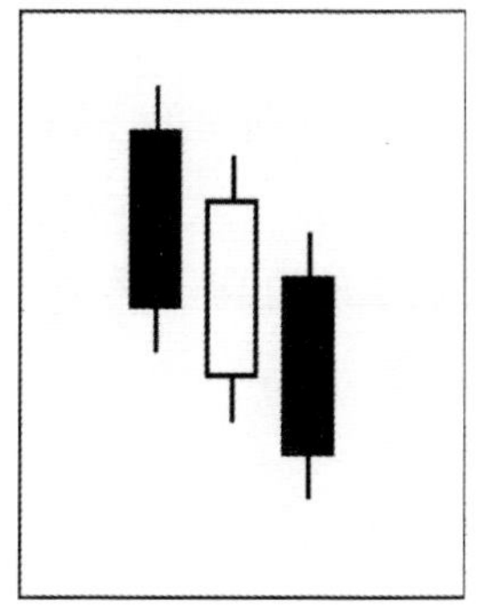

(1)棒线排列方式与黑三兵相同。

(2)中间的棒线必定为白色。

(3)第三根棒线需创新低。

晨　星

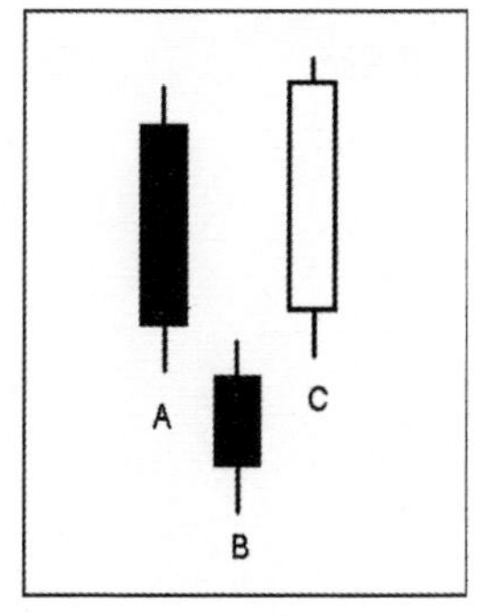

(1)编号A为长黑线。

(2)编号B为小实体棒线，不论红黑，与编号A实体之间留有缺口，忽略其上下影线。

(3)编号C为长白线，与编号B实体之间留有缺口，忽略其上下影线。

夜　星

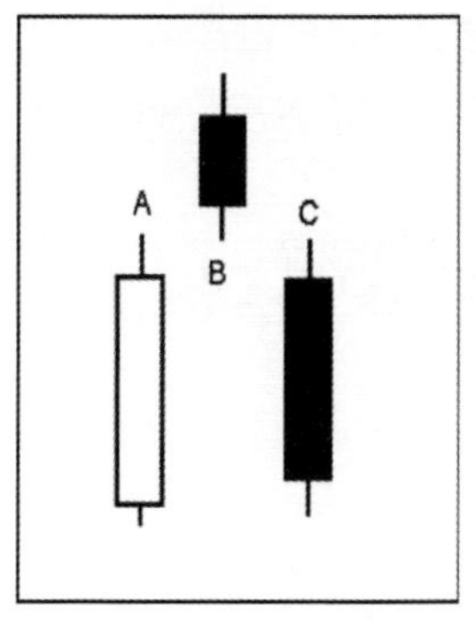

(1)编号A为长白线。

(2)编号B为小实体棒线，不论红黑，与编号A实体之间留有缺口，忽略其上下影线。

(3)编号C为长黑线，与编号B实体之间留有缺口，忽略其上下影线。

双　鸦

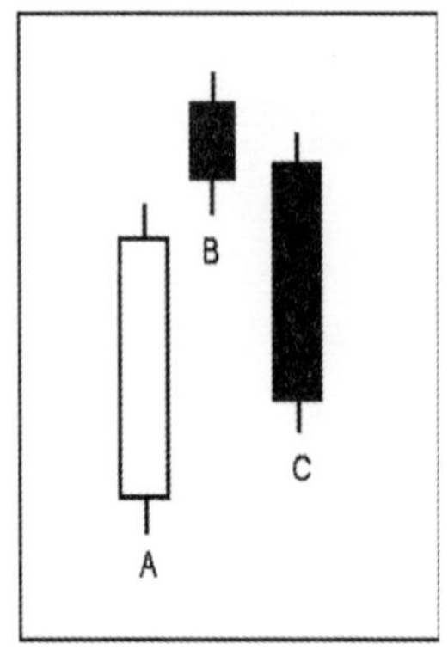

(1)编号 A 为长白线。

(2)编号 B 为小实体黑线，与编号 A 实体之间留有缺口，忽略其上下影线。

(3)编号 C 为长黑线，开盘在编号 B 的高点之下，且未创新高，收盘至少在编号 A实体内。

双鸦跃空

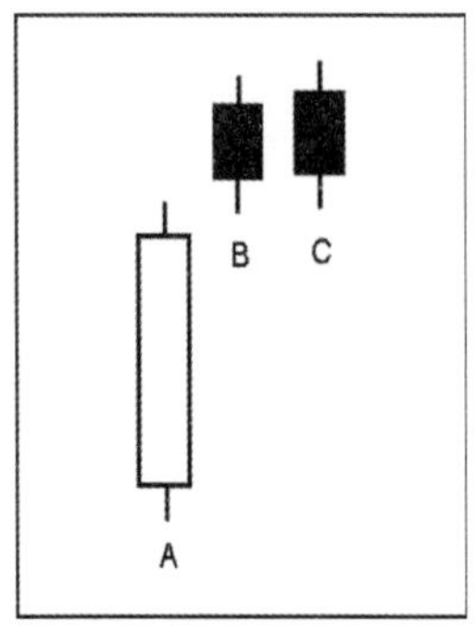

(1)编号 A 为长白线。

(2)编号 B、C 为小实体黑线，与编号 A 实体之间留有缺口，忽略其上下影线。

上扬三法

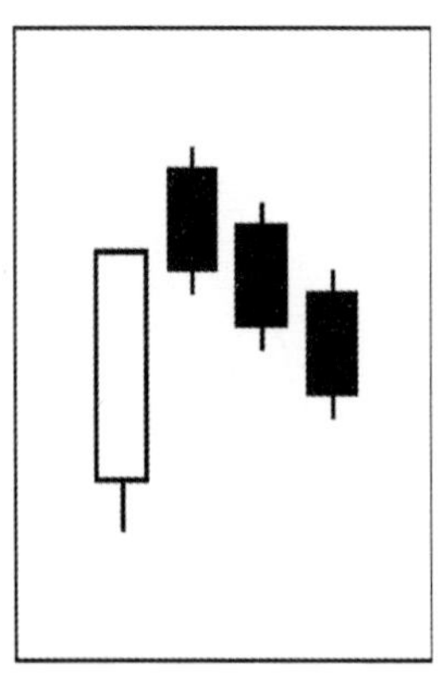

(1)编号 A 为长白线。

(2)编号 B 为创新高之小实体黑棒，且价跌。

(3)编号 C 和 D 为小实体黑棒，每日高点渐低，低点也渐低。

(4)编号 D 棒线仍在编号 A 棒线之范围之内。

下跌三法

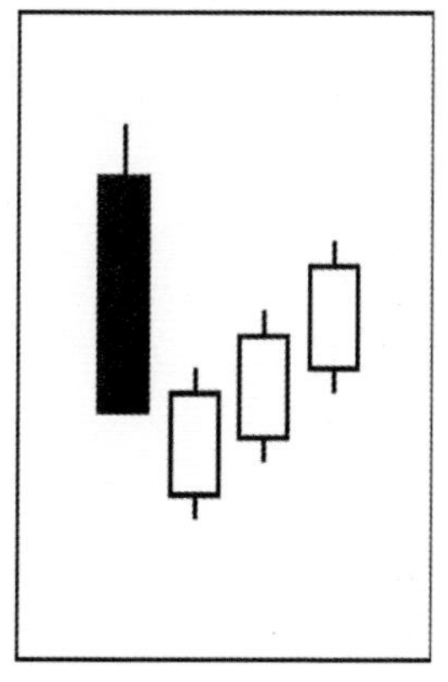

(1)编号 A 为长黑线。

(2)编号 B 为创新低之小实体白棒，且价涨。

(3)编号 C 和 D 为小实体白棒，每日高点渐高，低点也渐高。

(4)编号 D 棒线仍在编号 A 棒线之范围之内。

上肩缺口

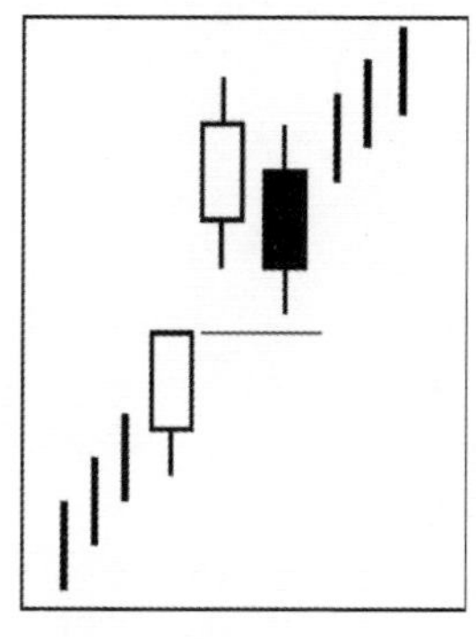

(1)原趋势属于上涨中。

(2)编号 A、B 均为长白线，两者间留下实体缺口。

(3)编号 C 为长黑线，其最低价并没有跌破编号 A 的收盘价。

下肩缺口

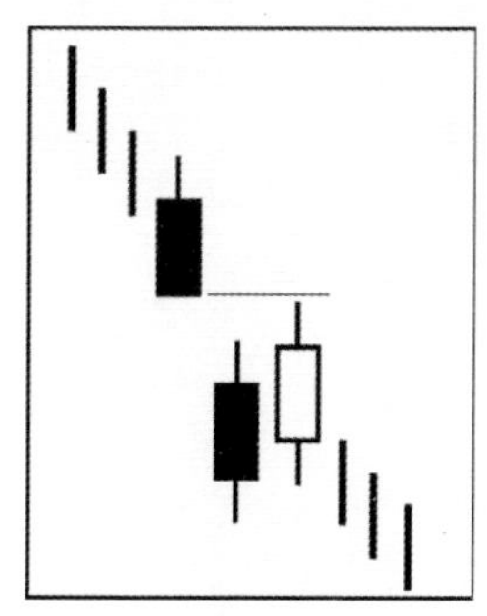

(1)原趋势属于下跌中。

(2)编号 A、B 均为长黑线，两者间留下实体缺口。

(3)编号 C 为长白线，其最高价并没有突破编号 A 的收盘价。

离　黑

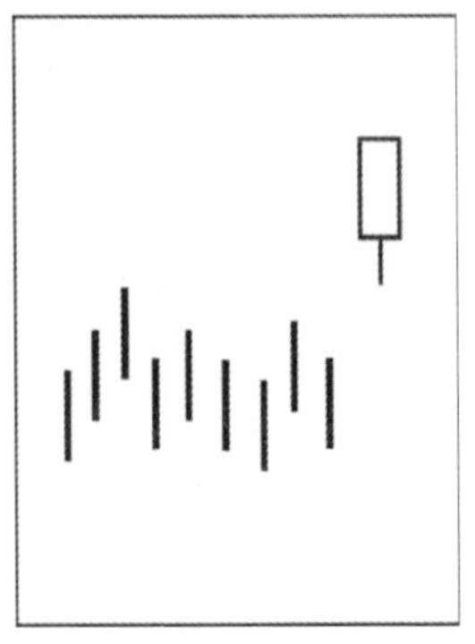

(1)原趋势为上涨中。

(2)盘势以黑白小实体K线进入胶着。

(3)以长白线跳空脱离盘局。

离　白

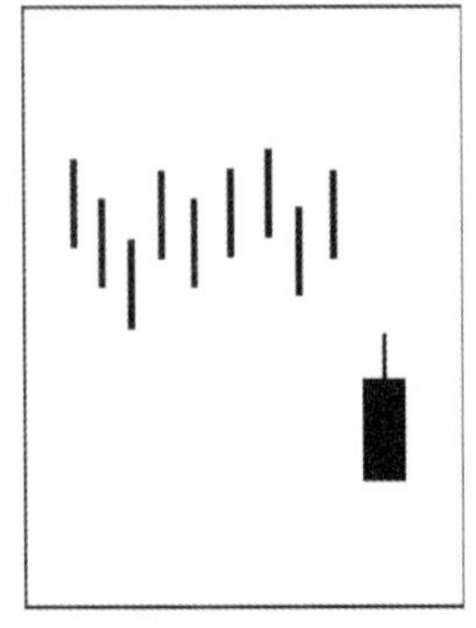

(1)原趋势为下跌中。

(2)盘势以黑白小实体K线进入胶着。

(3)以长黑线跳空脱离盘局。

宝塔翻黑

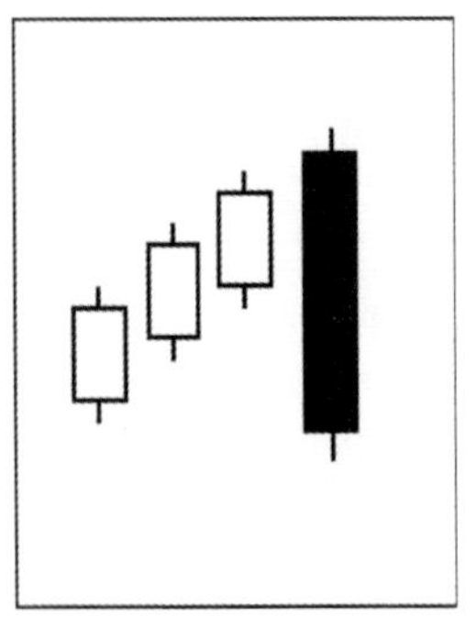

(1)左侧为连续上升的三根白线。

(2)一根长黑线一举吃掉三根白线。

宝塔翻白

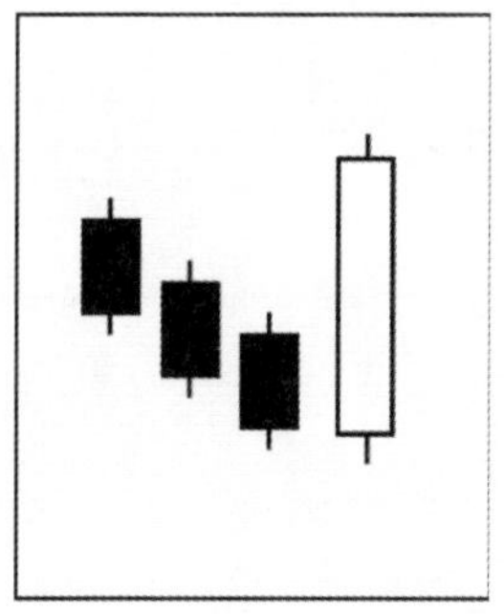

(1)左侧为连续下降的三根黑线。

(2)一根长白线一举吃掉三根黑线。